ENSINO, PRÁTICAS PEDAGÓGICAS E DIVERSIDADE

Dados Internacionais de Catalogação na Publicação (CIP)
(Câmara Brasileira do Livro, SP, Brasil)

Ensino, práticas pedagógicas e diversidade / Lúcia Gracia Ferreira, Lilian Moreira Cruz, Roselane Duarte Ferraz (org.). – São Paulo : Cortez, 2024.

Vários autores.
Biografia.
ISBN 978-65-5555-458-8

1. Ensino - Metodologia 2. Identidade de gênero 3. Negros - Educação - Brasil 4. Prática de ensino 5. Professores - Formação 6. Relações raciais - Brasil I. Ferreira, Lúcia Gracia. II. Cruz, Lilian Moreira. III. Ferraz, Roselane Duarte.

24-205761   CDD-379.260981

Índices para catálogo sistemático:

1. Brasil : Diversidade : Prática pedagógica : Educação 379.260981

Cibele Maria Dias - Bibliotecária - CRB-8/9427

Lúcia Gracia Ferreira
Lilian Moreira Cruz
Roselane Duarte Ferraz
(Org.)

ENSINO, PRÁTICAS PEDAGÓGICAS E DIVERSIDADE

São Paulo – SP

2024

ENSINO, PRÁTICAS PEDAGÓGICAS E DIVERSIDADE
Lúcia Gracia Ferreira | Lilian Moreira Cruz | Roselane Duarte Ferraz (org.)

Direção editorial: Miriam Cortez
Coordenação editorial: Danilo A. Q. Morales
Assistente editorial: Gabriela Orlando Zeppone
Preparação de originais: Agnaldo Alves
Diagramação: Linea Editora
Revisão: Ana Paula Luccisano
        Tuca Dantas
Capa: Desígnios Editoriais/ Maurelio Barbosa

Nenhuma parte desta obra pode ser reproduzida ou duplicada
sem autorização expressa das organizadoras e do editor.

© 2024 by Organizadoras

Direitos para esta edição
CORTEZ EDITORA
R. Monte Alegre, 1074 — Perdizes
05014-001 — São Paulo-SP
Tel.: +55 11 3864 0111
editorial@cortezeditora.com.br
www.cortezeditora.com.br

Impresso no Brasil – maio de 2024

Sumário

Apresentação 7

Prefácio 13

1. Desafios na formação de educadores: direitos humanos e diversidade
   Charyze de Holanda Vieira Melo ■ *Cláudia Araújo de Lima* ■ *Mônica de Carvalho Magalhães Kassar* 17

2. Relações raciais na educação básica: a intervenção das coordenações pedagógicas e a legislação para diversidade
   Wilma de Nazaré Baía Coelho ■ *Sinara Bernardo Dias* 39

3. *Storytelling* na formação de professores/as: estratégias de ensino contra o racismo estrutural sobre mulheres negras
   Cristiane Batista da S. Santos 63

4. Padronização dos corpos infantis a partir das propagandas televisivas
   Karina de Oliveira Santos Cordeiro ■ *Larissa Sande de Oliveira* 101

5. O brinquedo e a produção do gênero na educação infantil: diálogos com crianças
   Lilian Moreira Cruz 125

6. Brinquedoteca universitária e as possibilidades de diálogo entre teoria e prática docente
Sirlândia Reis de Oliveira Teixeira ■ *Claudia Panizzolo* ■
Roberta Melo de Andrade Abreu... 139

7. Metodologias de ensino e tendências pedagógicas: inter-relações em contexto na ação docente
Maria Leticia de Sousa David ■ *Francisca Joselena Ramos Barroso* ■
Francisco Mirtiel Frankson Moura Castro 165

8. Docência: entre saberes e construção de identidade
Deise Becker Kirsch ■ *Maria da Graça Nicoletti Mizukami*................... 185

9. Tessituras formativas: o estágio como prática pedagógica de formação
Maria Amélia Santoro Franco ■ *Rosângela Rodrigues dos Santos*... 201

10. O estágio supervisionado e a formação de professores: diálogos, cenários e possibilidades
Lúcia Gracia Ferreira... 223

11. Política de formação de professores no estado da Bahia: ações pontuais para demandas urgentes
Roselane Duarte Ferraz.. 249

Sobre os(as) autores(as)... 275

Apresentação

A proposta deste livro consistiu em debruçar sobre perspectivas da formação, do ensino, das práticas pedagógicas e da diversidade e suas articulações entre si e com outras temáticas, referentes aos diversos níveis e modalidades de ensino. Também de fomentar o debate sobre temas contemporâneos (as questões de gênero, subjetividades, diversidade, Educação étnico-racial, especial e inclusiva, novas tecnologias, reformas políticas, políticas públicas, orientações da sexualidade, situações das escolas públicas, formação docente, saberes, avaliação, didática, práticas pedagógicas, ensino etc.).

Nessa perspectiva, o primeiro texto trata dos "Desafios na formação de educadores: direitos humanos e diversidade", e tem como autoras: Charyze de Holanda Vieira Melo, Cláudia Araújo de Lima e Mônica de Carvalho Magalhães Kassar. Para tanto, as referidas autoras apresentam a educação como direito, dão ênfase aos Direitos Humanos e ao Plano Nacional de Educação em Direitos Humanos para a Educação Básica, e assim revelam a necessidade de trabalhar a formação docente a partir da perspectiva da diversidade, com suas diferentes interfaces. Sob essa ótica, apontam que a educação não é privilégio, mas uma necessidade humana, por isso precisa contemplar a todos, independentemente de gênero, orientação sexual, etnia, condição cognitiva, entre outros. Além disso, para romper com a exclusão escolar, propõem uma educação democrática e uma formação docente que possibilitem a oferta de uma educação heterogênea.

O segundo texto, intitulado "Relações raciais na educação básica: a intervenção das coordenações pedagógicas e a legislação para diversidade", cuja autoria é de Wilma de Nazaré Baía Coelho e Sinara Bernardo Dias, apresenta uma discussão sobre as atribuições das coordenações pedagógicas na efetiva implementação das legislações para o desenvolvimento do respeito à diversidade racial na escola e a importância das legislações para o combate ao racismo e à discriminação. As autoras percebem algumas dificuldades na coordenação pedagógica para o trabalho numa perspectiva inclusiva, sobretudo pela fragilidade da formação inicial; pela falta de formação continuada; pelo desconhecimento da literatura especializada e das legislações; pela grande demanda enfrentada diariamente sob diversas dimensões. Diante desse contexto, ressaltam que os coordenadores pedagógicos precisam de formação docente, inicial ou continuada, para o trabalho com a diversidade, bem como um maior aprofundamento na legislação para superar a desigualdade e o desrespeito à diversidade.

O terceiro texto é de autoria da professora Cristiane Batista da Silva Santos e tem como tema "*Storytelling* na formação de professores/as: estratégias de ensino contra o racismo estrutural sobre mulheres negras". Trata-se de uma discussão no campo da diversidade, particularmente, dos desdobramentos da experiência do uso de *storytelling* para contar as histórias de mulheres negras, com o objetivo de valorizar suas trajetórias de vida, em especial, evidenciar o trabalho exercido. A autora utiliza as narrativas como estratégia de ensino no espaço não formal, o que resultou em uma série de diálogos; depoimentos; produções de retratos; consultas dos jornais como espaços de representatividade conquistados; debates sobre lacunas no ensino, sobre a memória e história de um projeto de mulheres negras para sala de aula. Esse conjunto de produções contribuiu para a formação inicial de docentes, visto que permitiu uma revisão/reelaboração de seus programas de curso, ementas e atividades, trazendo para o cerne da discussão a tríade: racismo, capitalismo e colonialismo.

O quarto texto — "Padronização dos corpos infantis a partir das propagandas televisivas" —, de Karina de Oliveira Santos Cordeiro e Larissa Sande de Oliveira, problematiza como as concepções da identidade de gênero, que aparecem nas propagandas televisivas direcionadas ao público infantil, são percebidas pelas crianças da Educação Infantil, e como implicam na constituição do comportamento na condição de serem meninos e de serem meninas. Nossas proposições e inquietações emergiram em observações da cultura criada pelas crianças através das interações infantis (diálogos, comportamentos, ideias) no cotidiano escolar, e principalmente pela forma com que as questões de gênero são percebidas por elas e compartilhadas entre seus pares nesta rotina. As falas das crianças estão impregnadas por discursos, significados e representações veiculados pelas instituições sociais e artefatos culturais, justamente porque foi possível observar que as crianças não criam essas concepções sem um referencial, aos poucos elas vão sendo ensinadas, elas captam saberes a partir de suas interações com o mundo adulto e com seus pares.

O quinto texto é uma produção da professora Lilian Moreira Cruz, intitulada "O brinquedo e a produção do gênero na Educação Infantil: diálogos com crianças", cujo objetivo foi discutir o brinquedo como um artefato cultural que faz parte do universo das crianças e são produtores do gênero. A autora utilizou a observação participante e a recreação para produzir os dados de pesquisa, tendo como lócus uma escola de Educação Infantil do interior baiano. Os dados revelaram que existem prescrições e interdições para o uso do brinquedo na Educação Infantil, e estas são determinadas de acordo o sexo. Diante desse contexto, a autora propôs a adoção de uma pedagogia da liberdade e da autonomia na educação de crianças, para desenvolver uma equidade de gênero ao brincar. Afirma ainda que este é um possível caminho de rompimento com as desigualdades e os modelos discriminatórios de caráter androcêntrico que colaboram para colocar os homens como superiores em relação às mulheres na sociedade brasileira.

Na mesma perspectiva, Sirlândia Reis de Oliveira Teixeira, Claudia Panizzolo e Roberta Melo de Andrade Abreu escrevem sobre

"Brinquedoteca universitária e as possibilidades de diálogo entre teoria e prática docente". Este texto tem o objetivo de discutir como a brinquedoteca universitária, um espaço plural e repleto de possibilidades, favorece a formação de professores no curso de Pedagogia. Elas relatam a história da brinquedoteca, com aspectos da Lei de Diretrizes da Educação; revelam-nos muito sobre a importância desse espaço como um laboratório de aplicações pedagógicas, com grande impacto na práxis do professor como facilitador das atividades lúdicas, como espaço de autoria profissional e promotor do direito de brincar da criança. Sendo a brinquedoteca universitária um dos indicadores de qualidade para a formação em Pedagogia, salientamos que esta seria, portanto, um caminho ao apresentar-se como uma possibilidade de imaginação e de criação, alicerçado na pesquisa e no diálogo entre teoria e prática.

Maria Leticia de Sousa David, Francisca Joselena Ramos Barroso e Francisco Mirtiel Frankson Moura Castro, no texto sobre "Metodologias de ensino e tendências pedagógicas: inter-relações em contexto na ação docente", objetivaram compreender que inter-relações são evidenciadas entre as metodologias e as tendências pedagógicas no contexto da ação docente. Para tanto, os autores desenvolveram uma pesquisa de campo, com aplicação de questionários direcionados a professores e alunos dos anos finais do Ensino Fundamental. Ao destacar a importância das metodologias no processo de desenvolvimento da aprendizagem dos alunos, os autores esclarecem que se deve superar uma perspectiva de ensino apenas expositivo, buscando promover práticas metodológicas que favoreçam ações independentes, colaborativas e coletivas da aprendizagem. Ainda, observaram a necessidade de promover métodos de ensino que incentivem as interações entre os discentes. Isso demanda uma compreensão dos professores acerca das tendências pedagógicas e suas especificidades, com o intuito de aproximar-se da realidade dos alunos, visando a transformações sociais.

No texto "Docência: entre saberes e construção da identidade", Deise Becker Kirsch e Maria da Graça Nicoletti Mizukami apresentam uma discussão teórica no campo da formação de professores, centrada nos eixos dos saberes e da identidade docente. Na dimensão dos saberes da docência, as autoras abordaram os conhecimentos próprios da prática pedagógica, observando os aspectos que estão diretamente relacionados no processo formativo para a docência. As pesquisadoras ressaltam, também, a construção da identidade como elemento central no desenvolvimento profissional do professor, evidenciando nesta trajetória o seu caráter único e subjetivo de construção identitária, que tem início nas suas vivências como aluno, perpassando pelas formações (inicial e continuada) e pelas práticas docentes, experienciadas nas instituições de ensino.

Em "Tessituras formativas: o estágio como prática pedagógica de formação", Maria Amélia Santoro Franco e Rosângela Rodrigues dos Santos, a partir dos dados provenientes de duas pesquisas-ações, objetivaram investigar as diferentes concepções que sustentam a lógica que preside as práticas docentes e aquela que organiza os processos formativos, buscando elementos para analisar as possibilidades críticas dos estágios curriculares para a construção de princípios norteadores da formação inicial docente. Historicamente, as autoras observam que a formação docente se baseia em uma perspectiva tecnicista, desconsiderando os aspectos reflexivos, investigativos e dialógicos, fundantes de uma visão formativa crítica. Algo que inviabilizou o estabelecimento das relações de sentido entre ser e fazer no percurso formativo dos futuros profissionais da docência. Com um olhar para os estágios de docência na Pedagogia, as pesquisadoras argumentam a necessidade de redimensionar a concepção de estágio para um campo de construção de conhecimento e identidade docente, tendo em vista a complexidade pertinente ao universo de atuação dos professores. Assim, reafirmam a organização de práticas de estágio em uma perspectiva crítica, vislumbrando uma formação fundada em práticas problematizadoras que ultrapassem, apenas, a perspectiva de aproximação da realidade do trabalho docente, mas que possam interagir, dialogar e intervir sobre ela.

O texto de Lúcia Gracia Ferreira dialoga sobre "O estágio supervisionado e a formação de professores: diálogos, cenários e possibilidades". Este texto tem como objetivo refletir sobre os diálogos, os cenários e as possibilidades referentes ao estágio supervisionado e à formação de professores. Dialogar sobre o estágio como lugar de construção e fortalecimento da identidade docente, campo de profissionalização, potencializador de aprendizagens, espaço de referências, iniciação à docência/prática e atuação profissional, unidade teoria-prática e práxis. Ainda, explora aspectos referentes aos cenários da formação de professores que se realiza na escola da Educação Básica, ou seja, o estágio supervisionado. Neste âmbito, as possibilidades de realização desse estágio são apresentadas a partir de suas modalidades de ensino, pesquisa e extensão. A autora ressalta a importância do estágio como atividade formativa para as aprendizagens da docência.

No texto "Política de formação de professores no estado da Bahia: ações pontuais para demandas urgentes", Roselane Duarte Ferraz traça um recorte temporal a respeito da política de formação de docentes no estado da Bahia, visando compreender o processo de implantação das políticas de formação docente no estado da Bahia nos anos 2000, evidenciando as mudanças mais significativas e os desafios a partir da implantação do Plano Nacional de Formação de Professores (Parfor). Assim, discute as influências dos organismos internacionais sobre as reformas educacionais do Brasil, especialmente sobre as políticas de formação de professores, observando o quadro de ações direcionadas para os docentes em exercício. Ao focalizar as políticas do estado da Bahia, o estudo demonstra que essas somente tomaram fôlego nos anos 2000, mantendo o caráter emergencial de tais proposições. A exemplo do Parfor, o estudo reafirma o quanto se mantém a intencionalidade em permanecer como práticas pontuais, perdurando as contradições presentes em tais políticas.

Desse modo, esta coletânea visa contribuir para pensarmos a formação de professores e suas interfaces com o ensino, as práticas pedagógicas e a diversidade. Ressaltamos a importância da obra, e convidamos os leitores a se inspirarem nos textos aqui postos e construírem outros substratos teóricos num processo de *continuum*.

As organizadoras

Prefácio

Fiquei muito feliz com o convite para prefaciar estas "tessituras formativas". A leitura dos originais deste livro me ajudou a entender melhor o desafio práxico que enfrentamos como docentes nos dias de hoje. Tenho certeza de que agora, com a sua publicação, muitos leitores e leitoras poderão dizer o mesmo.

Foi um privilégio poder ler em primeira mão este livro, tal a sua densidade, a diversidade temática, a riqueza de abordagens e reflexões sobre as múltiplas dimensões da formação e da identidade docente. Estudos, relatos de pesquisas, reflexões, vivências... Haveria tanta coisa bonita a comentar que não cabe num prefácio.

Esse era um tema muito caro a Paulo Freire, que sustenta, no seu livro *Pedagogia da autonomia*, que o momento mais importante da formação continuada do educador é a reflexão crítica sobre a sua prática. Creio que a contribuição mais importante que ele deu ao tema foi ter formulado, nesse livro, o conceito de "dodiscência" — docência mais discência —, afirmando que "não há docência sem discência" e que "quem ensina aprende ao ensinar e quem aprende ensina ao aprender".

Como seria a formação do educador na perspectiva da dodiscência?

Essa foi a pergunta que me veio à mente ao ler este livro e que agora tentarei responder, mesmo que muito resumidamente.

Ele começa sustentando que a docência e a discência são indissociáveis, "indicotomizáveis", uma não está separada da outra. Portanto, a conclusão a que chego é que precisamos, na formação docente, de uma pedagogia da dodiscência, isto é, uma teoria da formação docente que dê conta dessa indissociabilidade. O foco não pode estar num dos polos da relação, mas na própria relação: ver a formação inicial e continuada do docente sob a ótica da indicotomizabilidade docente-discente.

Para ensinar, o professor e a professora precisam apreender o contexto no qual seu aluno, aluna, vive, seus conhecimentos prévios e suas condições de vida e de aprendizagem. O novo conhecimento precisa do anterior para ser descoberto. Ensinar é organizar a aprendizagem do que o aluno já conhece para que ele possa construir seus próprios caminhos na produção de novos conhecimentos. O docente desperta a curiosidade epistemológica do discente e o desafia a ir mais longe, sem fazer o caminho no lugar dele.

Como este livro demonstra, a experiência profissional dos docentes oferece vivências diversas que, refletidas criticamente, tornam a sua formação cada vez mais sólida, ressignificando suas práticas. Eles aprendem com os que são ensinados por eles, escutando-os, observando-os e acompanhando-os em seus múltiplos desafios de aprendizagem. Às vezes, uma simples troca de olhares diz muito nessa relação dialógica em que nem sempre a palavra é suficiência. A postura e o exemplo falam mais alto. Daí que não basta se preocupar com o que precisamos saber para ensinar. Precisamos nos preocupar em como devemos ser para ensinar.

No meu entender, esse é o sentido do neologismo "dodiscência" criado por Paulo Freire.

A dodiscência promove a autonomia do sujeito que aprende e do sujeito que ensina, numa relação de compromisso mútuo no processo educativo, pautado no respeito ao saber e ao ser de cada um deles.

Para Paulo Freire, mais importante do que saber como ensinar é saber como o aluno aprende. Mais do que um método de ensino, ele criou um método de conhecimento. Só conhecemos, realmente, o que é significativo para nossa vida e construímos autonomamente. A aprendizagem se torna significativa quando o que aprendemos se harmoniza com o que já sabemos. Daí a importância da dodiscência, o que significa que o ato de aprender e o ato de ensinar são simultâneos. Há uma conectividade radical entre eles.

Esse é o ciclo gnosiológico de que fala Freire e que não pode ser quebrado em duas partes. Os dois momentos do ciclo gnosiológico não podem ser dicotomizados, isolados, tratados separadamente. Caso contrário, o que o educador realiza é uma transferência em que o aprendiz se torna objeto e não sujeito do conhecimento.

A dodiscência nos remete a uma nova perspectiva na abordagem dos processos de ensino e aprendizagem e, por aí, nos remete, igualmente, à reinvenção da escola e da educação. Essa reinvenção deve partir dos sujeitos da educação, o que exige uma escola de companheirismo e de comunidade. Uma escola de luta e de esperança.

O aluno só aprenderá quando tiver um projeto de vida, quando desejar aprender, quando sentir prazer no que está aprendendo. Ele quer saber, mas nem sempre quer aprender o que lhe é ensinado. O discente precisa ser autor, ser rebelde, criador. E para isso o aprendiz, que também ensina, precisa ser respeitado em suas expectativas, em suas experiências culturais e em seus ritmos próprios de aprendizagem.

Foi a partir desse quadro de referência que li este livro saboroso que me fez caminhar por várias sendas, entre elas, dos direitos humanos, das práticas pedagógicas integrativas, pelos diferentes saberes que compõem a identidade do docente, condição da sua valorização profissional, a pesquisa-ação formativa, o papel da mídia televisiva, a necessidade de uma política de formação docente estruturante, de Estado e não de governo.

Paulo Freire nos convida a pensar novos paradigmas em diferentes áreas a partir de uma perspectiva crítica, e isso encontrei neste livro. Os desafios são imensos diante da presença histórica em nossa sociedade de um machismo e um racismo estruturantes, ao lado do dualismo educacional de que tanto nos falava nosso grande mestre baiano, Anísio Teixeira, e da desigualdade social que tanto influencia o desempenho escolar. Não basta não ser racista. É preciso ser antirracista. Não basta respeitar os diferentes. É preciso valorizá-los. É preciso entender o outro como eu mesmo, e não como um não ser.

Desafios não faltam. Sabemos disso e não nos intimidamos diante disso. Em tempos obscuros como os que vivemos hoje, de ascensão do neoconservadorismo e da intolerância, nossa saída é reforçar nossa crença na nossa capacidade, como educadoras e educadores, docentes e discentes, de enfrentá-los com lucidez e força. Se a inteligência da realidade histórica nos incita ao pessimismo, a nossa vontade política nos faz um convite ao otimismo.

Para isso, mais do que nunca, precisamos hoje estar atentos e atentas a um dos saberes necessários à prática educativa crítica, que é saber escutar, como diz Paulo Freire em sua *Pedagogia da autonomia*.

O tema da escuta nos remete a um humanismo que estamos perdendo junto à própria democracia e aos direitos humanos. A escuta sensível e qualificada resume um pouco do projeto de escola, de educação e de sociedade que precisamos construir.

A escuta, a abertura para o outro, não é simplesmente uma atitude pedagógica. É uma exigência científica e metodológica da própria dodiscência. Não sabe ensinar e aprender quem não sabe escutar.

É preciso escutar a si mesmo, os outros e o próprio meio ambiente. O ensino e a aprendizagem são atos complementares que exigem estar em equilíbrio dinâmico consigo mesmo, com os outros e com a natureza.

São lições que também tiro da leitura deste livro.

Boa leitura a todos e todas.

Moacir Gadotti
Presidente de Honra do Instituto Paulo Freire
Professor aposentado da Universidade de São Paulo
2021

1
Desafios na formação de educadores:
direitos humanos e diversidade[1]

Charyze de Holanda Vieira Melo
Cláudia Araújo de Lima
Mônica de Carvalho Magalhães Kassar

Introdução

A Educação, processo contínuo do ser humano, permite a cada pessoa a construção de uma segunda natureza humana — a natureza social/cultural —, a partir de sua apropriação do conhecimento sistematizado e historicamente acumulado (SAVIANI, 2003). Esse processo deve ser identificado como um direito humano, já que o conhecimento produzido é fruto do trabalho coletivo da humanidade. Na sociedade contemporânea, a escola é a instituição responsável por possibilitar à população o acesso a esse conhecimento, portanto, cabe

---

1. Uma versão inicial de parte deste material está publicada em VIEIRA, Charyze de Holanda; LIMA, Cláudia Araújo de. Educação social: garantias e efetivação dos direitos humanos das pessoas com deficiência na escola inclusiva. *In*: CONGRESSO INTERNACIONAL EM DIREITOS HUMANOS, 15., 2018, Campo Grande. *Anais* [...]. Campo Grande, 2018.

a essa instituição organizar os meios pelos quais possa realizar em cada indivíduo essa segunda natureza.

Com base nos pressupostos apresentados, este texto aborda a garantia do direito educacional à população brasileira, sob a ótica da Educação em Direitos Humanos e do Plano Nacional de Educação em Direitos Humanos para a Educação Básica, que contempla sua diversidade, com suas diferentes características, a fim de contribuir para a formação de educadores atentos a essa perspectiva.

Educação não é privilégio

Em texto publicado em 1947, Anísio Teixeira afirmava: "A educação é [...] não somente a base da democracia, mas a própria justiça social" (TEIXEIRA, 2002, p. 35). A relação entre educação e justiça social deriva de diferentes abordagens e, dentre elas, a percepção de que o processo educacional é constitutivo da humanização do ser humano (SAVIANI, 2000), de modo que suplanta as perspectivas de formalização de uma certificação e de preparação ao mercado de trabalho.

Os Planos Plurianuais das gestões do governo federal, "[...] instrumento constitucional de planejamento governamental que espelha as diretrizes do governo para um período de quatro anos previsto na Constituição Federal de 1988" (SANTOS; GERALDINI, 2017, p. 9), têm apresentado a educação — a escolaridade propriamente — com vínculo forte ao desenvolvimento do país, através da formação para o trabalho, e, em alguns deles, como uma forma de superação das desigualdades sociais.

A Constituição Federal reorganizou a estrutura jurídica do país e, ao estabelecer direitos sociais fundamentais à população, possibilitou sua cobrança aos executivos municipal, estadual e federal, a partir de ações coletivas ou individuais. Assim, nos últimos anos, assistimos à luta de cidadãos pelo cumprimento de direitos expressos na legislação brasileira. Tais direitos dizem respeito ao reconhecimento da diversidade da população em seus aspectos étnicos, de gêneros, religiosos, orgânicos, entre outros.

O movimento em curso nos evoca a obra de Anísio Teixeira publicada em 1968 (título deste subitem), que ao mesmo tempo que denuncia uma estrutura desigual e inadequada em pleno regime militar, anuncia possibilidades de mudanças que se concretizariam 20 anos mais tarde, com a aprovação da Constituição Federal de 1988.

A organização da sociedade civil esteve presente durante o processo constituinte e está presente hoje, atenta às possibilidades de descumprimentos ou perdas dos direitos conquistados, como é o caso dos direitos da população infantil e juvenil. O Estatuto da Criança e do Adolescente, ou Lei n. 8.069/1990, estabeleceu o princípio da prioridade absoluta a essa população e passou a vislumbrá-la como sujeitos cidadãos, "[...] merecedores de direitos próprios e especiais, em razão de sua condição específica de pessoas em desenvolvimento, que carecem de proteção especializada, diferenciada e integral" (SANTOS, 2019, p. 8).

Santos (2019) afirma que, nesse momento, há a formação de uma "[...] nova concepção formal de educação e de escola a partir de três premissas jurídicas":

> [...] a primeira delas é que crianças e adolescentes se apresentam à escola como sujeitos de direitos, e não indivíduos menores (de acordo com o então vigente código de menores), em suas capacidades cidadãs, que demandam objetivamente serviços de qualidade; a segunda delas define a escola como um espaço privilegiado de proteção dos direitos desse segmento da população, que em articulação com outras instituições estrutura o Sistema de Garantia de Direitos e fortalece a rede social protetiva de direitos; e a terceira premissa, derivada das duas anteriores, é a necessidade de se forjar um novo paradigma de educação enquanto direito humano subjetivo, no qual os seus princípios primordiais (totalidade, disponibilidade, acessibilidade, aceitabilidade e adaptabilidade) ganham contornos de efetivação de política pública demandada pela sociedade civil (SANTOS, 2019, p. 8-9).

Como ressaltado por Santos (2019), a escola, a partir da década de 1990, é concebida como lócus onde a **educação** deve efetivar-se **como direito humano subjetivo**; que significa dizer que cabe ao Estado entregar a/responsabilizar-se pela prestação educacional (CRETELLA JUNIOR, *apud* HORTA, 1998). A instituição escolar passa a ser considerada parte do Sistema de Garantia de Direitos, atenta à proteção da infância e da adolescência e, nesse lócus, crianças e adolescentes devem ser considerados **sujeitos de direitos**, sendo necessário o atendimento das demandas específicas às suas necessidades de pessoas em desenvolvimento.

Nesse contexto, quando há falhas na disponibilidade do direito, há a movimentação de organizações representativas da sociedade civil e de pessoas individualmente para buscar sua execução, passando a haver uma interferência do Poder Judiciário nos diferentes campos da sociedade. Especificamente no campo educacional, a intervenção do Poder Judiciário vem sendo denominada na literatura de judicialização da educação, como explicam Cury e Ferreira (2009). Os autores ainda esclarecem que, a partir da Constituição de 1988, "[...] a educação passou a ser efetivamente regulamentada, com instrumental jurídico necessário para dar ação concreta ao que foi estabelecido" (CURY; FERREIRA, 2009, p. 33).

Fundamentos da educação em direitos humanos

Contemporaneamente, a concepção de direitos humanos foi internacionalmente estabelecida pela Declaração Universal dos Direitos Humanos (DUDH), em 1948. Essa declaração foi ratificada em 1993, com a aprovação da Declaração dos Direitos Humanos de Viena, na qual os direitos humanos e as liberdades fundamentais foram declarados direitos naturais de todos os seres humanos.

Em 2018, por ocasião dos 70 anos da assinatura da DUDH, a Organização das Nações Unidas (ONU) marcou a data, afirmando que os direitos lá delineados ainda não são garantidos à grande parte da população mundial e que aquela seria uma oportunidade para lembrar que milhões de pessoas têm seus direitos violados diariamente[2]. Em manifestação semelhante, o Senado brasileiro divulgou nota, com o título "Carta de Direitos Humanos completa 70 anos em momento de incertezas"[3]. Tais manifestações são indicações claras de que muito ainda precisa ser feito para a efetivação desses direitos.

Uma das formas propostas de ação para essa efetivação direciona-se ao processo educacional em amplo sentido: 1 — Pela inscrição da necessidade de desenvolvimento humano por intermédio da educação. Essa premissa, prevista no art. 26 da DUDH, afirma que a educação é um direito humano e que os países devem organizar mecanismos para constituí-la de forma gratuita nas fases fundamentais, numa perspectiva de ampliar o conhecimento e o respeito às liberdades; 2 — Pelo entendimento de que a educação pode ser direcionada à formação de uma cultura da paz, por se entender que a sobrevivência, a proteção e o desenvolvimento das crianças são imperativos de desenvolvimento universais e essenciais para o progresso humano (FUCHS, 2007).

No Brasil, o debate sobre direitos humanos e formação para a cidadania alcançou mais espaço a partir dos anos 1980 e 1990, por meio de ações da sociedade civil organizada e governamentais no campo das políticas públicas, com vista ao fortalecimento da democracia consagrada através da Constituição Federal de 1988. A Lei de Diretrizes e Bases da Educação Nacional (BRASIL, 1996) reafirma o exercício da cidadania como uma das finalidades da educação, ao ser "[...] inspirada nos princípios de liberdade e nos ideais de solidariedade humana" (BRASIL, 1996, Art. 2º). Com o ordenamento jurídico pós-1988, o Brasil passou a ratificar importantes tratados internacionais de proteção dos direitos humanos, além de reconhecer a jurisdição da Corte Interamericana de Direitos Humanos (PIOVESAN, 2009; RAMOS, 2009).

---

2. Disponível em: https://nacoesunidas.org/aos-70-anos-declaracao-universal-dos-direitos-humanos-e-mais-importante-do-que-nunca/. Acesso em: 20 out. 2019.

3. Disponível em: https://www12.senado.leg.br/noticias/infomaterias/2018/12/70-anos-da-declaracao-universal-dos-direitos-humanos. Acesso em: 20 out. 2019.

Nesse contexto, com base em documentos nacionais e internacionais, em 2003 foi lançado o Plano Nacional de Educação em Direitos Humanos (PNEDH), que marcou a entrada do Estado brasileiro na história da afirmação dos direitos humanos e "[...] trouxe para o lugar de política pública a dimensão pedagógica do tema" (SOUSA JÚNIOR, 2009, p. 35). O objetivo de sua implementação é a expansão da cultura de direitos humanos no Brasil, sobretudo a disseminação de valores solidários, cooperativos, de inclusão e de justiça social (BRASIL, 2007).

No ano posterior ao lançamento do Plano, há a aprovação, no Brasil, da Emenda Constitucional n. 45/2004, que passa a considerar os tratados internacionais sobre direitos humanos com caráter de constitucionalidade e dotados de eficácia constitucional (CURY; FERREIRA, 2009; PIOVESAN, 2009).

Em 2005, a ONU lança o Plano Mundial de Educação em Direitos Humanos e a previsão de sua implantação por fases. Até o momento, há três fases concluídas: de 2005 a 2009, de 2010 a 2014 e de 2015 a 2019 (UN, 2014), e a quarta (2020-2024) foi lançada em setembro de 2019, durante a 42ª sessão do Conselho de Direitos Humanos da Organização[4].

O que é o Plano Nacional de Educação em Direitos Humanos?

O Plano Nacional de Educação em Direitos Humanos é um documento orientador, elaborado com o intuito de nortear projetos, programas e ações, em todo o território nacional, para disseminação e fortalecimento dos direitos humanos através de processos educativos. Foi lançado em 2003 e traz uma concepção de diretos humanos que "[...] incorpora a compreensão de cidadania democrática, cidadania ativa e cidadania planetária, embasadas nos princípios da liberdade, da igualdade, da diversidade, e na universalidade, indivisibilidade

---

4. Informação disponível em: https://iddh.org.br/declaracao-sobre-o-plano-de-acao-da--4a-fase-do-pmedh-no-conselho-de-dh-da-onu/. Acesso em: 10 abr. 2024.

e interdependência dos direitos" (BRASIL, 2003, s/p). Tem como objetivos gerais: o fortalecimento do Estado Democrático de Direito; a ênfase no papel dos direitos humanos no desenvolvimento nacional; a contribuição para a efetivação dos compromissos assumidos internacional e internamente com relação à educação em direitos humanos, através de programas e ações; a orientação de políticas educacionais direcionadas para o respeito aos direitos humanos; o estabelecimento de concepções e princípios para a elaboração de novos programas e projetos na área de educação em direitos humanos; e o incentivo, a criação e o fortalecimento de instituições e organizações nacionais, estaduais e municipais de direitos humanos (BRASIL, 2003).

Para sua concretização, foram criadas cinco Comissões Temáticas: 1 — Educação Básica (Educação Infantil, Ensino Fundamental e Médio); 2 — Ensino Superior; 3 — Educação Não Formal; 4 — Educação dos Profissionais dos Sistemas de Justiça e Segurança; e 5 — Educação e Mídia (BRASIL, 2003).

Conforme o Plano Nacional de Educação em Direitos Humanos e suas atualizações, a mobilização global para a educação em direitos humanos está fundada no conceito de educação para uma "[...] cultura democrática, na compreensão dos contextos nacional e internacional, nos valores da tolerância, da solidariedade, da justiça social e na sustentabilidade, na inclusão e na pluralidade" (BRASIL, 2018, p. 11). Nele, a Educação Básica é contemplada como direito social inalienável da pessoa humana e dos grupos socioculturais (BRASIL, 2003).

Numa lógica inclusiva, o Plano Nacional de Educação em Direitos Humanos favorece práticas e processos pedagógicos que levam ao desenvolvimento integral/educacional de todas as pessoas. Avanços importantes no âmbito da Educação Básica podem ser observados desde a sua implementação, inclusive com a ampliação da obrigatoriedade escolar que era dos 7 aos 14 anos, e desde 2013 passou a ser dos 4 aos 17 anos.

Em termos gerais, o Plano Nacional de Educação em Direitos Humanos segue as diretrizes internacionais, com o propósito de que a educação contribua para: a) criar uma cultura universal dos direitos humanos; b) exercitar o respeito, a tolerância, a promoção e a valorização das diversidades (étnico-racial, religiosa, cultural, geracional, territorial, físico-individual, de gênero, de orientação sexual, de nacionalidade, de opção política, dentre outras) e a solidariedade entre povos e nações; c) assegurar a todas as pessoas o acesso à participação efetiva em uma sociedade livre (BRASIL, 2003).

Em 2007, um novo documento foi publicado, fruto de discussão do Plano de 2003, que foi divulgado e debatido, ao longo dos anos de 2004 e 2005, em encontros, seminários e fóruns, e que resultaram em um conjunto de contribuições, de representantes da sociedade civil e do governo, para aperfeiçoamento do documento original (BRASIL, 2007). Esse material foi organizado em 2006, por uma equipe da Universidade Federal do Rio de Janeiro (UFRJ), e posteriormente analisado e revisado pelo Comitê Nacional de Educação em Direitos Humanos (CNEDH) e distribuído aos participantes do Congresso Interamericano de Educação em Direitos Humanos, realizado ainda em 2006. Esse documento foi à consulta pública, revisado e posteriormente aprovado pelo Comitê Nacional (BRASIL, 2007).

No Plano Nacional de Educação em Direitos Humanos, apesar de haver o entendimento de que o processo educativo ocorre em instituições de educação formal e não formal, a instituição escolar é privilegiada, por sua "[...] responsabilidade específica na formação das pessoas, durante longos e importantes anos de suas vidas" (BRASIL, 2003, s/p). Nessa instituição, ocorre a "[...] construção de saberes, valores, práticas e visões de mundo constituem um processo permanente" (BRASIL, 2003, s/p). Por essa perspectiva, tornam-se "[...] exigências fundamentais para a educação básica: favorecer desde a infância a formação de sujeitos de direito e priorizar pessoas e grupos excluídos, marginalizados e discriminados pela sociedade" (BRASIL, 2003, s/p). O Plano assume que a Educação Básica é o "[...] primeiro momento do processo educativo ao longo de toda a vida", como um direito social inalienável; a Educação Básica exige "[...] a promoção de políticas públicas que garantam a sua qualidade"; a "[...] construção de uma cultura de direitos humanos é de especial importância em todos os espaços sociais", e a escola tem um papel fundamental na construção dessa cultura; a educação em direitos humanos "[...] deve ser concebida de forma articulada ao combate do racismo, sexismo, discriminação social, cultural, religiosa e outras formas de discriminação presentes na sociedade brasileira"; a educação intercultural e de diálogo inter-religioso deve ser promovida e constitui componente inerente à educação em direitos humanos; a educação em direitos humanos deve "[...] ser um dos eixos norteadores da educação básica e permear todo o currículo, *não devendo ser reduzida à disciplina ou à área curricular específica*" (BRASIL, 2003, s/p, grifos nossos).

Pelas características apresentadas, o PNEDH traz desafios para a educação brasileira, pois, a despeito dessas garantias, a inobservância dos dispositivos legais ainda é cotidiana em escolas por todo o país (HADDAD; GRACIANO, 2006), já que essa instituição tem sua trajetória marcada por processos que são declaradamente excludentes (BARRETO; CODES; DUARTE, 2012) ou de exclusão velada, como a existência dos "excluídos no interior" (BOURDIEU; CHAMPAGNE, 1998; FERRARO; ROSS, 2017).

Como exemplo de situação de dupla exclusão (fora e dentro da escola), há uma parcela de alunos que tem sido foco da Educação Especial (alunos com deficiência, transtornos globais do desenvolvimento, altas habilidades e superdotação), e que, desde o final do século XX, passou a ganhar atenção com a proposição de um sistema educacional inclusivo.

Direito à educação e os alunos foco da Educação Especial

Há um conjunto de normas garantidoras dos direitos das pessoas com deficiência, transtornos globais do desenvolvimento, altas habilidades e superdotação na educação. Este rexto não pretende ser exaustivo, mas traz a indicação de documentos que consideramos relevantes na trajetória desse direito educacional.

Embora a atenção à escolarização dessas pessoas venha sendo construída desde os séculos XVII e XVIII, o arcabouço de diretrizes internacionais para a garantia educacional a essa população construiu--se a partir da Declaração Universal dos Direitos Humanos (DUDH), de 1948. Especificamente, o que se denomina de educação inclusiva passa a ser construído após a DUDH, em 1948. Dentre os marcos, podem ser lembradas as conferências e convenções organizadas por organismos internacionais: Conferência Mundial de Educação para Todos (Jomtiem, 1990); Conferência Mundial sobre Necessidades Educacionais Especiais (Salamanca, 1994); Convenção Interamericana para a Eliminação de todas as Formas de Discriminação contra as Pessoas Portadoras de Deficiência (Guatemala, 1999); Convenção sobre os Direitos das Pessoas com Deficiência — ONU (Nova Iorque, 2006).

Para Rodrigues e Lima (2017), a segregação historicamente existente trouxe muitos prejuízos sociais aos indivíduos com deficiência, sendo necessária a organização de movimentos sociais que defendessem seus direitos humanos fundamentais, entre estes a educação, de forma que pudessem agregar a legislação internacional e nacional em torno de iniciativas que trouxessem benefícios ao ensino e à aprendizagem para todas as pessoas.

Em âmbito nacional, além da Constituição Federal do Brasil de 1988, temos Leis Infraconstitucionais, como o Decreto Legislativo n. 198/2001, que aprovou a Convenção Interamericana para a Eliminação de Todas as Formas de Discriminação contra as Pessoas Portadoras de Deficiência, promulgada pelo Decreto n. 3.956/2001, e diversos documentos legais expedidos a partir do Ministério da Educação (MEC) através da Secretaria de Educação Continuada, Alfabetização e Diversidade (Secad) e da Secretaria de Educação Especial (Seesp), hoje extintas; Secretaria de Educação Continuada, Alfabetização e Diversidade e Inclusão (Secadi), extinta em 2019 e restabelecida em 2023; e Conselho Nacional de Educação (CNE).

Anteriormente à promulgação da atual Constituição, já havia um conjunto de Leis Federais infraconstitucionais, garantidoras dos direitos das pessoas com deficiência, que tinham como referência Constituições anteriores, como: a Lei n. 4.169, de 4 de dezembro de 1962, que oficializa as convenções *Braille* para uso na escrita e leitura dos cegos, e o Código de Contrações e Abreviaturas *Braille*; a Lei n. 7.070, de 20 de dezembro de 1982, que dispõe sobre pensão especial para os deficientes físicos; a Lei n. 7.405, de 12 de novembro de 1985, que torna obrigatória a colocação do símbolo internacional de acesso em todos os locais e serviços que permitam sua utilização por pessoas com deficiências. A existência dessa legislação indica que a construção de direitos vem de longa data e que deve sempre ser alvo de atenção.

Após a promulgação da Constituição de 1988, o conjunto de normas aumentou significativamente e, com fundamentos nas leis, atualmente há um conjunto de decretos que estabelecem programas, planos ou políticas. Todas as normas fundamentam direitos e garantias das pessoas com deficiência, transtornos globais do desenvolvimento, altas habilidades e superdotação, bem como seu direito a usufruir plenamente da escolarização em escolas comuns. De modo mais significativo, no período entre 2003 e 2016, foram observadas variadas ações em favor da educação inclusiva, voltadas à maior participação das áreas de especialidades, para que estudantes com e sem deficiência estivessem nos mesmos espaços escolares, potencializando os mecanismos de comunicação, inserção e convivência. Essas ações institucionalizadas qualificaram, durante muitos anos, etapas da educação formal, possibilitando a inclusão da população foco da Educação Especial nos variados espaços sociais e laborais. É representativo informar que tais avanços foram constituídos pela incisiva participação dos movimentos sociais e alianças institucionais entre áreas de governo.

Em 2016, o país sofreu uma grave ruptura institucional (SILVA FILHO, 2018), ou golpe de Estado político (NAPOLITANO, 2019), que, com usos de discursos de defesa dos direitos econômicos, levou a ataques diretos aos direitos constitucionais da população brasileira, que não percebeu de imediato quão grave seria a dilaceração de áreas fundamentais, como a educação, a saúde, a assistência social e a segurança pública. Para o nosso foco — a educação inclusiva —, esse processo se materializou em dificuldades para educandos e educadores, com reflexos na oferta dos atendimentos, impelindo à desobrigação de escolas e autoridades para o cumprimento da garantia escolar.

Em 2019, uma ação direta do Ministério da Educação finaliza as ações da Secretaria de Educação Continuada, Alfabetização, Diversidade e Inclusão Social (Secadi) e da Secretaria de Articulação com os Sistemas de Ensino (Sase), entre outras, por intermédio do Decreto n. 9.465, de 2 de janeiro de 2019 (BRASIL, 2019a), alterado na mesma data pelo Decreto n. 9.665, de 2 de janeiro de 2019 (BRASIL, 2019b), como uma das representações da violência aos direitos da educação, desrespeitando e alterando as definições políticas acerca da educação formal e não formal, que se apresentavam como integradoras no Brasil, que é signatário das Declarações e Acordos internacionais relacionados.

Do ponto de vista dos detrimentos relacionados à educação e aos direitos humanos básicos, a abrupta alteração dessas iniciativas que tratavam de integrar áreas da educação para além da leitura e da escrita trouxe dúvidas e dificuldades às ações da educação inclusiva e da diversidade, provocando prejuízos à formação gradual que vinha ocorrendo ao longo do tempo em temas necessários ao desenvolvimento de crianças, adolescentes e jovens, incluindo a formação de professores. Os importantes avanços tomaram ares de finitude, necessitando refazer-se a posição de resistência dos educadores, dos especialistas e das famílias.

Em se tratando das temáticas da educação para pessoas com deficiência, transtornos globais do desenvolvimento, altas habilidades/superdotação, o Ministério da Educação inicia em 2019, com o Decreto n. 9.665, de 2 de janeiro de 2019, uma estratégia a partir da criação da Diretoria de Acessibilidade, Mobilidade, Inclusão e Apoio a Pessoas com Deficiência e da Diretoria de Políticas de Educação Bilíngue de Surdos, com determinações que alteram as estruturas regimentais da educação inclusiva, que retrocede um período de avanços importantes da educação brasileira.

Outras situações foram sendo constituídas ao longo do período 2019-2020, que se configuraram preocupações entre especialistas e autoridades da área da educação, como a aprovação do Decreto n. 10.502, do Governo Federal, em setembro de 2020 (BRASIL, 2020), que instituiu a Política Nacional de Educação Especial: Equitativa, Inclusiva e com Aprendizado ao Longo da Vida. Esse documento descaracterizou o sistema educacional brasileiro como um "sistema inclusivo", ao garantir a possibilidade de a escolaridade de pessoas com deficiências, transtornos globais do desenvolvimento, altas habilidades/superdotação ocorrer à margem da escola regular de ensino.

Notas de repúdio ao decreto, provenientes de associações de pessoas com deficiência, especialistas e representantes do Ministério Público, denunciaram o desrespeito aos direitos dessa população, por impelir famílias à busca de instituições especializadas que substituíssem a situação de escolaridade. Ministérios Públicos estaduais e o federal entenderam que tal decreto viola a legislação em vigor e acordos e declarações de que o Brasil é signatário. Um exemplo dessa posição foi a decisão majoritária do Supremo Tribunal Federal (STF) de acatar uma liminar de suspensão do decreto em dezembro de 2020.

A aprovação do decreto ocorreu em um cenário em que, das 1.308.900 matrículas de alunos com deficiências, transtornos globais do desenvolvimento e altas habilidades/superdotação em 2020, 1.152.875 (88%) de matrículas ocorriam em classes comuns de escolas regulares e 156.025 (12%) em classes ou escolas especiais (INEP, 2020b), o que evidencia a tentativa de desmonte de movimento de aumento de matrículas que vinha ocorrendo desde o início dos registros na década de 1970 (KASSAR; REBELO, 2018). Por fim, o decreto foi revogado em 1° de janeiro de 2023, como um dos primeiros atos do governo de Luiz Inácio Lula da Silva, e com o propósito de aperfeiçoar a Política

Nacional de Educação Especial na Perspectiva da Educação Inclusiva, a Secadi, sob a orientação da Diretoria de Políticas de Educação Especial na Perspectiva Inclusiva (Dipepi), instituiu a "Comissão Nacional de Educação Especial na Perspectiva da Educação Inclusiva — CNEEPEI", por meio da Portaria n. 1.118, de 26 de junho de 2023.

No entanto, apesar da grande movimentação contra o decreto de 2020 e do que ele representou, pois foi visto como "[...] um retrocesso nas políticas de inclusão no País e discriminatório porque abriria brechas para que as escolas passassem a não aceitar alunos com essas características" (AZEVEDO, 2020, s/p.), e mesmo com sua revogação, continuamos com grandes desafios para o oferecimento de escolaridade com qualidade a toda a população. Dentre os possíveis obstáculos a serem suplantados, ressaltamos especialmente dois: a necessidade de ampliação e melhoria e de atendimentos especializados na escola comum, pois educação inclusiva não significa a inexistência dessas atividades (GLAT; PLETSCH; FONTES, 2007); e enfrentamento à existência de preconceitos enraizados, como a presença do capacitismo entre os gestores escolares e professores, ou seja, a crença de que pessoas fisicamente aptas seriam superiores às pessoas com deficiência (CAMARGO; CARVALHO, 2019).

Há ainda que se considerar que, além desses obstáculos, o Decreto n. 10.502/2020 evidenciou a existência de setores da sociedade que lutam pela manutenção da separação dos alunos, seja por buscarem o que entendem ser melhores formas de atendimento, seja por não os considerar capazes de estarem nas escolas. Como exemplo do seguimento deste embate, há projetos de leis tramitando no Senado e na Câmara dos Deputados para sancionar uma "Política para Educação Especial e Inclusiva, para atendimento às pessoas com Transtorno Mental, Transtorno do Espectro Autista (TEA), Deficiência Intelectual e Deficiências Múltiplas", desconsiderando os trabalhos iniciados pela Comissão Nacional de Educação Especial na Perspectiva da Educação Inclusiva.

Lembramos, como ressalta Santos (2019), que sob a percepção de educação como direito fundamental a toda a população, a escola também deve ser tomada como "espaço de proteção social". Nesse espaço, as diretrizes do Plano Nacional de Educação em Direitos Humanos devem estar materializadas na ética, nos comportamentos, nos enfrentamentos a situações cotidianas de desrespeito e de preconceito e não apenas em conteúdo de disciplinas específicas, pois não se educa em direitos humanos apenas para que "[...] as crianças parem de se agredir na escola" (SANTOS, 2019, p. 10). É necessário principalmente aguçar nossos olhos (de gestores, professores, funcionários, alunos e pais) para a percepção da violência simbólica que ainda impera em nossas instituições escolares (SILVA; SILVA, 2018).

Ressalta-se que este é um desafio presente também em escolas de outros países. Como exemplo, há a pesquisa de DeMatthews, Serafini e Watson (2020), que identifica aspectos a serem observados para a construção de uma educação inclusiva, juntamente à existência da deficiência, como etnia, idioma, entre outros.

As circunstâncias em que se encontra, neste momento, o debate sobre a educação das pessoas com deficiência, transtornos globais do desenvolvimento e altas habilidades/superdotação evidenciam entraves à efetivação da educação como direito humano a toda a população. Tais circunstâncias são evidências, também, de que a conquista de um direito não é garantia de seu cumprimento e mesmo de sua permanência como direito. A fragilidade dos direitos relaciona-se à fragilidade da construção de uma sociedade democrática que, por sua vez, remete à premência de instauração de uma democracia material, como referem autores que estudam a temática, como Gouvêa (2009). A situação da educação dessa população é apenas um exemplo de como direitos fundamentais podem ser atacados, mesmos após serem aparentemente assegurados. Para a garantia de manutenção dos direitos conquistados, a atenção permanente é fundamental. Daí a importância crucial da formação dos educadores em direitos humanos.

Considerações finais

A formação de educadores no Brasil ainda se configura de forma heterogênea, o que não é negativo, no entanto, deve seguir o disposto nos Planos Nacionais de Educação em Direitos Humanos e nos Planos Nacionais de Educação, com as adaptações que se fizerem necessárias em cada região e estado da federação. Vários grupos de pesquisa e estudos têm implementado a formação em direitos humanos, em diferentes regiões do país, abrangendo diversas temáticas, como são as atividades do Projeto Direitos Humanos nas Escolas, nas cidades de São Paulo e Osasco, fruto de convênio de cooperação firmado entre a Cátedra USP/Unesco de Educação para a Paz, Direitos Humanos, Democracia e Tolerância e a Faculdade de Educação da USP, das ações realizadas em diferentes estados brasileiros pelo Centro Latino--Americano em Sexualidade e Diretos Humanos (CLAM), vinculado à Universidade do Estado do Rio de Janeiro, ou ainda como os trabalhos empreendidos pelo Núcleo de Estudos e Pesquisas Interdisciplinares em Políticas Públicas, Direitos Humanos, Gênero, Vulnerabilidades e Violências (NEPI/Pantanal), da Universidade Federal de Mato Grosso do Sul, na região de fronteira entre Brasil e Bolívia.

O Brasil é signatário de documentos e objetivos mundiais voltados à educação, nos quais se notabiliza a atenção integral às pessoas com deficiência, transtornos globais do desenvolvimento, altas habilidades e superdotação. Estes influenciam diretamente a constituição de diretrizes nacionais que potencializam o ensino-aprendizagem e traduzem-se formalmente na formação de professores em áreas diversas de forma inclusiva.

Compreender os avanços e retrocessos históricos de uma vertente da educação nacional contribui diretamente para a ampliação de conhecimentos do futuro educador, e para a opção de suas escolhas e de aperfeiçoamento profissional.

Uma escola realmente para todos permite a diminuição das desigualdades educacionais e oportuniza a formação de indivíduos que aprendam a valorizar a diversidade de seu país e do mundo. É possível observar uma sala de aula participativa, onde a existência de diferenças seja motivo de enaltecimento. Esse é um desafio da escola democrática; é um desafio na formação de professores.

Referências

AZEVEDO, Reinaldo. STF faz maioria contra decreto que separa alunos com deficiência. *UOL*, 2020. Disponível em: https://noticias.uol.com.br/colunas/reinaldo-azevedo/2020/12/18/stf-faz-maioria-contra-decreto-que-separa-de--alunos-com-deficiencia.htm. Acesso em: 26 dez. 2021.

BARRETO, Ângela Rabelo; CODES, Ana Luiza; DUARTE, Bruno. Alcançar os excluídos da educação básica: crianças e jovens fora da escola no Brasil. *Série Debates*, n. 3, abr. 2012. Disponível em: https://crianca.mppr.mp.br/arquivos/File/publi/unesco/criancas_e_jovens_fora_da_escola_unesco_2012.pdf. Acesso em: 26 dez. 2020.

BOURDIEU, Pierre; CHAMPAGNE, Patrick. Os excluídos do interior. *In*: NOGUEIRA, Maria Alice; CATANI, Afrânio (org.). *Escritos de educação*. Petrópolis: Vozes, 1998.

BRASIL. Comitê Nacional de Educação em Direitos Humanos. *Plano Nacional de Educação em Direitos Humanos*. Brasília: Secretaria Especial dos Direitos Humanos, 2003.

BRASIL. Comitê Nacional de Educação em Direitos Humanos. *Plano Nacional de Educação em Direitos Humanos*. Brasília: Secretaria Especial dos Direitos Humanos; Ministério da Educação; Ministério da Justiça; Unesco, 2007. 76 p.

BRASIL. *Decreto n. 10.502, de 30 de setembro de 2020*. Institui a Política Nacional de Educação Especial: equitativa, inclusiva e com aprendizado ao longo da vida. Brasília, 2020. Disponível em: https://www.in.gov.br/en/web/dou/-/decreto-n-10.502-de-30-de-setembro-de-2020-280529948#:~:text=1%C2%BA%20Fica%20institu%C3%ADda%20a%20Pol%C3%ADtica,educa%C3%A7%C3%A3o%20e%20ao%20atendimento%20educacional. Acesso em: 18 out. 2020.

BRASIL. *Decreto n. 9.465, de 2 de janeiro de 2019*. Aprova a Estrutura Regimental e o Quadro Demonstrativo dos Cargos em Comissão e das Funções de Confiança do Ministério da Educação, remaneja cargos em comissão e funções de confiança e transforma cargos em comissão do Grupo Direção e Assessoramento Superiores — DAS e Funções Comissionadas do Poder Executivo — FCPE. Brasília, 2019a. Disponível em: https://www.in.gov.br/materia/-/asset_publisher/Kujrw0TZC2Mb/content/id/57633286, 2019a. Acesso em: 26 dez. 2020.

BRASIL. Decreto n. 9.665, de 2 de janeiro de 2019. Aprova a Estrutura Regimental e o Quadro Demonstrativo dos Cargos em Comissão e das Funções de Confiança do Ministério da Educação, remaneja cargos em comissão e funções de confiança e transforma cargos em comissão do Grupo Direção e Assessoramento Superiores — DAS e Funções Comissionadas do Poder Executivo — FCPE. RETIFICAÇÃO. *Diário Oficial da União*: seção 1, Brasília, DF, edição Extra B, p. 6, 2 jan. 2019. Na epígrafe, onde se lê: Decreto nº 9.465, de 2 de janeiro de 2019, leia-se: Decreto n. 9.665, de 2 de janeiro de 2019. Este texto não substitui o original publicado no Diário Oficial da União: seção 1, edição Extra E, 2 jan. 2019b. Disponível em: https://www2.camara.leg.br/legin/fed/decret/2019/decreto-9665-2-janeiro-2019-787572-publicacaooriginal-157191-pe.html. Acesso em: 26 dez. 2020.

BRASIL. *Lei n. 9.394, de 20 de dezembro de 1996*. Estabelece as diretrizes e bases da educação nacional. Brasília, 1996.

BRASIL. Ministério dos Direitos Humanos. *Plano Nacional de Educação em Direitos Humanos*. 3. reimp. simpl. Brasília, 2018. 48 p.

CAMARGO, Flávia Pedrosa de; CARVALHO, Cynthia Paes de. O direito à educação de alunos com deficiência: a gestão da política de educação inclusiva em escolas municipais segundo os agentes implementadores. *Revista Brasileira de Educação Especial*, Bauru, v. 25, n. 4, p. 617-634, dez. 2019.

CURY, Carlos Roberto Jamil.; FERREIRA, Luiz Antonio Miguel. A judicialização da educação. *Revista CEJ*, v. 1, p. 32-45, 2009.

DEMATTHEWS, David E.; SERAFINI, Amy; WATSON, Terry N. Leading inclusive schools: principal perceptions, practices, and challenges to meaningful change. *Educational Administration Quarterly*, p. 1-46, 2020.

FERRARO, Alceu Ravanello; ROSS, Steven Dutt. Diagnóstico da escolarização no Brasil na perspectiva da exclusão escolar. *Revista Brasileira de Educação*, Rio de Janeiro, v. 22, n. 71, e227164, 2017.

FUCHS, Eckhardt. Children's rights and global civil Society. *Comparative Education*. v. 43, 2007.

GLAT, Rosana; PLETSCH, Márcia Denise; FONTES, Rejane de Souza. Educação inclusiva & educação especial: propostas que se complementam no contexto da escola aberta à diversidade. *Educação*: Revista do Centro de Educação, v. 32, n. 2, p. 343-355, 2007.

GOUVÊA, Carlos Portugal. Democracia material e direitos humanos. *In*: AMARAL JÚNIOR, Alberto do; JUBILUT, Liliana Lyra. *O STF e o direito internacional dos direitos humanos*. São Paulo: Quartier Latin, 2009. p. 99-121.

HADDAD, Sérgio; GRACIANO, Mariângela (org.). *A educação entre os direitos humanos*. Campinas: Autores Associados; São Paulo: Ação Educativa, 2006.

HORTA, José Silvério Baia. Direto à educação e obrigatoriedade escolar. *Cadernos de Pesquisa*. São Paulo, n. 104, p. 5-34, jul. 1998. Disponível em: http://www.fcc.org.br/pesquisa/publicacoes/cp/arquivos/158.pdf. Acesso em: 30 jan. 2023.

INSTITUTO NACIONAL DE ESTUDOS E PESQUISAS EDUCACIONAIS ANÍSIO TEIXEIRA. *Glossário da educação especial*: Censo Escolar 2019 [recurso eletrônico]. Brasília: Instituto Nacional de Estudos e Pesquisas Educacionais Anísio Teixeira, 2019.

INSTITUTO NACIONAL DE ESTUDOS E PESQUISAS EDUCACIONAIS ANÍSIO TEIXEIRA. *Glossário da educação especial*: Censo Escolar 2020 [recurso eletrônico]. Brasília: Instituto Nacional de Estudos e Pesquisas Educacionais Anísio Teixeira, 2020a.

INSTITUTO NACIONAL DE ESTUDOS E PESQUISAS EDUCACIONAIS ANÍSIO TEIXEIRA. *Sinopse estatística da educação Básica 2020* [on-line]. Brasília, 2020b. Disponível em: http://portal.inep.gov.br/sinopses-estatisticas-da-educacao-basica. Acesso em: 30 jan. 2023.

INSTITUTO NACIONAL DE ESTUDOS E PESQUISAS EDUCACIONAIS ANÍSIO TEIXEIRA. *Glossário da educação especial*: Censo Escolar 2021 [recurso eletrônico]. Brasília: Instituto Nacional de Estudos e Pesquisas Educacionais Anísio Teixeira, 2021.

INSTITUTO NACIONAL DE ESTUDOS E PESQUISAS EDUCACIONAIS ANÍSIO TEIXEIRA. *Glossário da educação especial*: Censo Escolar 2022 [recurso eletrônico]. Brasília: Instituto Nacional de Estudos e Pesquisas Educacionais Anísio Teixeira, 2022.

KASSAR, Mônica de Carvalho Magalhães; REBELO, Andressa Santos. Abordagens da educação especial no Brasil entre final do século XX e início do século XXI. *Revista Brasileira de Educação Especial*, Bauru, v. 24, n. esp., p. 51-68, 2018.

NAPOLITANO, Marcos. Golpe de Estado: entre o nome e a coisa. *Estudos Avançados*, São Paulo, v. 33, n. 96, p. 395-420, ago. 2019.

PIOVESAN, Flávia. Hierarquia dos tratados internacionais de proteção dos direitos humanos: jurisprudência do STF. *In*: AMARAL JÚNIOR, Alberto do; JUBILUT, Liliana Lyra. *O STF e o direito internacional dos direitos humanos*. São Paulo: Quartier Latin, 2009. p. 123-145.

RAMOS, Elival da S. Os tratados sobre direitos humanos no direito constitucional brasileiro pós-ementa constitucional 45/04. *In*: AMARAL JÚNIOR, Alberto do; JUBILUT, Liliana Lyra. *O STF e o direito internacional dos direitos humanos*. São Paulo: Quartier Latin, 2009. p. 146-188.

RODRIGUES, Ana Paula Neves; LIMA, Cláudia Araújo de. A história da pessoa com deficiência e da educação especial em tempos de inclusão. *Interritórios*: Revista de Educação, Caruaru, Universidade Federal de Pernambuco, v. 3, n. 5, 2017.

SANTOS, Émina. A educação como direito social e a escola como espaço protetivo de direitos: uma análise à luz da legislação educacional brasileira. *Educação e Pesquisa*, São Paulo, v. 45, e184961, 2019. Disponível em: http://www.scielo.br/scielo.php?script=sci_arttext&pid=S1517-97022019000100508&lng=en&nrm=iso. Acesso em: 30 jan. 2021.

SANTOS, José Carlos dos; GERALDINI, Bernardo Fogli Serpa. Planos Plurianuais Lula e Dilma (2003-2015): cenários pós-golpe. Avaliação das dimensões estratégicas dos PPAs para o desenvolvimento, tendo políticas sociais como eixos. *In*: CONGRESSO LATINO-AMERICANO DE CIÊNCIA POLÍTICA, 9., 2017, Montevidéu. *Anais* [...]. Montevidéu, 26, 27 e 28 jul. 2017. p. 1-14.

SAVIANI, Dermeval. *Pedagogia histórico-crítica*: primeiras aproximações. 7. ed. Campinas: Autores Associados, 2000.

SAVIANI, Dermeval. *Escola e democracia*. 36. ed. Campinas: Autores Associados, 2003.

SILVA FILHO, José Carlos Moreira da. Justiça de transição e usos políticos do Poder Judiciário no Brasil em 2016: um golpe de Estado institucional? *Revista Direito Práxis,* Rio de Janeiro, v. 9, n. 3, p. 1284-1312, set. 2018.

SILVA, Marilda da; SILVA, Adriele Gonçalves da. Professores e alunos: o engendramento da violência da escola. *Educação & Realidade*, Porto Alegre, v. 43, n. 2, p. 471-494, jun. 2018.

SOUSA JÚNIOR, José Geraldo. Educação em direitos humanos: desafio às universidades. *Revista Direitos humanos*, Secretaria Especial dos Direitos Humanos, n. 2, jun. 2009.

TEIXEIRA, Anísio. Autonomia para a educação. *In*: ROCHA, João Augusto de Lima (org.). *Anísio em movimento*: a vida e as lutas de Anísio Teixeira pela escola pública e pela cultura no Brasil. Brasília: Senado Federal, Conselho Editorial, 2002. 306 p.

UN. *Plan of Action for the third phase (2015-2019) of the World Programme for Human Rights Education*. Human Rights Council, United Nations General Assembly, A/HRC/27/28, 2014.

2
Relações raciais na educação básica:
a intervenção das coordenações pedagógicas e a legislação para diversidade

Wilma de Nazaré Baía Coelho
Sinara Bernardo Dias

Considerações iniciais

As relações raciais no Brasil passaram a ocupar um espaço cada vez maior entre os objetos de estudos de trabalhos científicos, sobretudo a partir da promulgação das Leis n. 10.639/2003 e n. 11.645/2008, que alteram a Lei de Diretrizes e Bases da Educação Brasileira, e obrigam as instituições educacionais a reverem seus currículos.[1] Nosso objeto, neste texto, serão as questões tratadas pelas legislações, tais como as Leis n. 10.639/2003 e n. 11.645/2008, a Resolução CNE/CP n. 01/2004, o Parecer CNE/CP n. 03/2004, as Diretrizes Curriculares Nacionais

---

1. A quantidade de trabalhos científicos que tratam como tema central a temática da diversidade racial e sua aplicabilidade na educação é destacada em Lucimar Rosa Dias *et al.* (2018), assim como em Petronilha Beatriz Gonçalves e Silva *et al.* (2018), principalmente após a promulgação das legislações citadas.

para a Educação das Relações Étnico-raciais e o Plano Nacional de Implementação dessas Diretrizes, que chamam a atenção para a função da escola[2] e quanto à importância de trabalhar, entre seus conteúdos, a diversidade racial a partir de referências positivas.

Com o objetivo de destacar as atribuições das coordenações pedagógicas[3] na efetiva implementação das legislações para o desenvolvimento do respeito à diversidade racial na escola e a importância das legislações para o combate ao racismo e à discriminação, evidenciaremos a relevância destas para a mudança de concepções dos atores educacionais[4] na Educação Básica[5].

Pretende-se, também, relacionar a discussão com a literatura especializada, pois entendemos que se torna cada vez mais urgente a discussão sobre a atuação dos profissionais da escola e a presença destes em projetos, planejamentos e demais práticas pedagógicas que envolvam a temática citada, compreendendo que "[...] a educação escolar em uma perspectiva antirracista clama por uma discussão

---

2. José Carlos Libâneo *et al.* (2018) reiteram esta concepção ao defender que a "[...] função da escola é fazer com que as/os discentes não sejam apenas reprodutoras/es de conceitos arcaicos, mas sim formadas/os intelectualmente e socialmente para agir sobre a realidade a qual se vinculam" (LIBÂNEO *et al.*, 2018, p. 203).

3. Utilizaremos a nomenclatura "coordenações pedagógicas", pois apesar de a função atualmente receber várias denominações, como *técnico pedagógico, especialista em educação, coordenação pedagógica*, as legislações das quais trataremos neste texto referem-se a estes profissionais daquela maneira.

4. Ao tratarmos atores educacionais, referimo-nos à reflexão de Rui Canário (2005), segundo a qual o uso do termo "[...] nos permite uma visão integrada dos fenômenos individuais e coletivos ao nível de organizações sociais, lugar onde se estabelece a síntese entre as lógicas do sistema e do actor" (CANÁRIO, 2005, p. 121), sendo assim, destacamos em nossa discussão alunos, professores e coordenações pedagógicas e gestão escolar.

5. Segundo a Lei de Diretrizes e Bases da Educação Brasileira, "Art. 22. A Educação Básica tem por finalidades desenvolver o educando, assegurar-lhe a formação comum indispensável para o exercício da cidadania e fornecer-lhe meios para progredir no trabalho e em estudos posteriores". Para Jamil Cury (2008), o conceito de Educação Básica é inovador, pois "[...] como direito, [...] significa um recorte universalista próprio de uma cidadania ampliada e ansiosa por encontros e reencontros com uma democracia civil, social, política e cultural" (CURY, 2008, p. 294). Nesse sentido, a Educação Básica corresponde a uma etapa fundamental para a formação de cidadãos, sendo nos níveis de ensino que a compõem, em que a base de tal cidadania é trabalhada, como destaca Jamil Cury (2008).

crítica dos conhecimentos que o Estado e as demais instituições dominantes consideram legítimas, seja por meio do currículo, seja por meio das práticas instituintes na escola" (SANTOS; COELHO, 2016, p. 128). Daí a importância de ampliarmos a discussão sobre até que ponto as coordenações pedagógicas são mediadoras ou definidoras, como defendem Wilma de Nazaré Baía Coelho e Maria do Socorro Padinha (2013), de políticas educacionais em âmbito escolar. Reiteramos, deste modo, a importância desses(as) profissionais no lugar de definidores(as) das pautas relevantes desenvolvidas na escola, evidenciando a convocação feita pelas legislações educacionais para que as suas intervenções pedagógicas abordem as questões relacionadas à diversidade racial, bem como as afirmações feitas em estudos que afirmam que no cotidiano escolar são as coordenações pedagógicas que definem o que deverá ser trabalhado nas salas de aula e fora delas, além de direcionar a rotina da escola e demais ações no espaço escolar (COELHO; SILVA, 2017).

Wilma de Nazaré Baía Coelho e Maria do Socorro Ribeiro Padinha (2013), Wilma de Nazaré Baía Coelho e Carlos Aldemir Farias da Silva (2017) afirmam que as coordenações pedagógicas demonstram diversas dificuldades no desempenho de suas práticas e no trabalho com as questões de diversidade, seja pela fragilidade da formação inicial, pela falta de formação continuada, bem como pelo desconhecimento da literatura especializada e das legislações ou pela grande demanda enfrentada diariamente sob diversas dimensões.

Para a discussão sobre o cotidiano das coordenações pedagógicas, o trabalho pedagógico com a temática das relações raciais e demais ações essenciais desenvolvidas por elas no direcionamento das atividades da escola, utilizaremos como literatura especializada Vera Maria Nigro de Souza Placco e Laurinda Ramalho de Almeida (2009; 2012; 2015), Wilma de Nazaré Baía Coelho e Maria do Socorro Ribeiro Padinha (2013), Wilma de Nazaré Baía Coelho e Carlos Aldemir Farias da Silva (2017), Sônia Penin (2011). No que concerne à análise de conteúdo para tratamento dos dados, inspiramo-nos em Laurence

Bardin (2016, p. 51), para "[...] dar forma conveniente e representar de outro modo essa informação, por intermédio de procedimentos de transformação", sobretudo na sistematização dos documentos primários, com vista à inferência sobre a realidade do fazer profissional das coordenações pedagógicas.

As discussões estão organizadas em dois momentos, complementares. O primeiro, com título "Legislação educacional e diversidade racial", discute como as legislações citadas determinam e orientam a implementação dos conteúdos referentes à história e à cultura africana, afro-brasileira e indígena nos currículos escolares. E, o segundo momento, com o título "O papel das coordenações pedagógicas", tratará do como às coordenações pedagógicas é atribuído o papel de desempenharem ações promotoras da educação para as relações raciais.

Legislação educacional e diversidade racial

No espaço escolar desenvolve-se uma logística própria, seja por meio da formação de grupos, seja no que diz respeito às relações focadas nas diferenças, sendo estas referentes às questões de pessoas com necessidades especiais, renda, orientação sexual, opção religiosa e/ou raça/cor (COELHO; COELHO, 2010). Mostra-se, desta forma, urgente o aprofundamento teórico sobre as discussões em torno da Lei n. 9.394/1996, que define as diretrizes e bases da educação brasileira, e sua alteração a partir da Lei n. 10.639/2003[6], na qual inclui no Currículo Oficial da Rede de Ensino Pública e Privada a obrigatoriedade da temática "História e Cultura Africana e Afro-Brasileira" (COELHO et al., 2014, p. 192). A Lei n. 10.639/2003 representa uma medida efetiva para o combate à discriminação racial nas escolas brasileiras, pois valoriza a cultura negra e o negro na formação da

---

6. A lei altera o artigo 26-A, que passa ter o seguinte texto: "Art. 26-A. Nos estabelecimentos de ensino fundamental e médio, oficiais e particulares, torna-se obrigatório o ensino sobre História e Cultura Afro-Brasileira" (BRASIL, 2003).

ENSINO, PRÁTICAS PEDAGÓGICAS E DIVERSIDADE

sociedade nacional, além de ratificar a participação do povo negro nas áreas social, política e econômica, por meio de práticas educativas baseadas nos objetivos das Diretrizes Curriculares Nacionais para a Educação da Relações Étnico-raciais e Ensino da História e Cultura Afro-brasileira e Africana, que consistem em "[...] corrigir injustiças, eliminar discriminações e promover a inclusão social e a cidadania para todos no sistema educacional brasileiro" (BRASIL, 2004a, p. 5).

Posteriormente, a Lei n. 11.645/2008[7] faz referência à temática indígena, com a mesma preocupação em alterar a LDB n. 9.394/1996, garantindo a obrigatoriedade da inserção da temática nos currículos das instituições educacionais, tornando-se mais um instrumento de orientação para o combate à discriminação étnico-racial de negros e indígenas. De tal modo, tanto a Lei n. 10.639/2003 quanto a Lei n. 11.645/2008, "[...] reconhecem a escola como lugar da formação de cidadãos e afirmam a relevância da escola promover a necessária valorização das matrizes culturais que fizeram do Brasil o país rico, múltiplo e plural que somos" (BRASIL, 2009, p. 3).

A Resolução CNE/CP n. 01/2004, que institui Diretrizes Curriculares Nacionais para a Educação das Relações Étnico-Raciais e para o Ensino de História e Cultura Afro-Brasileira e Africana, surge como uma maneira de orientar as instituições de ensino brasileiras e, principalmente, aquelas que desenvolvem programas de formação inicial e continuada de professores(as)[8]. Tais Diretrizes são fundamentadas

---

7. Novamente o artigo 26-A é alterado e adota o seguinte texto: "Art. 26-A. Nos estabelecimentos de ensino fundamental e de ensino médio, públicos e privados, torna-se obrigatório o estudo da história e cultura afro-brasileira e indígena" (BRASIL, 2008). Maria Aparecida Bergamish, Maria Isabel Habckost Dalla Zen, Maria Luisa Merino de Freitas Xavier (2008), Edson Silva, Maria da Penha da Silva (2013), Marcus Vinicius Valente Bararuá *et al.* (2017), entre outros, afirmam que esta lei repercute de maneira positiva na Educação Básica, pois dentre suas prerrogativas está a efetivação de encaminhamentos pedagógicos de combate ao preconceito, à discriminação e à "negação do protagonismo indígena na formação da nacionalidade brasileira" (BARAURÁ *et al.*, 2017, p. 63).

8. No artigo 2º da Resolução, que diz: "Art. 2º As Diretrizes Curriculares Nacionais para a Educação das Relações Étnico-Raciais e para o Ensino de História e Cultura Afro-Brasileira e Africanas constituem-se de orientações, princípios e fundamentos para o planejamento, execução e avaliação da Educação, e têm por meta promover a educação de cidadãos atuantes

no Parecer CNE/CP n. 003/2004, o qual corrobora as reivindicações e propostas do Movimento Negro ao longo do século XX, e prima pela elaboração de projetos educacionais que busquem a valorização da história e cultura dos afro-brasileiros e dos africanos, e a construção de referências positivas para a educação das relações raciais (BRASIL, 2004a).

O referido Parecer destaca, desde o tópico "Questões Introdutórias", o papel fundamental da sociedade de maneira geral ao ter conhecimento de tal documento, pois poderá dialogar com os sistemas de ensino, escola e educadores quanto às questões referentes às relações raciais, ao reconhecimento e à valorização da história e cultura dos afro-brasileiros, e exigir o direito à educação de qualidade, ou seja, não se referindo apenas ao direito de acesso à educação, mas também à formação para a cidadania, com o objetivo de alcançar a construção de uma sociedade justa e democrática. No tópico "Educação das relações étnico-raciais", o trabalho de reeducação para as relações raciais não é obrigação exclusiva da escola, mas esta "[...] tem papel preponderante para eliminação das discriminações e para emancipação dos grupos discriminados" (BRASIL, 2004a, p. 6), daí a necessidade de um trabalho pedagógico que supere o *improviso*, dimensionado no Parecer. Wilma de Nazaré Baía Coelho e Mauro Cezar Coelho (2010) afirmam que "ausência de preparação" desdobra-se em *ação pedagógica improvisada* (COELHO; COELHO, 2010, p. 109). Os autores afirmam que o *improviso*, não raras vezes, assume um lugar estrutural nas ações dos profissionais da educação. Eles alertam:

> [...] professores e técnicos deixaram evidente que as premissas que organizam as perspectivas de aprendizagem, a organização e a exposição de conteúdos e a relação com os alunos não têm relação direta e necessária com o conhecimento sistematizado sobre psicologia da aprendizagem, os mecanismos de transposição didática e as relações interpessoais da Escola (COELHO; COELHO, 2010, p. 122).

---

e conscientes no seio da sociedade multicultural e pluriétnica do Brasil, buscando relações étnico-sociais positivas, rumo à construção de nação democrática".

ENSINO, PRÁTICAS PEDAGÓGICAS E DIVERSIDADE

Esse tipo de encaminhamento, dentre diversas outras dimensões, parece dificultar a efetivação das legislações tratadas neste texto, e diante das inquietações geradas pela promulgação da Lei n. 10.639/2003, com relação à sua aplicabilidade, o Parecer CNE/CP n. 003/2004 busca oferecer caminhos para a área da educação, quanto a essa demanda, no sentido de políticas de ações afirmativas[9], ou seja, de políticas de reparação e de reconhecimento e valorização de sua história, cultura e identidade, pois nele encontramos orientação para a elaboração de política curricular fundada em dimensões históricas e sociais que surgiram a partir da realidade brasileira. Com o objetivo de combater o racismo e as discriminações que atingem particularmente a população negra, o Parecer propõe ainda atitudes e posturas a serem adotadas nas instituições de ensino, referindo-se a todos os profissionais da educação responsáveis pelo desenvolvimento do processo de ensino e aprendizagem, para o reconhecimento e valorização do pertencimento racial de descendentes de africanos, povos indígenas, descendentes de europeus e asiáticos[10].

---

9. Para Thais Santos Moya e Valter Roberto Silvério (2009), as ações afirmativas surgem no Brasil por meio da mobilização do movimento negro e da sociedade civil organizada, como uma "[...] possibilidade política de transformar esse sistema que impede que determinadas pessoas tenham acesso a locais e cargos de poder, em razão de estarem alocadas em posições ou grupos concebidos socialmente como inferiores. A ação afirmativa é uma atitude política que resulta à compreensão analítica de que o acesso ao poder e a completa cidadania dos indivíduos foram cerceados da maioria deles, exatamente porque, na prática, estes não são reconhecidos e tratados como tais" (MOYA; SILVÉRIO, 2009, p. 247). Portanto, como evidencia Andréa Lopes da Costa Vieira (2003), as políticas de ações afirmativas vão desde combater a desigualdade socioeconômica entre brancos e negros, até estabelecer punições aos que adotarem práticas discriminatórias, ou seja, referem-se ao "[...] conjunto de ações compensatórias [como as cotas nas universidades e concursos públicos], concentra suas forças na tentativa de correção da situação de desvantagem imposta à população negra historicamente e, em uma última instância, está direcionado para a promoção de uma sociedade democrática, a qual não pode ser atingida sem a igualdade" (VIEIRA, 2003, p. 86). Segundo João Feres Júnior (2005), para as políticas de ações afirmativas, a "[...] justiça social deveria ter papel justificativo preponderante, secundada pela reparação, enquanto a diversidade não deveria ter tanta relevância" (FERES JÚNIOR, 2005, p. 55). Siss Ahyas (2014) nos esclarece que, com relação à sua permanência, "[...] não se prevê sua implementação por tempo indefinido ou permanente: elas cessam ao atingir as metas a que se propõem alcançar" (AHYAS, 2014, p. 183).

10. Tais ações são, na verdade, a primeira das determinações do Parecer, de acordo com o seguinte texto: "O ensino de História e Cultura Afro-Brasileira e Africana, evitando-se distorções,

Entre as metas, o Parecer estabelece a formulação de políticas que tenham como norteador o direito da população negra, a atuação de professores qualificados para trabalhar o ensino de conhecimentos específicos necessários e "[...] para lidar com as tensas relações produzidas pelo racismo e discriminações, sensíveis e capazes de conduzir a reeducação das relações entre diferentes grupos étnico-raciais" (BRASIL, 2004a, p. 2). Aos sistemas de ensino e estabelecimentos de Educação Básica, nos níveis de Educação Infantil, Ensino Fundamental, Ensino Médio, Educação de Jovens e Adultos e Educação Superior, preceitua o Parecer sobre a disponibilização em sua íntegra:

> [...] para os professores de todos os níveis de ensino, responsáveis pelo ensino de diferentes disciplinas e atividades educacionais, assim como para outros profissionais interessados a fim de que possam estudar, interpretar as orientações, enriquecer, executar as determinações aqui feitas e avaliar seu próprio trabalho e resultados obtidos por seus alunos, considerando princípios e critérios apontados (BRASIL, 2004a, p. 16).

Os instrumentos legais que definem as atribuições das instituições e sistemas educacionais quanto às questões da diversidade étnico-racial, como as Leis n. 10.639/2003 e n. 11.645/2008, o Parecer CNE/CP n. 003/2004 e a Resolução CNE/CP n. 01/2004, orientam as ações nesta premissa, por meio da definição das atribuições que cabem às esferas estatais, aos sistemas e estabelecimentos de ensino, professores e coordenações pedagógicas. No entanto, como consta no Plano Nacional de Implementação das Diretrizes Curriculares Nacionais da Educação para as Relações Étnico-raciais, do ano de 2009, a aplicabilidade das regulamentações ainda precisa ser ampliada nos sistemas de ensino, e

---

envolverá articulação entre passado, presente e futuro no âmbito de experiências, construções e pensamentos produzidos em diferentes circunstâncias e realidades do povo negro. É um meio privilegiado para a educação das relações étnico-raciais e tem por objetivos o reconhecimento e valorização da identidade, história e cultura dos afro-brasileiros, garantia de seus direitos de cidadãos, reconhecimento e igual valorização das raízes africanas da nação brasileira, ao lado das indígenas, europeias, asiáticas" (BRASIL, 2004a, p. 15).

para tanto a elaboração do referido Plano torna-se fundamental para que sejam cumpridas as determinações legais, pois:

> [...] as instituições devem realizar revisão curricular para a implantação da temática, quer nas gestões dos Projetos Políticos Pedagógicos, quer nas Coordenações pedagógicas e colegiados, uma vez que possuem a liberdade para ajustar seus conteúdos e contribuir no necessário processo de democratização da escola, da ampliação do direito de todos e todas à educação, e do reconhecimento de outras matrizes de saberes da sociedade brasileira (BRASIL, 2009, p. 37).

No Parecer CNE n. 03/2004, confere-se às coordenações pedagógicas a atribuição de estabelecer "[...] conteúdos de ensino, unidades de estudos, projetos e programas, abrangendo os diferentes componentes curriculares" (BRASIL, 2004a, p. 18), ou seja, História, Geografia, Arte, Língua Portuguesa, Ciências e Matemática, entendendo que a temática das relações raciais transversaliza os diversos conhecimentos, juntamente aos sistemas e às mantenedoras de ensino. Nesse sentido, o Plano Nacional de Implementação das DCNs da Educação para as Relações Étnico-raciais (BRASIL, 2009) tem como objetivo contribuir para que todo o sistema de ensino e as instituições educacionais possam garantir o direito de aprender e a equidade educacional, para combater o racismo e a discriminação, e contribuir para uma sociedade justa e igualitária. Tal objetivo, segundo o próprio Plano, será alcançado por meio da promoção do desenvolvimento de pesquisas e produção de material didático e paradidático que valorizem a cultura afro-brasileira e a diversidade, da colaboração na construção de indicadores que permitam o necessário acompanhamento pelos poderes públicos e sociedade civil, e da efetiva implementação das DCNs da Educação para as Relações Étnico-raciais e para o Ensino da História e Cultura Afro-brasileira e Africana.

Trata-se de função do poder público, neste contexto, criar e consolidar agendas propositivas junto a gestores e técnicos das gestões municipais, estaduais e federal, garantindo condições adequadas para seu desenvolvimento como política de Estado, e desenvolvendo estratégias para a formação de professores que contemplem as questões da diversidade racial na construção histórica da cultura do país e construção de relações sociais que sejam permeadas pelo respeito.

O papel das coordenações pedagógicas

As representações construídas sobre a cultura afro-brasileira, no interior do ambiente escolar, tanto podem valorizar identidades, diferenças e o respeito à diversidade racial, quanto pode estigmatizá-las, discriminá-las, segregá-las e até mesmo negá-las (GOMES, 2004). A construção de uma identidade negra positiva representa um desafio, principalmente, convivendo e vivendo num imaginário pedagógico que olha e trata os negros e sua cultura de maneira desigual e institucionalizada, pelo menos até antes da Lei n. 10.639/2003, e mesmo diante dos avanços que decorrem de tal legislação, as dificuldades ainda se demonstram no cotidiano escolar[11]. Muitas vezes, os(as) estudantes negros(as) são vistos(as) como excluídos(as), como alguém que, devido ao seu meio sociocultural e ao seu pertencimento racial, já carrega congenitamente alguma dificuldade de aprendizagem e uma tendência a desvios de comportamento, como rebeldia, indisciplina, agressividade e violência (ROSEMBERG, 1987; SOARES, 2005; CARVALHO, 2005; COELHO *et al.*, 2014; CAVALLEIRO, 2017).

O Parecer CNE/CP n. 03/2004 esclarece quanto à autonomia dos estabelecimentos de ensino para discutir, propor e efetivar projetos

---

11. Retomando o que afirma Michel de Certeau, o cotidiano é o vivido, ou seja, "[...] é aquilo que nos é dado cada dia (ou que nos cabe em partilha), nos pressiona dia após dia, nos oprime, pois existe uma opressão no presente. [...] O cotidiano é aquilo que nos prende intimamente, a partir do interior" (CERTEAU; GIARD; MAYOL, 1996, p. 31). Assim compreendemos o cotidiano em permanente construção, e ao tratarmos do cotidiano escolar, consideramos as diversas variáveis que interferem na prática dos profissionais da escola (PENIN, 2011), pois, "[...] é na vida cotidiana e a partir dela que se cumprem as verdadeiras *criações*, aquelas que produzem os homens no curso de sua humanização: as obras" (PENIN, 2011, p. 17).

pedagógicos, em cumprimento ao exigido pelo artigo 26-A da Lei n. 9.394/1996, que foi alterado pela Lei n. 10.639/2003 e posteriormente pela Lei n. 11.645/2008, para tanto, podem buscar a colaboração das comunidades as quais a escola atende, além de estabelecer canais de comunicação com estudiosos da temática da diversidade racial e do Movimento Negro, para encontrar caminhos e propostas que contemplem a temática, seja no conteúdo das disciplinas, seja por meio das vivências na escola. Dentre os princípios estabelecidos no Parecer, para conduzir as ações dos sistemas de ensino, estabelecimentos e professores(as), o princípio "Ações Educativas de Combate ao Racismo e a Discriminações" encaminha para que as coordenações pedagógicas, juntamente a professores, representações dos negros e de outras minorias, analisem e reivindiquem que os textos e os materiais didáticos contemplem as discussões sobre diversidade racial, e que assim sejam adotadas providências para corrigi-los.

Sendo assim, compreendemos a escola como um espaço "[...] de socialização e desenvolvimento pessoal, para além de espaço de exercício e aprendizado da cidadania, representa uma instituição capacitada para a construção do reconhecimento e da afirmação de sujeitos marcados pela invisibilidade e subalternidade" (SILVÉRIO; OLIVEIRA; RODRIGUES, 2019, p. 90).

Antonio Sérgio Afonso Guimarães (2004) afirma que a discriminação racial no Brasil é baseada no "preconceito de cor", ou seja, "[...] aqueles que apresentam graus variados de mestiçagem podem usufruir, de acordo com seu grau de brancura (tanto cromática quanto cultural, dado que 'branco' é um símbolo de 'europeidade'), alguns dos privilégios reservados aos brancos" (GUIMARÃES, 2005, p. 26). Vale destacar que esta noção se apresenta por meio de "[...] micromecanismos de discriminação (no âmbito da escola, do livro didático, da sala de aula, da mídia, da propaganda, dos locais de trabalho, dos locais de consumo e do mercado de trabalho etc.)" (GUIMARÃES, 2004, p. 28).

A partir do que demanda o artigo 3º da Resolução CNE/CP n. 01/2004, os sistemas de ensino, as mantenedoras, a coordenação pedagógica dos estabelecimentos de ensino e os professores devem estabelecer conteúdos, unidades de estudos, projetos e programas, contemplando as questões da temática das relações raciais, dessa maneira os administradores dos sistemas de ensino e as mantenedoras devem munir os estabelecimentos educacionais com materiais bibliográficos e didáticos. Conforme o Parecer CNE n. 01/2004, atribui-se a estes atores educacionais "[...] acompanhar os trabalhos desenvolvidos, a fim de evitar que questões tão complexas, muito pouco tratadas, tanto na formação inicial como continuada de professores, sejam abordadas de maneira resumida, incompleta, com erros" (BRASIL, 2004a, p. 18), além de confirmar a responsabilidade das coordenações pedagógicas no planejamento de atividades[12], no fomento de discussões e divulgação das questões que contribuam para a equidade racial, como:

> Caberá, aos sistemas de ensino, às mantenedoras, à coordenação pedagógica dos estabelecimentos de ensino e aos professores, com base neste parecer, estabelecer conteúdos de ensino, unidades de estudos, projetos e programas abrangendo os diferentes componentes curriculares (BRASIL, 2004a, p. 18).

Logo, a atenção às definições dos marcos legais nos currículos escolares contempla elementos históricos a serem levados em consideração: condições sociais, políticas e culturais relativas a este segmento que representa expressivo contingente da população brasileira.

Laurinda Ramalho de Almeida e Vera Maria Nigro de Souza Placco (2012) discutem a complexidade da atuação profissional das coordenações pedagógicas, sendo imprescindível no cotidiano deste profissional a mobilização de "[...] uma pluralidade de saberes" (ALMEIDA; PLACCO, 2012, p. 17), sejam eles gerenciais, éticos, políticos,

---

12. Laurinda Ramalho de Almeida e Vera Maria Nigro de Souza Placco (2015) defendem que o planejamento e o desenvolvimento de atividades na escola por parte das coordenações pedagógicas são imprescindíveis para que estes profissionais desempenhem seu papel, levando em consideração a liderança tida como inerente às suas obrigações profissionais.

ENSINO, PRÁTICAS PEDAGÓGICAS E DIVERSIDADE

relacionais, curriculares, afetivos, experienciais e profissionais, sem perder de vista a efetivação do processo de ensino e aprendizagem (ALMEIDA; PLACCO, 2012).

No artigo 3º das Diretrizes Curriculares Nacionais para a Educação das Relações Étnico-raciais e para o Ensino de História e Cultura Afro-Brasileira e Africana, às coordenações pedagógicas é conferida a seguinte responsabilidade, como obrigação legal:

> § 2º As coordenações pedagógicas promoverão o *aprofundamento de estudos*, para que os professores concebam e desenvolvam unidades de estudos, projetos e programas, abrangendo os diferentes componentes curriculares (BRASIL, 2004a, p. 32, grifos nossos).

O Plano Nacional de Implementação das DCNs da Educação para as Relações Étnico-raciais dirige-se formalmente a sistemas e instituições de ensino e orienta para a revisão curricular visando à implantação da temática, quer nas gestões dos Projetos Político-Pedagógicos[13], quer nas coordenações pedagógicas e colegiados, visto que possuem autonomia para ajustar os conteúdos, cumprir com o que é determinado nas leis citadas, efetivando, assim, a ampliação do direito de todos à educação de qualidade que estimule o reconhecimento de outras matrizes de saberes da sociedade brasileira. No Plano, são descritas as atribuições dos atores para a operacionalização da Educação para as relações raciais, entre estas, o tópico "5.3 — Atribuições das coordenações pedagógicas" destaca como as coordenações pedagógicas possuem maior interface com o trabalho docente, pois coordenam,

---

13. Conforme afirma Ilma Passos Alencastro Veiga (2003), o projeto político-pedagógico "[...] visa à eficácia que deve decorrer da aplicação técnica do conhecimento. Ele tem o cunho empírico-racional ou político-administrativo. Neste sentido, o projeto político-pedagógico é visto como um documento programático que reúne as principais ideias, fundamentos, orientações curriculares e organizacionais de uma instituição educativa ou de um curso". Para José Carlos Libâneo *et al.* (2018), refere-se ao documento necessário ao estabelecimento de ensino, pois que define objetivos, diretrizes e ações do processo educativo a ser desenvolvido na escola, motivado e direcionado pelas exigências sociais e legais do sistema de ensino e os propósitos e expectativas da comunidade escolar, por meio de princípios pedagógicos, éticos e políticos.

orientam e supervisionam ações como o plano de curso[14], plano de aula[15], projeto político-pedagógico.

Tais ações expressam-se como o fundamento das atividades pedagógicas, por isso apresenta grande relevância na intervenção das coordenações, e, ainda segundo o Plano, a estes profissionais cabe a participação nos planejamentos de curso de aprimoramento, aperfeiçoamento e gestão educacionais. Logo, compete às coordenações pedagógicas tomar conhecimento de tais documentos e legislações, pois estando instrumentalizadas poderão orientar práticas pedagógicas permanentes e planejadas que façam parte das vivências do estabelecimento de ensino, pois, como afirma Nilma Lino Gomes:

> A sustentabilidade das práticas pedagógicas está estreitamente relacionada com algumas características mais gerais da própria escola: (a) a gestão escolar e de seu corpo docente; (b) os processos de formação continuada de professores na temática étnico-racial; e (c) a inserção no PPP. Não se pode esquecer o peso da cultura escolar, a organização dos tempos e espaços, bem como a materialidade da escola e sua relação com as práticas observadas (GOMES, 2012, p. 30).

Assim, reitera-se que não se refere ao(à) professor(a) como o(a) único(a) responsável por implementar as legislações para diversidade racial, muito pelo contrário, trata-se de uma responsabilidade compartilhada com as coordenações pedagógicas, a gestão escolar, instituição mantenedora e sobretudo o Estado. Mas, como foco deste texto, avultamos o papel das coordenações pedagógicas, que apresentam suas principais ações definidas no Plano, sendo as seguintes:

---

14. Para a elaboração de um plano de curso, é necessário levar em consideração as suas fases: "[...] preparação e apresentação de objetivos, conteúdos e tarefas; desenvolvimento da matéria nova; consolidação (fixação de exercícios, recapitulação, sistematização); aplicação e avaliação" (LIBÂNEO, 2017, p. 241).

15. Para José Carlos Libâneo (2017), o plano de aula é um instrumento que sistematiza todos os conhecimentos, atividades e procedimentos que se pretende realizar numa determinada aula, tendo em vista o que se espera alcançar como objetivos junto aos alunos, trata-se, portanto, de um detalhamento do plano de curso, pois organiza a sequência didática efetiva de uma aula.

ENSINO, PRÁTICAS PEDAGÓGICAS E DIVERSIDADE

a) *Conhecer e divulgar* o conteúdo do Parecer CNE/CP 03/2004 e a Resolução CNE/CP 01/2004 e da Lei 11.645/08 em todo o âmbito escolar;

b) *Colaborar para que os Planejamentos de Curso incluam conteúdo* e atividades adequadas para a educação das relações étnico-raciais e o ensino de história e cultura afro-brasileira e africana, de acordo com cada nível e modalidade de ensino;

c) *Promover junto aos docentes reuniões pedagógicas* com o fim de orientar para a necessidade de constante combate ao racismo, ao preconceito, e à discriminação, elaborando em conjunto estratégias de intervenção e educação;

d) *Estimular a interdisciplinaridade para disseminação da temática* no âmbito escolar, construindo junto com professores e profissionais da educação processos educativos que possam culminar seus resultados na Semana de Consciência Negra e/ou no período que compreende o Dia da Consciência Negra (20 de novembro);

e) *Encaminhar ao Gestor escolar* e/ou aos responsáveis da Gestão Municipal ou Estadual de Ensino situações de preconceito, racismo e discriminação identificados na escola (BRASIL, 2009, p. 41, grifos nossos).

Portanto, as ações destes(as) profissionais envolvem desde a gestão do ambiente escolar de maneira ampla até o trabalho desenvolvido pelo(a) docente, o andamento do processo de ensino-aprendizagem e a organização de atividades relacionando aos diferentes componentes curriculares. No que tange à formação inicial e continuada dos profissionais do magistério da Educação Básica, Wilma de Nazaré Baía Coelho e Carlos Silva (2017) demonstram, nos artigos 3, 5, 8, 12, 13, 14 e 15, desta Resolução, que:

[...] a prática pedagógica das CP *(coordenadoras pedagógicas) auxilia diretamente na definição das políticas educacionais internas,* pois a sua interferência nos procedimentos teóricos e metodológicos costuma ser crucial para a condução do trabalho pedagógico de uma instituição escolar, contribuindo para o enfrentamento da diversidade étnico-racial, sexual e de gênero, formativos e a prática pedagógica (COELHO; SILVA, 2017, p. 89, grifos nossos).

Wilma de Nazaré Baía Coelho e Maria do Socorro Padinha (2013, p. 238) afirmam que, mesmo que as práticas pedagógicas encaminhadas pelas coordenadoras estejam permeadas pela *boa intenção*, percebe-se que estas não representam uma mudança efetiva nas situações de discriminação, pois se demanda um trabalho pedagógico apoiado em referências científicas e o domínio de habilidades técnicas. Portanto, a intervenção das coordenadoras pedagógicas deve ir além de suas vivências pessoais, superar a *boa intenção* e assumir uma prática a partir de uma *intenção teórico-conceitual*, pois suas ações precisam ser direcionadas pelo planejamento de atividades que envolvem os docentes, os discentes e suas famílias.

Destarte, a importância das coordenações pedagógicas e da apropriação do cotidiano escolar para o "[...] planejamento e a manutenção da rotina escolar quanto a formação e o acompanhamento do professor, assim como o atendimento a alunos e pais" (ALMEIDA; PLACCO, 2012, p. 17). Laurinda Ramalho de Almeida e Vera Maria Nigro de Souza Placco (2015) afirmam que geralmente "[...] a escola se move no sentido de padronizar, de homogeneizar, de ignorar as diferenças de entrada, e tenta tratar todos os alunos como fossem iguais" (ALMEIDA; PLACCO, 2015, p. 64), e este profissional, conforme as legislações abordadas neste texto, pode direcionar atividades pedagógicas que abordem a educação das relações raciais. Portanto, o processo de ensino-aprendizagem[16], que corresponde ao principal objeto de trabalho das coordenações pedagógicas, baseado no currículo formal e nas legislações vigentes, tem a função de fomentar tais conhecimento com os agentes escolares. Mas percebemos que:

---

16. Segundo José Gimeno Sacristán e Angel Ignácio Pérez Gómez (2007), ensino refere-se a "[...] uma atividade prática que se propõe dirigir as trocas educativas para orientar num sentido determinado as influências que se exercem sobre as novas gerações" (SACRISTÁN; GÓMEZ, 2007, p. 81). E os mesmos autores conceituam aprendizagem como "[...] um processo de doação de sentido, de significado, às situações em que o indivíduo se encontra. Sua conduta responde à sua compreensão das situações, ao significado que confere aos estímulos que configuram seu campo vital em cada momento concreto" (SACRISTÁN; GÓMEZ, 2007, p. 33).

> [...] o que impede a institucionalização das políticas afirmativas de promoção da igualdade étnico-racial nas escolas diz respeito às concepções que têm professores e gestores acerca das nossas relações étnico-raciais, pois muitos usam o discurso da "igualdade" influenciado pelo mito da democracia racial para pasteurizar culturalmente todos os alunos e aí não lidam com a diferença na escola [...] (COELHO *et al.*, 2014, p. 193).

Por conseguinte, a apropriação da temática das relações raciais, o conhecimento das questões relacionadas ao racismo e a formação continuada são fundamentais para uma prática pedagógica[17] que resulte na superação do preconceito e da discriminação.

> Discutir diversidade e desigualdade na escola não é tarefa fácil, sobretudo na inexistência de repertório teórico-conceitual para o enfrentamento da temática. Quando se pensa em diversidade, pensa-se em negro, mulher, indígena, como se a diversidade se limitasse a esses grupos sociais. Em verdade, todos os grupos devem constituir a diversidade para superar hierarquizações e desigualdades (COELHO; SILVA, 2017, p. 95).

Assim, as coordenações pedagógicas têm potencial para planejar e desenvolver atividades que promovam as discussões sobre diversidade, pois a educação pode ser entendida como um amplo processo, constituinte da nossa humanização, que se realiza em diversos espaços sociais: na família, na comunidade, no trabalho, nos movimentos sociais, na escola, dentre outros. O estudos de Wilma de Nazaré Baía Coelho e Carlos Silva (2017), Wilma de Nazaré Baía Coelho e Maria do Socorro Padinha (2013) encontraram conclusões muito próximas, com relação a fragilidades da formação inicial, pois ambos os trabalhos

---

17. Wilma de Nazaré Baía Coelho e Maria do Socorro Padinha (2003) entendem prática pedagógica "[...] como empreendimento coletivo dos agentes escolares, professores e, especialmente, coordenadores pedagógicos, que visam garantir não somente a exequibilidade do planejamento e a realização e enraizamento do projeto pedagógico, mas também as filigranas das ações educacionais espraiadas pela sala de aula e que resultam na construção do conhecimento" (COELHO; PADINHA, 2013, p. 231-232).

afirmam que a formação acadêmica das coordenações pedagógicas não as prepara para a realidade da escola, para as situações de conflito ou discriminação, presentes no cotidiano escolar, e com relação ao conhecimento da literatura especializada, o que afeta estruturalmente as práticas pedagógicas.

Considerações finais

A discussão a partir da intervenção das coordenações pedagógicas nas questões que envolvem as relações raciais ainda carece ser aprofundada, até mesmo para orientar (e aprender) esses(as) profissionais ao desempenharem suas ações, conforme orientam as legislações. Na busca da superação das situações de desigualdade e desrespeito à diversidade, as coordenações pedagógicas desempenham um papel fundamental na escola, por exercerem função estratégica na elaboração de ações fundamentadas e propositivas, mas para tanto esses profissionais necessitam de todo o suporte possível da instituição na qual se inserem e também dominar o repertório teórico referente à questão, assim como das legislações sobre o tema e seu fazer pedagógico.

Nos estudos evidenciados neste texto, percebemos que, ao observar a escola, as coordenações pedagógicas, a despeito de todo investimento que realizam em suas ações cotidianas, requerem um maior referencial teórico sobre a temática e as legislações, além das lacunas acarretadas de sua formação inicial, mesmo sendo o(a) profissional definidor(a) das ações educacionais internas, ainda não se apropriou desse papel de maneira adequada (COELHO; PADINHA, 2013; COELHO; SILVA, 2017), como orienta, principalmente, o Plano Nacional de Implementação das Diretrizes Curriculares Nacionais para a Educação da Relações Étnico-raciais, mas sobretudo em relação ao seu protagonismo no espaço escolar. Nos tópicos das atribuições e das principais ações recomendadas às coordenações pedagógicas presentes no Plano, estes(as) profissionais são chamados(as) à responsabilidade de planejar, garantir e desenvolver políticas de educação para o respeito à diversidade racial, porém não raras vezes não são acolhidos(as) em suas demandas (de toda natureza) encaminhadas às instituições nas quais se inserem.

Portanto, para que os avanços alcançados por meio das Leis, do Parecer e das Diretrizes, que foram tratadas neste texto, efetivem-se nas instituições educacionais, as coordenações pedagógicas estão em posição privilegiada, tanto para ocupar o lugar de definidoras das políticas educacionais, de acordo com o constatado por Wilma de Nazaré Baía Coelho e Maria do Socorrro Padinha (2013), quanto para encaminhar e orientar ações pedagógicas articuladas e interdisciplinares, de acordo com o que lhes são atribuídas legalmente, para que a temática seja algo incorporado à política institucional escolar.

As atribuições e ações que cabem às coordenações pedagógicas, no que concerne às relações raciais, e os desdobramentos das suas práticas pedagógicas revelam-se como basilares para os procedimentos da escola de maneira geral, e o poder de mobilização e realização desse(a) profissional pode dar legitimidade ao desenvolvimento de ações que contemplem a temática por toda a comunidade escolar.

Assim sendo, mesmo a escola significando um espaço onde práticas discriminatórias são praticadas, o que faz emergir nos(as) estudantes negros(as) sentimentos como o de inferioridade e de incapacidade, a despeito das propostas de promoção da diversidade, as coordenações pedagógicas são capazes de desempenhar um papel estruturante e estratégico na promoção de ações pedagógicas que subvertam essas representações negativas. Embora saibamos que tais ações discriminatórias ocorrem na sociedade em nível macro, não exclusivamente na escola, todavia nela ganham uma dimensão marcante negativamente na trajetória escolar desses(as) estudantes. As coordenações pedagógicas são agentes importantes, em âmbito escolar, para que essa pauta não seja subdimensionada naquele espaço de formação.

As legislações citadas neste texto e o fazer profissional das coordenações pedagógicas, juntamente aos demais atores educacionais, como professores(as), estudantes e gestores(as), apresentam possibilidades infinitas — desde que tenham apoio de Políticas de Equidade por meio do próprio Estado — de contribuir para a formação de cidadãos(ãs) sensíveis à diversidade racial, que apresentam potencial para superar as ações isoladas e que podem construir uma sociedade brasileira em que se reconheçam e valorizem as diferenças culturais, e sejam possíveis mudanças nas representações sociais dos(as) estudantes negros(as), a partir de novas práticas pedagógicas orientadas para o enfrentamento da discriminação e do racismo na escola.

Referências

AHYAS, Siss. Ações afirmativas, educação superior e Neabs: interseções históricas. *Cadernos do Centro de Ciências Sociais da Universidade do Estado do Rio de Janeiro*, Rio de Janeiro, v. 7, n. 2, p. 181-190, 2014. Disponível em: https://www.e-publicacoes. uerj.br/index.php/synthesis/article/view/19667/15087. Acesso em: 21 jan. 2020.

ALMEIDA, Laurinda Ramalho de; PLACCO, Vera Maria Nigro de Souza (org.). *O coordenador pedagógico e questões da contemporaneidade*. 6. ed. São Paulo: Loyola, 2012.

ALMEIDA, Laurinda Ramalho de; PLACCO, Vera Maria Nigro de Souza (org.). *O coordenador pedagógico e o atendimento à diversidade*. 3. ed. São Paulo: Loyola, 2015.

BARARUÁ, Marcus Vinicius Valente *et al*. Os povos indígenas como agentes históricos no processo de ensino/aprendizagem. *In*: COELHO, Wilma de Na-zaré Baía; SILVA, Carlos Aldemir Farias da; SOARES, Nicelma Josenila Brito. *Relações étnico-raciais para o ensino fundamental*: projetos de intervenção escolar. São Paulo: Livraria da Física, 2017. (Coleção Formação de professores e relações étnico-raciais).

BARDIN, Laurence. *Análise de conteúdo*. Tradução: Luís Antero Reto e Augusto Pinheiro. São Paulo: Edições 70, 2016.

BERGAMASCHI, Maria Aparecida; ZEN, Maria Isabel Habckost Dalla; XAVIER, Maria Luisa Merino de Freitas (org.). *Povos indígenas e a educação*. Porto Alegre: Mediação, 2008.

BRASIL. *Lei Federal n. 10.639/2003, de 9 de janeiro de 2003*. Altera a Lei n. 9.394, de 20 de dezembro de 1996, que estabelece as diretrizes e bases da educação nacional, para incluir no currículo oficial da Rede de Ensino a obrigatoriedade da temática "História e Cultura Afro-Brasileira", e dá outras providências. Brasília, 2003. Disponível em: http://www.planalto.gov.br/ccivil_03/leis/2003/L10.639. htm. Acesso em: 3 mar. 2020.

BRASIL. *Lei Federal n. 11.645, de 10 de março de 2008*. Altera a Lei n. 9.394, de 20 de dezembro de 1996, modificada pela Lei n. 10.639, de 9 de janeiro de 2003, que estabelece as diretrizes e bases da educação nacional, para incluir no currículo oficial da Rede de Ensino a obrigatoriedade de temática "História e Cultura Afro-brasileira e Indígena". Brasília, 2008. Disponível em: http://www.planalto. gov.br/ccivil_03/_Ato2007-2010/2008/Lei/L11645.htm. Acesso em: 4 mar. 2020.

BRASIL. Conselho Nacional de Educação. *Parecer CNE/CP 3, de 10 de março de 2004*. Diretrizes Curriculares Nacionais para a Educação das Relações Étnico-raciais e para o Ensino de História e Cultura Afro-brasileira e Africana. Brasília, 2004a. Disponível em: http://www.mec.gov.br/cne. Acesso em: 21 mar. 2018.

BRASIL. Conselho Nacional de Educação. *Resolução CNE/CP 1, de 17 de junho de 2004*. Diretrizes Curriculares Nacionais para a Educação das Relações Étnico-raciais e para o Ensino de História e Cultura Afro-brasileira e Africana. Brasília, 2004b. Disponível em: http://www.mec.gov.br/cne. Acesso em: 12 mar. 2020.

BRASIL. Ministério da Educação. *Plano Nacional de Implementação das Diretrizes Curriculares Nacionais da Educação das Relações Étnico-Raciais e para o Ensino de História e Cultura Afro-brasileira e Africana*. Brasília, nov. 2009.

CANÁRIO, Rui. *O que é a escola?* Um "olhar" sociológico. Porto: Porto Editora, 2005.

CARVALHO, Marília. Quem é negro, quem é branco: desempenho escolar e classificação racial de alunos. *Revista Brasileira de Educação*. São Paulo, n. 28, jan./abr., 2005. Disponível em: http://www.scielo.br/pdf/rbedu/n28/a07n28. Acesso em: 21 fev. 2020.

CAVALLEIRO, Eliane. *Do silêncio do lar ao silêncio escolar:* racismo, preconceito e discriminação na educação infantil. 6. ed. São Paulo: Contexto, 2017.

CERTEAU, Michel de; GIARD, Luce; MAYOL, Pierre. *A invenção do cotidiano:* 2, morar, cozinhar. Petrópolis: Vozes, 1996.

COELHO, Wilma de Nazaré Baía; COELHO, Mauro Cezar. O improviso em sala de aula: a prática docente em perspectiva. *In*: COELHO, Wilma de Nazaré Baía; COELHO, Mauro Cézar. *Raça, cor e diferença*: a escola e a diversidade. 2. ed. Belo Horizonte: Mazza Edições, 2010. p. 104-124.

COELHO, Wilma de Nazaré Baía *et al*. *Lei n. 10.639/2003*: pesquisas e debates. São Paulo: Editora Livraria da Física, 2014. (Coleção Formação de professores & relações étnico-raciais).

COELHO, Wilma de Nazaré Baía; PADINHA, Maria do Socorro Ribeiro. Coordenadoras e práticas pedagógicas: legislação educacional, formação crítica e relações raciais. *Linhas Críticas*, Brasília: Universidade de Brasília, v. 19, n. 38, p. 229-250, jan./abr. 2013. Disponível em: https://doi.org/10.26512/lc.v19i38.4113. Acesso em: 30 jan. 2020.

COELHO, Wilma de Nazaré Baía; SILVA, Carlos Aldemir Farias da. Coordenadoras pedagógicas e diversidade: entre percursos formativos e práticas na escola básica. *Educar em Revista*, Edição Especial, n. 1, p. 87-102, 2017. Disponível em: http://www.scielo.br/scielo.php?pid=S0104-40602017000500087&script=sci_abstract&tlng=pt. Acesso em: 8 mar. 2020.

CURY, Carlos Roberto Jamil. A educação básica como direito. *Cadernos de Pesquisa*, v. 38, n. 134, p. 293-303, maio/ago. 2008. Disponível em: http://www.scielo.br/pdf/cp/v38n134/a0238134.pdf. Acesso em: 19 dez. 2018.

DIAS, Lucimar Rosa *et al*. Implementação da lei 10.639/2003. *In*: SILVA, Paulo Vinícius Baptista da; RÉGIS, Kátia; MIRANDA, Shirley Aparecida de (org.). *Educação das relações étnico-raciais*: o estado da arte. Curitiba: NEAB-UFPR e ABPN, 2018. p. 147-208.

FERES JÚNIOR, João. Aspectos normativos e legais das políticas de ação afirmativa. *In*: FERES JÚNIOR, João; ZONINSEIN, Jonas (org.). *Ação afirmativa e universidade*: experiências nacionais comparadas. Brasília: Editora Universidade de Brasília, 2005.

GOMES, Nilma Lino. Juventude, práticas culturais e negritude: o desafio de viver múltiplas identidades. *In*: REUNIÃO ANUAL DA ANPED, 27., 2004, Caxambu. *Anais* [...]. Caxambu, 2004.

GOMES, Nilma Lino (org.). *Práticas pedagógicas de trabalho com relações étnico-raciais na escola na perspectiva da Lei n. 10.639/03*. Brasília: MEC; Unesco, 2012.

GUIMARÃES, Antonio Sérgio Alfredo. *Racismo e anti-racismo no Brasil*. 2. ed. São Paulo: Editora 34, 2005.

GUIMARÃES, Antonio Sérgio Alfredo. Preconceito de cor e racismo no Brasil. *Revista da Antropologia*, São Paulo, v. 47, n. 1, p. 9-43, 2004. Disponível em: http://www.scielo.br/scielo.php?script=sci_arttext&pid=S0034=77012004000100001-&lng=en&nrm-iso. Acesso em: 9 out. 2023.

LIBÂNEO, José Carlos. *Organização e gestão escolar:* teoria e prática. 6. ed. Goiânia: Alternativa, 2017.

LIBÂNEO, José Carlos *et al.* (org.). *Didática, escola e política:* nenhum direito a menos. Goiânia: Gráfica UFG, 2018.

MOYA, Thais Santos; SILVÉRIO, Valter Roberto. Ação afirmativa e raça no Brasil contemporâneo: um debate sobre a redefinição simbólica da nação. *Revista Sociedade e Cultura*, v. 12, p. 235-249, 2009. Disponível em: https://revistas.ufg.br/fchf/article/download/9097/6271/. Acesso em: 21 jan. 2020.

PENIN, Sonia. *Cotidiano e escola*: a obra em construção. 2. ed. São Paulo: Cortez Editora, 2011.

PLACCO, Vera Maria Nigro de Souza; ALMEIDA, Laurinda Ramalho de (org.). *O coordenador pedagógico e o cotidiano da escola*. 6. ed. São Paulo: Loyola, 2009.

PLACCO, Vera Maria Nigro de Souza; ALMEIDA, Laurinda Ramalho de. *O coordenador pedagógico*: provocações e possibilidades de atuação. São Paulo: Loyola, 2012.

PLACCO, Vera Maria Nigro de Souza; ALMEIDA, Laurinda Ramalho de. *O coordenador pedagógico no espaço escolar*: articulador, formador, transformador. São Paulo: Loyola, 2015.

ROSEMBERG, Fúlvia. Relações raciais e rendimento escolar. *Cadernos de Pesquisa*, n. 63, p. 19-23, nov. 1987.

SACRISTÁN, José Gimeno; GÓMEZ, Angel Ignácio Pérez. *Compreender e transformar o ensino*. 4. ed. Porto Alegre: Artmed, 2007.

SANTOS, Raquel Amorim dos; COELHO, Wilma de Nazaré Baía. Política curricular e relações raciais: o estado da arte nas produções da Anped. *Revista da Associação Brasileira de Pesquisadores/as Negros/as (ABPN)*, [*S.l.*], v. 8, n. 20,

p. 111-134, out. 2016. Disponível em: http://abpnrevista.org.br/revista/index. php/revistaabpn1/article/view/12. Acesso em: 15 fev. 2020.

SILVA, Edson; SILVA, Maria da Penha da (org.). *A temática indígena em sala de aula*: reflexões para o ensino a partir da lei 11.645/2008. Recife: Ed. Universitária da UFPE, 2013.

SILVA, Petronilha Beatriz Gonçalves e *et al*. Educação das relações étnico-raciais nas instituições escolares. *In*: SILVA, Paulo Vinícius Baptista da; RÉGIS, Kátia; MIRANDA, Shirley Aparecida de (org.). *Educação das relações étnico-raciais:* o estado da arte. Curitiba: NEAB-UFPR; ABPN, 2018. p. 105-146.

SILVÉRIO, Valter Roberto (org.). *Educação e ações afirmativas:* entre a injustiça simbólica e a injustiça econômica. Brasília: Instituto Nacional de Estudos e Pesquisas Educacionais Anísio Teixeira, 2003. p. 81-98.

SILVÉRIO, Valter Roberto; OLIVEIRA, Fabiana Luci de Oliveira; RODRIGUES, Tatiane Consentino (org.). *Juventude negra*: desafios para o Ensino Médio. São Paulo: Entremeios, 2019. (Coleção Afrimundi).

SOARES, Sergei (org.). *Os mecanismos de discriminação racial nas escolas brasileiras*. Rio de Janeiro: IPEA, 2005.

VEIGA, Ilma Passos Alencastro. Inovações e projeto político-pedagógico: uma relação regulatória ou emancipatória? *Cadernos Cedes*, Campinas, v. 23, n. 61, p. 267-281, dez. 2003. Disponível em: http://www.scielo.br/pdf/ccedes/v23n61/a02v2361. Acesso em: 15 fev. 2020.

VIEIRA, Andréa Lopes da Costa. Políticas de educação, educação como política: observações sobre a ação afirmativa como estratégia política. *In*: SILVA, Petronilha Beatriz Gonçalves e; SILVÉRIO, Valter Roberto (org.). *Educação e ações afirmativas*: entre a injustiça simbólica e a injustiça econômica. Brasília, DF: Inep, 2003. p. 81-97.

YOUNG. Michael. Para que servem as escolas? *Educação e Sociedade,* Campinas, v. 28, n. 101, p. 1287-1302, set./dez. 2007. Disponível em: http://www.scielo.br/pdf/es/v28n101/a0228101.pdf. Acesso em: 12 fev. 2020.

3
Storytelling na formação de professores/as:
estratégias de ensino contra o racismo estrutural sobre mulheres negras

Cristiane Batista da S. Santos

Considerações iniciais

Já se tornou trivial afirmar como no século XXI o currículo escolar figura-se como um dispositivo que determina e impõe as relações de poder. Nesse contexto, atuar no cenário contemporâneo no campo da formação de professores(as) representa a maior quebra de paradigma, a do ensino com suporte exclusivamente ancorado em conceitos, livros e currículos encarcerados em grades disciplinares ou abordagens eurocêntricas.

Temas fronteiriços, como a História das mulheres negras e o racismo na formação de professores(as), sugerem novas estratégias de ensino interdisciplinares e exigem uma revisão dos programas de ensino, dos materiais escritos ou audiovisuais contra as tradicionais metodologias factuais marcadas por metanarrativas em que o(a) professor(a) estava habituado a ignorar o racismo estrutural na educação. A saber, isto se dava sutilmente a partir da não inclusão de temas urgentes, como a latino-americanidade, o ser nordestino ou baiano, como identidades e pertencimentos étnico-raciais. E, sobretudo, numa visão fora das escritas ocidentais, europeias, masculinas, brancas, patriarcais, hierárquicas. Isto nos leva a investigar se as teorias e práticas embasadas em narrativas hierarquizadas em curso concorrem para impedir um giro decolonial[1] e passam ao largo da formação docente, perpetuando em conteúdo/programas/autores(as) escolhidos(as) para os textos lidos em sala a vigência de racismos, sexismos, machismos e eurocentrismos. Tais temas não são abordados e, muitas vezes, conscientemente ignorados ou naturalizados como estrutura de opressão do Estado brasileiro, reproduzida na educação formal. O racismo é estrutura e estruturante dessas relações, e, consequentemente, dessas formações e (des)informações de professores(as). E há um papel estratégico que a escola formal vem desempenhando no Brasil, na reprodução de uma concepção de sociedade ditada pelas elites econômicas, intelectuais e políticas do país (CARNEIRO, 2005, p. 106).

Na última década, especialmente, a atuação na formação de professores(as) se dá em meio a acontecimentos políticos, que deslocou epistemologias, evidenciou como a escola é o simulacro das representações de poder. Na docência nos encontramos em meio a constantes disputas narrativas sobre o que/como/para quem ensinar, compondo uma zona fronteiriça onde ocorrem constantemente o que Santos chama há um bom tempo de "negociações de sentido" e "jogos de polissemia" (SANTOS, 1996, p. 135). E, embora ainda haja resistências, as demandas da atualidade impactam na educação e o ensino não consegue evitar a inserção de novos sujeitos antes anônimos, reivindicando agora um lugar de fala que não quer se calar, como discute bem Djamila Ribeiro (2017). Estamos em disputas cada vez mais crescentes de narrativas. É desse modo que mulheres

---

1. O vocábulo "decolonial" é utilizado no lugar de "descolonial", em virtude da indicação de Walter Mignolo para diferenciar os propósitos do Grupo Modernidade/Colonialidade e da luta por descolonização do pós-Guerra Fria, bem como dos estudos pós-coloniais asiáticos.

pretas/negras/pardas/mestiças e anônimas, embora muito importantes antes, começam a ganhar espaços só agora. Nesse campo de
deslocamentos dos sujeitos da educação se dá a utilização de variadas
estratégias/temáticas/rupturas para o ensino. Isto não é novidade. E
é nesse lastro que este texto discute o uso da *storytelling*, uma mistura
de técnica e metodologia narrativa, amparada em fontes históricas,
para a formação de professores. Nesta, os temas como a escravidão, as
mulheres negras e seus mundos do trabalho foram narrados com uma
abordagem decolonial e interseccional, quebrando a narrativa linear
branca, elitista e hierárquica ainda vigente em livros e programas de
ensino. Basta uma rápida pesquisa e as encontraremos atualmente
subalternizadas pela versão do Livro Didático, narrando-as sob a
engessada perspectiva da normatização e do controle sobre o corpo,
o trabalho e o cotidiano das mulheres negras (livres, escravizadas
ou forras) a partir dos discursos eurocêntricos. Em outras palavras,
ressalta Lélia Gonzalez (1984), há um imaginário social que associa
mulheres negras à mulata, *doméstica* ou *mãe preta*.

Do problema à pesquisa e à ação: o uso da técnica da *storytelling*

Duas décadas de docência: metade do tempo na Educação Básica,
especificamente na alfabetização, na EJA — Educação de Jovens e
Adultos —, no Ensino Fundamental e Médio (extinto curso Normal
de Magistério), e outra metade na graduação, extensão e pós-graduação se consubstanciaram neste problema de investigação. E, deste, a
pesquisa procurou contribuir na discussão sobre como romper com
os silêncios e/ou narrativas distorcidas no currículo, livros didáticos
e aulas sobre mulheres negras e seus protagonismos? A resposta resultou na elaboração de um projeto de pesquisa, visando responder
a este problema e oferecer possibilidades de construção de narrativas
didáticas sobre as mulheres negras para sala de aula, recorrendo a
novas modalidades, como a disponibilidade destas na internet, afinal,

é o campo da educação para a vida no enfrentamento dos desafios dos tempos modernos (GOHN, 2011).

Metodologicamente, este texto resulta de experiências no âmbito da abordagem qualitativa, ressalvando o fato de estar imbricada com aspectos políticos, éticos, estéticos e epistemológicos, e na prática recorreu a diferentes métodos, dialogando com a Pesquisa Documental aliada à Pesquisa-Ação. No que tange à Pesquisa Documental, foram analisados inúmeros documentos, como jornais, correspondências entre juízes, polícia e câmaras, testamentos e processos do Judiciário. Das queixas e lacunas observadas no cotidiano da docência, o projeto foi elaborado e posto em prática conforme argumenta Chisté (2016): a Pesquisa-Ação tem sido um dos caminhos eleitos pelos pesquisadores para evidenciar as relações entre teoria e prática. O desafio partiu da vida real, a do cotidiano de ensino na formação de professores(as), do registro das queixas de falta de material de uns/ umas, de informação por outros(as), da inacessibilidade de fontes históricas em escritas paleográficas dos séculos XVIII e XIX, difíceis geograficamente[2], além de exigirem uma leitura paleográfica complicada. De posse da coleta dos documentos com digitalização, seriação, transcrição e adaptação, a proposta visou contribuir com o processo de busca do preenchimento da lacuna sobre narrativas para sala de aula. Vale ressaltar que é uma demanda crescente mesmo em face de uma lei federal sancionada há mais de uma década; a promoção de discussões como a Lei n. 10.639/2003 e a Lei n. 11.645/2008 e as Diretrizes Curriculares para a Educação das Relações Étnico-Raciais e o Ensino de História e Cultura Africana e Afro-Brasileira, que são pertinentes à comunidade escolar, não conseguiu efetivamente dar suporte para o cumprimento dela, nem na Educação Básica, tampouco nas

---

2. As fontes utilizadas no projeto foram fotografadas em lócus em diferentes tempos/ espaços, como o APEB — Arquivo Público do Estado da Bahia, a BPEBA — Biblioteca Pública do Estado da Bahia, e o Arquivo Nacional de Londres, no Foreign Office. Igualmente os Cadernos do Promotor na Torre do Tombo em Lisboa, onde apesar de ter ido consultá-los em 2013 atualmente estão digitalizados e a Hemeroteca da FBN, digitalizada com acessos *on-line* e outros no CEDOC-UESC.

licenciaturas, nem adentrar as três vertentes que envolvem o ensino: o currículo escolar, a formação dos(as) docentes e a avaliação do ensino. Isto não pressupõe a ausência de grandes debates, produções de artigos e pesquisas, eventos e afins. Mas, na prática efetiva, faltam materiais didáticos interdisciplinares, acessíveis e adequadamente transpostos. Este lastro, de registros e observações em sala de aula, da análise em bancos de dados com teses e dissertações, tornou o delineamento do projeto de pesquisa e da execução em formato de narrativas para sala de aula espaços não formais como as mídias e como resposta a uma demanda por conteúdos didáticos interdisciplinares na formação de professores(as): o uso da *storytelling*[3].

No universo de metodologias da pesquisa qualitativa para o projeto "Mulheres negras para sala de aula", foi preciso estabelecer um diálogo de métodos e técnicas para dar suporte aos conhecimentos que seriam relevantes nesse contexto específico. Desse modo, a Pesquisa Documental e a Pesquisa-Ação foram dinamizadas pelo uso da técnica do que se chama *storytelling*. De modo simples, podemos resumir como a contação de histórias de cunho narrativo, tendo como protagonistas mulheres negras. Esta técnica é mais difundida em outras áreas do conhecimento, amplamente pelo Marketing, embora pouco discutida no campo do ensino da História e demais licenciaturas há quase três décadas nos Estados Unidos, cujo formato é um dos mais utilizados em *podcasts*. Barone (1992) recorreu à utilização da *storytelling* nas pesquisas qualitativas em educação, ressaltando o aspecto da transformação da educação através de histórias contadas pelos professores(as) e ouvidas dos alunos(as). Embora mais popularizada pela parte organizacional das empresas e menos no campo educacional, outro uso significativo desta técnica se deu também fora do Brasil e relacionado à natureza da oralidade, destacando o caráter

---

3. Dentro de uma tradução livre do inglês, o termo significa "contação de histórias". Sugiro ver a pesquisa de: LOURES, João Victor. *Podcasts de storytelling*: a produção de narrativas históricas digitais para o ensino de história. 2018. 99 f. Dissertação (Mestrado profissional) — Centro de Ciências da Educação, Programa de Pós-Graduação em Ensino de História, Universidade Federal de Santa Catarina, Florianópolis, 2018.

eminentemente oral das culturas africanas. Banks-Wallace (2002) utilizou-se da técnica de *storytelling* para desvelar dados na tradição oral da cultura *African American*, com o intuito de tratar didaticamente de questões ligadas à promoção da saúde.

Esta técnica dialoga com a vasta literatura que trata da oralidade e da narrativa como fundamentais para o ensino das histórias das populações negras[4]. Seja como for, esta antiga forma de ensinar através da narração e interpretação de histórias surte efeito positivo ao tratar dos conceitos teóricos e temas complexos, como as relações de poder, gênero, trabalho de modo simples e objetivo, com características flexíveis por serem curtas ou seriadas e, ao mesmo tempo, tratar de grandes feitos cotidianos, dar nomes a pessoas antes anônimas, trazer ensinamentos que combatem o racismo, o feminicídio, a misoginia, e, sobretudo no caso das mulheres, pois ao narrar seus protagonismos regionais, partiu-se de uma perspectiva individual para uma leitura globalizante das histórias das mulheres negras em diáspora.

A narrativa de *storytelling* tem a potencialidade de estabelecer um diálogo com ação-reflexão-ação, provocando identificações com as trajetórias das protagonistas com a autoconsciência e/ou identidade individual ou coletiva dos que ouvem, possibilitando a relação entre a teoria e a prática, a pesquisa e o ensino, o passado e o presente. Cada relato bem estruturado nasce da transcrição de uma fonte histórica e, portanto, crível, e a narração é reelaborada para enfatizar a perspectiva feminina, o que a torna envolvente experiência baseada em mulheres reais. Tal ferramenta quando utilizada didaticamente tem a capacidade de reunir narrativas históricas coerentes com os métodos historiográficos, retirando a

---

4. Entre as referências que seguem nessa perspectiva, podemos apontar: BOSI, Eclea. *Memória e sociedade*: lembrança de velhos. 2. ed. São Paulo: Edusp, 1987; FERREIRA, Marieta de Moraes; AMADO, Janaína. *Usos & abusos da história oral*. 8. ed. Rio de Janeiro: Editora FGV, 2006; MARCUSCHI, Luiz Antônio. *Da fala para a escrita*: atividades de retextualização. São Paulo: Cortez, 2001; FIALHO, Lia Machado Fiuza *et al*. O uso da história oral na narrativa da história da educação no Ceará. *Práticas Educativas, Memórias e Oralidades*: Revista Pemo, v. 2, n. 1, jan. 2020.

pesquisa do reduto acadêmico, estabelecendo uma utilidade e a comparação para adaptá-las às propostas oficiais do currículo e do programa de ensino das licenciaturas. Destarte, a produção de narrativas históricas digitais surge como potente ferramenta no combate aos racismos estruturais no ensino também nesses espaços não formais, como as mídias e redes sociais.

A natureza das fontes, as metodologias e os embates epistêmicos para o giro decolonial

O projeto "Mulheres negras para sala de aula" nasceu da práxis, das demandas ouvidas no cotidiano escolar depois de 20 anos de docência em que o problema aludido por colegas era o mesmo: ausência de material didático para combater o racismo estrutural pelo menos em prol de um segmento, o da mulher negra. "Se, no contexto da produção colonial, o sujeito subalterno não tem história e não pode falar, o sujeito subalterno feminino está ainda mais profundamente na obscuridade" (SPIVAK, 2010, p. 67). E formando docentes negras como eu, muitas das quais foi a primeira da família a ingressar numa universidade para ser professora, eu retomei o hiato que sempre me incomodou. Onde estavam nossas ancestrais? Como oferecer um material básico, acessível que um/uma professor(a) utilize numa aula de 50 minutos em qualquer área, em qualquer nível, com uma técnica que cause debate, impacto, identificação, autoestima, orgulho de pertencer a esta descendência? Utilizei as queixas das aulas, as provas escritas e os seminários. Já parti destas realidades. Reuni relatos das aulas entre 2009 e 2019 ministradas nos cursos de História, Pedagogia e Direito na Universidade do Estado da Bahia (Uneb), com um cabedal de conhecimentos históricos de formação e pesquisa, da coordenação do Programa Institucional de Bolsa de Iniciação à Docência (Pibid), com bolsistas e professores da Educação Básica entre 2014-2018, e mapeei quais hiatos haviam entre a Graduação e a Educação Básica. Destas experiências, reelaborei um projeto de pesquisa na Universidade

Estadual de Santa Cruz (UESC), no Departamento de Ciências da Educação (DCIE), na Área de Didática.

Desse entrecruzamento prático-teórico, obtive o suporte para propor uma quebra ou proximidades entre a produção da pesquisa, as demandas da comunidade escolar, a formação de professores e como prepará-los para o ensino na Educação Básica. Dada a hipótese central desta possível aproximação aliando o espaço formal com o não formal, poderia ter escolhido muitas técnicas, como as literárias, ou cordéis, cartas, mas escolhi a *storytelling* por ser curta, num espaço não formal e com o acesso à tecnologia das redes — sobretudo no contexto pós--pandemia — e transmiti-la numa linguagem fácil de acessar, narrar e recontar, isenta de rebuscamentos teóricos ou discussão de conceitos, e por ter como grande meta a revalorização das mulheres negras com o foco da superação e o do empoderamento, do trabalho, do uso das múltiplas inteligências por essas protagonistas de si, sem terem acesso à educação formal. As narrativas sobre africanas, crioulas ou pardas e suas descendentes ficam disponibilizadas num canal do YouTube intitulado "Mulheres negras para sala de aula"[5], criado especialmente para que os(as) professores(as) possam acessar e utilizar como es-tratégia de ensino, com fontes e interdisciplinaridades. No canal, as histórias estão prontas para serem trabalhadas. Mas o(a) professor(a) de outra área que queira acessar e inserir novas fontes é instigado(a) pelas indicações dos vídeos: hemerotecas digitalizadas com jornais, fotografias, mapas do século XIX, relatos de viajantes e memorialistas; nestas há conteúdos passíveis de uso em todas as áreas de saúde, escola, fábricas, econômicas, ciência, higiene, poemas e literárias etc. O(A) aluno(a) deve ter acesso e reconstruir estas narrativas. Homens ou mulheres, negros e negras são valorizados.

No que tange a materiais e métodos, a técnica *storytelling* aproxima professora, alunas e mulheres do passado/presente numa aula de aproximadamente 50 minutos. Foi considerando essa

---

5. Endereço do canal, disponível em: https://www.youtube.com/channel/UCMJJIpL_RGu-lAw1rEQueaJA. Acesso em: 12 ago. 2020.

replicabilidade que o projeto de pesquisa formatou a experiência que deu origem a este texto. E pensando tanto na professora que ainda se licencia quanto na que já atua e não tem um material didático específico sobre o tema.

Destrinchando a caracterização dos sujeitos da pesquisa, os instrumentos utilizados e os procedimentos para construção das informações/dados e das análises das mulheres africanas, deu-se a transposição didática das fontes históricas, inserindo-a no campo da pesquisa qualitativa, do tipo investigativo com análise documental. Buscou-se, em uma primeira etapa, a coleta de dados de fontes históricas com seriação, transcrição paleográfica de diversas fontes manuscritas, impressas em periódicos, fotografias e análise do Projeto Pedagógico de Curso (PPC) das licenciaturas. Em seguida, de posse de um material sobre o tema discutido, procedi a uma consulta bibliográfica sobre o estado da arte em bancos de teses e dissertações, e a uma revisão da literatura acerca da estratégia de ensino de *storytelling* sobre mulheres negras para sala de aula, decolonialidade e interseccionalidade.

Dos resultados dessas análises bibliográficas, das lacunas e queixas em relatos orais/escritos de alunos(as) das licenciaturas, muitos que já atuam como docentes, definiu-se uma pesquisa-ação, com bases interdisciplinares entre História, Pedagogia e demais licenciaturas, a partir de um formato metodológico voltado à apresentação didática da pesquisa-ação aos professores da Educação Básica. Foi desse contexto que nasceu a coleta de dados para a produção do material didático adaptado na metodologia da *storytelling*, utilizando-se diversos documentos coletados ao longo de quatro anos no projeto de pesquisa, a saber: *in locus* no Arquivo Público do Estado da Bahia (APEB), na Biblioteca Pública do Estado da Bahia (BPEBA), no fórum de Maraú--BA, no Arquivo Nacional de Londres, em Lisboa na Torre do Tombo, Cadernos do Promotor e nos acervos digitalizados da Fundação Biblioteca Nacional/Hemeroteca, no Centro de Documentação e Memória Regional da UESC (CEDOC-UESC). Depois de digitalizados, foram separados em categorias, como: escravidão/mulher/Bahia/Vilas do Sul da Bahia.

Neste primeiro critério, foi-se delimitando que seria voltado para um recorte temático que tratasse das mulheres no interior da Bahia, já que a capital conta com significativa produção historiográfica e até didática sobre o tema. O segundo passo foi consultar e comparar os PPC das licenciaturas *on-line* nos *sites* das universidades, um acervo particular de relatos de bancas de graduação, mestrado e doutorado em que atuei como avaliadora, e o mais importante, as atividades individuais e grupais dos(as) alunos(as) dos últimos 4 anos: cursos de Pedagogia, História e Filosofia nas aulas ministradas nos componentes Educação Quilombola, Metodologia do Ensino da História, Organização do Trabalho Escolar na UESC e nos relatos dos professores do curso de extensão em que atuo como docente colaboradora há mais de uma década no Órgão de Educação e Relações Étnicas, da Universidade Estadual do Sudoeste da Bahia (ODEERE/UESB). A cada ano guardei relatos das falas, angústias, questionamentos ao currículo, livro didático e a não efetivação da Lei Federal n. 10.639/2003.

O público-alvo e os partícipes desta aplicabilidade do material didático sobre as histórias das mulheres africanas, e por conseguinte suas famílias, têm demonstrado que o material produzido, postado e compartilhado foi voltado para o máximo alcance possível de alunos(as) das licenciaturas e mestrados e os da Educação Básica. Também foram marcados(as) e convidados(as) os(as) professores(as) da rede estadual e municipal, docentes do ensino superior em licenciaturas e uma artista plástica, professora do Instituto Federal de Educação, Ciência e Tecnologia Baiano. Para a postagem do material didático em formato de vídeos curtos, foram utilizadas três plataformas das redes sociais, mas apenas foi oficializado o canal no YouTube, que permite emergir as muitas histórias da população negra feminina. Há na educação não formal uma intencionalidade na ação, no ato de participar, de aprender e de transmitir ou trocar saberes. A informal opera em ambientes espontâneos, onde as relações sociais se desenvolvem segundo gostos, preferências ou pertencimentos herdados (GOHN, 2006, p. 29).

Neste conjunto, as redes sociais tornam-se "ponto de referência" para a efetivação das atividades acadêmicas. A presença da tecnologia na prática do ensino pode ser o meio para o despertar da consciência histórica, o vídeo é um recurso didático, mas o seu conteúdo deve ser objeto de análise para a aula, se possível, levando a aluna a refletir enquanto sujeito. Nesses três meios digitais, o objetivo foi coletar os depoimentos de impressões, imprecisões e, sobretudo, o uso desse material. As respostas, as perguntas e os relatos constituíram-se no maior objetivo nesta fase. Acresceu-se à experiência uma palestra *on-line* ao vivo respondendo a dúvidas, inquietações de professores de toda a Bahia, através do IAT/SEC no canal de Formação Continuada[6].

Pensando em como na prática a pesquisa teórica pudesse propor a construção de materiais pedagógicos que contribuíssem para o campo da reeducação das relações étnico-raciais, deu-se a escolha da *storytelling* como estratégia de ensino. Tal proposta foi a culminância de um processo longo que se iniciou com elo e foi fomentado de forma mais consistente durante a docência das disciplinas, com a identificação de três categorias de análise complexas: ser mulher negra, utilização desta história (re)contada pelo viés dos mundos do trabalho dos quais todas emergiam, e, ao mesmo tempo, no combate aos racismos incrustados nos discursos. O primeiro desafio foi o da transposição didática dos conceitos históricos fundamentais, associados com a introdução de novos aportes, como os da decolonialidade e interseccionalidade, o uso das redes sociais, dando relevância a essas outras linguagens. Mas antes das narrativas foi preciso descobrir qual seria o lugar de fala, ou melhor, como ensinar para transgredir.

---

6. A Secretaria da Educação do Estado da Bahia (SEC-BA), por meio do Instituto Anísio Teixeira (IAT), promoveu a *live* "História de mulheres negras para sala de aula", com a historiadora e doutora em Estudos Étnicos e Africanos, Cristiane Batista, atingindo 956 visualizações. Transmitido ao vivo em 9 de jul. de 2020. Disponível em: https://www.youtube.com/watch?-v=CI1b2VAWEDk&t=3s. Acesso em: 17 abr. 2024.

E, antes de tudo, uma varredura *on-line* nos PPC dos cursos que foram revisitados nos *sites* oficiais das universidades para saber se existiam teoricamente componentes curriculares que serviriam de aportes para essas temáticas. Aplicou-se o critério de busca de palavras-chave que tivessem ligação com as questões discutidas: África, africana, gênero, mulher negra, trabalho, afro-brasileira, étnico, racial. Os resultados figuram nos quadros a seguir.

Quadro 1 — UNEB e UESC

Licenciatura	Universidade	*Campus*	Ocorrências
Pedagogia	UNEB	Valença	História e Cultura Afro-brasileira e Indígena 3º semestre, Formação Básica, 60 h
Pedagogia	UNEB	Paulo Afonso	Educação e Cultura Afro-brasileira, 60 h, 5º semestre
Pedagogia	UNEB	Salvador	História e Cultura Afro-brasileira e Africana, 3º semestre, Educação, Organização e Prática Pedagógica
Pedagogia	UNEB	Serrinha	Educação e Cultura Afro-brasileira, Formação básica 60 h
Pedagogia	UESC	Salobrinho	História e Cultura Afro-brasileira. 45 h/Eixo IV — Educação, Diversidade Cultural e Inclusão: Educação e Relações Étnico-raciais

Fonte: UNEB. Disponível em: http://www.uesb.br/cursos-de-graduacao/. Acesso em: jan. 2020.

Para fins de amostragem, foram selecionados quatro *campi* da UNEB e a UESC no PPC da licenciatura em Pedagogia. Podemos ler nesses cinco casos a inserção da temática da cultura afro-brasileira na sua organização teórica. Na UNEB, com carga horária de 60 horas, enquanto na UESC possui apenas 45 horas. Ambas ainda revelam grande defasagem perante o total de horas cursadas e o perfil étnico-racial da população, que passa ao largo de temáticas essenciais para formação docente. Na UESB, nos três *campi*, as ocorrências foram marcadas por diferentes nomenclaturas, e são ofertados componentes como Dança, História da África, que é diferente da afro-brasileira — esta última se confirma na oferta do componente "Visão de mundo afro-brasileira", expressando tal diferença, como confirma o Quadro 2:

Quadro 2 — UESB

Nome disciplina	Departamento	*Campus*	Carga horária
Dança afro	DCHL	Jequié	60 h
História da África e cultura afro-brasileira	DEBI	Itapetinga	45 h
História da África e cultura afro-brasileira	DCHEL	Itapetinga	45 h
História e cultura afro-brasileira e indígena	DFCH	Vitória da Conquista	60 h
Visão de mundo afro-brasileira	DFCH	Vitória da Conquista	60 h

Fonte: UESB. Disponível em: http://www.uesb.br/cursos-de-graduacao/. Acesso em: jan. 2020.

Se, à primeira vista, parece-nos apenas um atendimento à obrigatoriedade, partimos desse pressuposto para fazer uma leitura reversa e concebê-las como brechas para inserção de *storytelling*, discussões sobre racismos, gênero e antirracismos na educação. O giro decolonial sugere que sejam feitas revisões na quantidade/qualidade de temas e aportes/teóricos que não sejam apenas homens, brancos, europeus. Isto passa pela base: a revisão das referências bibliográficas dos programas de curso e da relação entre obrigatórias e optativas. Tais amostragens, levando-se em conta o universo total de horas e componentes, revelam que o PPC reproduz o eurocentrismo temático persistente nas licenciaturas. Tal constatação nos permite interpelar a formação de professores(as) *versus* o que esses silêncios são na verdade, discursos que omitem ou se limitam para cumprir a lei por obrigatoriedade.

Como o(a) professor(a) licenciado(a) dará aula na Educação Básica, se não recebe formação adequada? Esta sub-reptícia negação dos lugares de fala[7] na formação docente ignora a interseccionalidade das alunas matriculadas nas licenciaturas, que são atravessadas por racismos, machismos, gordofobias, homofobias; mães solteiras, periféricas, trabalhando e estudando nos três turnos, com dificuldades de acesso ao *campus*, compondo um conjunto de fatores que,

---

7. A concepção de lugar de fala está imbricada a uma posição discursiva e articula-se a uma estratégica epistemologia decolonial da teoria do conhecimento e do poder.

consubstanciados, são demandas urgentes de revisão da colonialidade dos discursos do que e como e para quem se ensina. No limite deste texto, não caberia discutir a amplitude dessa omissão da formação política para a compreensão e o enfrentamento das opressões de gênero, raça e classe das mulheres negras trabalhadoras. Como discute Davis (2016), fazem falta nos discursos e referenciais dos programas de curso. Observemos mais brechas ofertadas pelos PPC dos cursos passíveis do giro decolonial. O ensinar para transgredir e mais alguns exemplos oriundos dos PPC:

Quadro 3 — UESB, UNEB, UESC

Instituição/ Campus	Curso	Nomenclaturas	Descrições sucintas das ementas
UNEB — Valença	Pedagogia	Literatura infantojuvenil	Discussões sobre gênero, etnia, religiosidade e sexualidade nas produções literárias.
UESB — Vitória da Conquista	Pedagogia	História e cultura afro-brasileira e indígena	Consciência da diversidade, respeitando as diferenças étnico-racial, de gêneros, faixas geracionais, classes sociais, religiões, necessidades especiais, escolhas sexuais etc.
UESC — Salobrinho	História	História da África — 60 h História Afro- -brasileira — 60 h	Seminários temáticos; gênero, sexualidade, relações étnico-raciais e diversidade cultural. Eixos Articuladores. África: história.
UNEB V — Santo Antônio de Jesus	História	Seminário Temático Estudos Históricos e Cultura Africana, História da África I, II e III	Gênero e História das mulheres; Maternidades; Gênero e raça; Gênero e trabalho. As questões negra, homossexual e gênero. Discussão sobre gênero no ambiente escolar.
UNEB — Itaberaba XIII	História Pedagogia	História da África I, II e III Laboratórios I a VIII — História Afro-brasileira História e Cultura Afro-brasileira	Gênero na História do Brasil: Colônia e Império, Seminário Temático Interdisciplinar: História Oral e Memória, História e Narrativa, Biografia e História e Religiosidades, História e Imagem, História e relações de gênero, História e Etnia, racismo, sexualidade, religiosidades, gênero, currículo, inclusão e *bullyng*.

Fontes: UNEB[8], UESC, UESB.

---

8. Disponível em: https://portal.uneb.br/. Acesso em: 30 nov. 2019.

Neste último quadro de amostragem, surgem novas modalidades no PPC (Resolução CNE/CP 02-2015, Art. 5º, VIII), e são contempladas algumas competências e habilidades na parte através dos Laboratórios de Ensino, Literatura, Seminários Temáticos e História da África. Isto coaduna com a proposta de abertura às revisões antirracistas no ensino que insiram novos sujeitos. Na prática, significa que os programas de ensino da formação de professores, além de inserirem novos sujeitos, como as mulheres negras, configuram-se na adoção de estratégias, desobediências, insurgências, rupturas e transgressões diante da condição imposta e cômoda de silenciamentos. A estratégia da *storytelling* rompe com as tentativas de silenciar mulheres e diante dos silêncios elitistas — impostos e estratégicos — acumulados (WALSH, 2009, p. 25).

Nos quadros demonstrativos do PPC dos cursos, há uma bifurcação: a narrativa tradicional da colonialidade do discurso, ao passo que alguns componentes curriculares são eixos articuladores para a inserção de novos discursos, como os citados no PPC da UESC, UNEB e UESB. Há também nessas instituições uma produção de pesquisa por docentes negras; embora ainda se consagre apenas o Sudeste branco e masculino como a produção nacional de excelência que valida os referenciais bibliográficos dos cursos, precisam ser mapeadas e inclusas nos programas de curso, incitando na sala de aula um processo ativo de desalienação (FONSECA, 2003, p. 34-35).

Neste texto, a insistência em tais interpelações ao PPC é na prática o que Walsh (2017) explica como se dá a atuação no conhecimento e nas subjetividades de grupos subalternizados: a colonialidade do saber e a colonialidade do ser. Olhar para a docência no ensino superior sob a perspectiva decolonial nos desafia a rever a estrutura disciplinar, romper com os saberes compartimentalizados, com os currículos organizados em "grades" que ainda caracterizam tantos binarismos: teoria e prática, professor(a) e aluno(a), pesquisa e sala de aula.

Neste lastro, evoca-se a revisão do conjunto: ementário, fluxograma, matriz e eixos temáticos articuladores. Logo, novas fontes, como as variadas do campo histórico, tornam-se pedagógicas e didaticamente inseridas no ensino interdisciplinar ao decolonizá-lo, que significa a um só tempo "[...] acolher a oportunidade de alterar nossas práticas de sala de aula criativamente, de tal modo que o ideal democrático da educação para todos possa se realizar" (HOOKS, 2013, p. 251).

Diálogo entre fontes e objetos de conhecimento e as lacunas curriculares

Como professora-pesquisadora, nasceu a necessidade de propor como prática a *storytelling*, mapear os PPC das licenciaturas e encontrar, ainda que limitadas, brechas curriculares onde seria possível propor a inserção do giro decolonial. Isto basta para que se inicie uma possibilidade de debater o que já está posto, quais as resistências e construções dialógicas que criam ou fortalecem este hiato entre a docência e a formação para o antirracismo. Parte-se da realidade de que há fontes diversas e acessíveis. Destaca-se então que há legislações sancionadas, embora ignoradas, e dados oficiais que confirmam a presença de maioria étnico-racial das mulheres matriculadas nas licenciaturas. Mas os programas não as tomam como uma premissa de revisão e reeducação racial. Urge questionar: o que fomenta este descompasso entre o currículo ensinado e o necessário?

O racismo estrutural naturaliza o fato de a educação abordar, formar, citar, debater, pesquisar apenas autores brancos europeus. Nesse caso, ações simples causariam um giro decolonial, como tornar as narrativas de jornais, processos-crimes, cíveis, cartas de alforria e fotografias, transcritos/digitalizados pelos projetos de pesquisa ao alcance de toda a comunidade escolar, como um grande passo. Além disso, há em curso uma legislação que valida esta revisão dos conteúdos e currículos. Então, onde está o problema? A equação é ainda incorreta. O que tem sido priorizado na elaboração do que se ensina e do que não se ensina? Há uma equidade entre os saberes de origem europeia e os africanos, indígenas, latino-americanos, por exemplo? Há equilíbrio na utilização de teóricos homens brancos *versus* teóricas mulheres negras? E o investimento teórico na Educação Infantil como base fundamental de todo o processo contempla em sua formação o estudo das questões étnico-raciais femininas num momento crucial de formação da identidade/autoestima? A mulher branca, negra ou indígena foi contemplada sob o prisma da autonomia e do trabalho nos programas de curso? Como preparar docentes negras para luta antirracista, se a universidade não as contempla antes com tais discussões em sua formação? Todos esses questionamentos precisam de resposta-ação, pesquisa-ação, pesquisa-intervenção, sob o risco de o racismo estrutural e institucional que formata os cursos não se alterar e não ocorrer uma transgressão necessária.

Nota máxima de cursos não se valida em qualidade se não houver equidade racial, teórica, epistemológica. É bell hooks[9], em diálogo com Paulo Freire (2017), que revela a importância de ensinar a transgredir essas disparidades, quando reflete a educação como prática da liberdade. Ela mesma explica como a escola reproduzia o racismo, de modo a fazer com que ela e suas colegas tivessem a educação como curso preparatório para casar, ser empregada doméstica ou no máximo professora. E na universidade como docente, seus embates não foram poucos. Logo, mulheres de lá e as daqui são alijadas de empoderar-se quando, ao analisar os PPC dos cursos, por exemplo, constata-se que caminham para um currículo único, ou melhor, repetem os mesmos teóricos homens, europeus como os clássicos de sempre, sem alternar com outras falas e versões latino-americanas, regionais e locais. Como a universidade pode deixar que as mulheres saiam desses lugares de subalternidades e falem agora?

---

9. A autora bell hooks assina com seu pseudônimo em letras minúsculas: seu nome é Gloria Jean Watkins. Intelectual e escritora afro-estadunidense, nasceu em 25 de setembro de 1952, no Kentucky — EUA. O apelido que escolheu para assinar suas obras é uma homenagem aos sobrenomes da mãe e da avó.

Este texto enceta este debate, tomando os campos da História e da Pedagogia na constituição de seus suportes teóricos capazes desse giro decolonial. Por isso, conclama categorias que propõem uma revisão conceitual e interdisciplinar no ensino das licenciaturas de História e Pedagogia: a ideia de decolonialidade, interseccionalidade e a de História Social do Trabalho feminino negro.

A primeira por compreender que tais licenciaturas precisam questionar o que tem sido ensinado na universidade, e descolonizar mentes, currículos e conteúdo. Por isso, ancoro-me na Pedagogia engajada e decolonial de bell hooks (2013), por sustentar que nas experiências escolares podemos dissolver as brechas existentes entre teoria e prática, em prol de uma libertação coletiva.

E a segunda, a interseccionalidade, figura-se como suporte teórico por lidar com a especificidade da condição dessas mulheres como trabalhadoras que sofrem opressões atravessadas pela condição de classe, cor e gênero, termo cunhado por Kimberlé Crenshaw (2007). Tal terminologia torna visíveis os efeitos que a conjunção dos múltiplos sistemas de subordinação acarretam sobre essas narrativas.

E a terceira, a História Social do Trabalho — ou contar as histórias dessas mulheres em *storytelling*, onde todas mudaram suas vidas a partir de seu trabalho —, como um rompimento com o que esta tem se resumido. É um meio de fazer emergir as mulheres negras em perspectivas de valorização para além das funções exercidas apenas na submissão/escravização a que foram submetidas e considerá-las em exercícios de diversas profissões, rompendo com a tradicional historiografia que prioriza serem constituintes da classe trabalhadora os homens brancos, livres, operários.

Três conceitos caros a esta discussão são os de interseccionalidade, racismo estrutural e decolonialidade, em virtude de a discussão pautar-se em mulheres negras e, portanto, não podemos estudá-las sem considerar a intersecção de raça, gênero e classe social que as condiciona. Na História da Bahia, especialmente na da região sul como aqui se discute, o racismo está estruturalmente associado a determinados grupos, em especial às mulheres negras, o que dialoga com um contexto maior, o da produção e reprodução de desigualdades sociais no Brasil. E com a proposta da decolonialidade, estas discussões ganham propostas didáticas para a sala de aula, objetivo fulcral deste texto.

Álvaro Nascimento (2016), embora não foque apenas a mulher negra, traz uma discussão que mais se aproxima dessa ausência das trabalhadoras de cor, ao discutir o "paradigma da ausência": pouco se incluem sujeitos negros — mulheres, crianças, homens —, tende-se a não incluir a componente cor dos indivíduos pesquisados em suas páginas.

No limite deste texto, não daríamos conta de aprofundar as reverberações que tais temáticas têm de positivas nos sentidos de abertura para influenciar novas relações de reeducação para as relações raciais. Neste sentido, a formação de professores(as) tem papel fulcral para criar um ambiente de construção das memórias e das referências positivas sobre a formação e o sentimento de pertencimento (ou não) da temática mulher negra na formação docente dentro da perspectiva decolonial e antirracista.

Eixos, ementas e propostas têm visíveis aberturas passíveis da inserção de temáticas de formação que valorizem as mulheres negras e rompam com o eurocentrismo reinante. Embora não estejam postas claramente no PPC, há aberturas temáticas nas propostas já aprovadas. Tais universidades têm formado gerações de docentes para a Bahia, dando um salto qualitativo na educação, sobretudo do interior baiano. Em paralelo a muitas legislações, teorias, mudanças de governo, uma vertente teórica que *vem* crescendo na América Latina nos últimos 20 anos, denominada giro decolonial, corresponde a esta necessidade real de diálogo que interfere diretamente sobre a reflexão da docência no ensino superior e qual tipo de formação docente é ofertado para transcendência do eurocentrismo. E isto incide na inserção das leis, dando aportes de conhecimentos das culturas indígenas e africanas. Isto nos remete a uma desobediência epistêmica, revendo os lugares de fala, como afirma Djamila Ribeiro (2017), inserindo narrativas que revisem as teorias repetidas irrefletidamente nos livros didáticos.

O que vem orientando as relações de ensino, o currículo prescrito, o livro didático são os postulados da modernidade/colonialidade/colonialismo como um sistema ideológico que orientou a escolha dos conteúdos curriculares. Propomos aqui que haja uma alteridade do eixo sul que rompa com fronteiras de pensamento, como na prática ao inserir autoras pesquisadoras das universidades baianas e professoras da Educação Básica que, ao concluir suas pós-graduações que têm produzido ciência/conhecimento sob temáticas mais diversas e reais, alinhadas com o chão da escola, desvelam aquelas que "[...] costumam ser silenciadas, quando não estereotipadas e deformadas, para anular suas possibilidades de reação" (SANTOMÉ, 1995, p. 161).

Sem um levantamento geral das docentes-pesquisadoras, de seus temas e mais, de seus nomes nos programas de curso, não haverá uma pedagogia que promova nem uma real identificação do que e para quem se ensina, tampouco da formação da desejada autonomia, fim último de todo o processo educacional[10]. Sem permitir esta revisão dos programas, da inserção de autoras docentes baianas, há uma inflexão que Paulo Freire já traduzia lá nos anos

---

10. Exemplos de pesquisas que podem ser inseridas nos programas de ensino para esse giro decolonial: PACHECO. Ana Cláudia Lemos. *Mulher negra*: afetividade e solidão. Salvador: EDUFBA, 2013; SANTANA, Marise de. *Legado ancestral africano na diáspora e o trabalho do docente*: desafricanizando para cristianizar. Tese (Doutorado) PUC-São Paulo, São Paulo, 2004.; SOARES, Cecilia C. Moreira. *Mulher negra na Bahia do século XIX*. Salvador: EDUNEB, 2006; REIS, Isabel Cristina Ferreira dos. *A família negra no tempo da escravidão*: Bahia, 1850-1888. Tese (Doutorado em História), Instituto de Filosofia e Ciências Humanas, Universidade Estadual de Campinas, Campinas, 2007; ALVES, Adriana Dantas Reis. *As mulheres negras por cima*. O caso de Luiza jeje. Escravidão, família e mobilidade social na Bahia. 1780-1830. Tese (doutorado em História), Niterói, Universidade Federal Fluminense, 2010.

1990 como esta: "[...] rigidez destas posições nega a educação e o conhecimento como processos de busca" (FREIRE, 2013, p. 81). As histórias das mulheres negras na formação docente dos cursos de Pedagogia e História pretende apontar como a epistemologia colonial implica um entrave aos avanços no ensino de História e no reconhecimento das mulheres negras como engajadas e protagonistas nos diversos processos históricos do mundo, perpetuando modelos discriminatórios de caráter androcêntrico, ou seja, aquele que enaltece o homem como o centro das discussões, e marcadas por uma visão de mundo que tem a Europa como elemento central na constituição do modelo civilizacional do Ocidente. Tais formas de dominação e opressão, notadamente raciais e de gênero, dificultam o entendimento de sujeitos classicamente excluídos da história, neste texto, as mulheres negras, como sujeitas ativas a serem reconhecidas nos processos históricos.

É sabido que os livros didáticos são amplamente usados no ensino básico, e com a disciplina de História ganham outra dimensão, pois carregam um estigma de "verdade oficial". Por isso, hooks (2013) chama a atenção para o que admira na obra de Freire: a práxis. Uma vez que os assuntos abordados pelos livros constroem, através de suas imagens e textos, uma abordagem pautada na colonialidade, essa acaba por construir preconceitos e estigmas, que são amplificados quando os estudantes levam esses livros para casa — sem a orientação de uma educadora, sensível em relação a determinadas discussões. Uma frase isolada de Freire se tornou um mantra para mim: "Não podemos entrar na luta como objetos para nos tornarmos sujeitos mais tarde". Realmente é difícil encontrar palavras adequadas para explicar como esta afirmação era uma porta fechada — e lutei comigo mesma para encontrar a chave —, e essa luta me engajou num processo transformador de pensamento crítico (HOOKS, 2013). Para a autora, é produtivo, muitas vezes, que os professores sejam os primeiros a correr o risco, ligando as narrativas confessionais às discussões acadêmicas para mostrar de que modo a experiência pode iluminar e ampliar nossa compreensão do material acadêmico (HOOKS, 2013). O racismo estrutural é um tema que perpassa todo o saber, fazer e ensinar de modo formal, escolarizado e institucionalizado. É, na prática, o fundamento estruturador das relações sociais do processo de consolidação do Estado Nacional. Está presente na formação de professores(as), tão enraizado que se materializa nos silêncios dos programas de curso, em cada plano de aula, visita de campo, projeto de intervenção e em cada escolha teórica, já que a docência no Ensino Superior insiste em ignorar alguns sujeitos, elegendo outros. E a cada semestre em que a maioria de licenciandos negros estuda somente teóricos brancos, maioria de homens, reforçam-se a produção e a reprodução no cotidiano escolar de modos de ensinar que se reproduzirão na Educação Básica através de observações, aprendizagens, metodologias sutis, sistemáticas e assistemáticas do racismo. Trago de Silvio Almeida (2018) as diferentes concepções de racismo, como: individualista, institucional e estrutural. Dentro desta classificação, conjugam-se alguns critérios na relação estabelecida entre o racismo, as subjetividades, o Estado, a economia, e nada disso está dissociado da educação e do modo como o ensino e a formação de professores traduzem o racismo estrutural lá na Educação Básica, pelos silêncios.

Quando se analisam de maneira atenta os conteúdos que são desenvolvidos de forma explícita na maioria das instituições escolares, e aquilo que é enfatizado nas propostas curriculares, chama fortemente a atenção a arrasadora presença das culturas que podemos chamar de hegemônicas. As culturas ou vozes dos grupos sociais minoritários e/ou marginalizados que não dispõem de estruturas importantes de poder costumam ser silenciadas, quando não estereotipadas e deformadas, para anular suas possibilidades de reação (SANTOMÉ, 2002, p. 161).

Ao lidar com uma documentação oitocentista eivada de racismos eugênicos e transcrevê-los para narrá-los, foi preciso manejar as linguagens que utiliza o opressor e remanejá-los para uma reeducação antirracista que contraria a concepção freiriana, que prima por envolver a comunidade, as histórias de pessoas comuns e iguais aos nossos contextos, em que "[...] as universidades têm de começar a reconhecer que a educação de um aluno não se resume ao tempo passado na sala de aula" (HOOKS, 2013, p. 219).

Ao tomar os mundos do trabalho como cenário, não é só por respeito à condição das alunas trabalhadoras matriculadas nas licenciaturas que darão aulas para outras alunas trabalhadoras, mas que elas compreendam como romper com o sub-reptício processo histórico que desde o século XIX institui leis para proibir mulheres negras de matricular-se na educação formal e como os reflexos se perpetuam.

É preciso vislumbrar em qual contexto os filhos dessas mulheres não acessariam o ensino formal na escravidão, e como as mulheres negras em situações de trabalho lutavam pelo ingresso destes como modo de mobilidades e melhores condições socioeconômicas. Esta conscientização em qualquer licenciatura com o uso de uma *storytelling*, por exemplo, as insere numa abordagem decolonial e interseccional, apoia a formação da consciência crítica e a consciência histórica, cujas narrativas remodelam a hipervalorização errônea do lugar de submissão cativa-passiva, do corpo sexualizado, apto apenas para o trabalho braçal ou maternidade na vida reclusa doméstica; e as coloca no centro de protagonismos e identificação do conteúdo com a personagem central. Tal característica da *storytelling* educa para a resolução de conflitos, superações regionais, geográficas, raciais e fortalecimento da autoestima eivadas por questões morais, éticas, políticas e econômicas. Nesses casos narrados, as mulheres solucionaram no passado e incitam alunas do presente com empatia a um tipo de insurgência, a criarem novas possibilidades de resistir, (re) existir e (re)viver, como sinaliza Walsh (2013).

Impressões e apropriações nos espaços não formais de aprendizagens

Os resultados da replicabilidade do projeto de pesquisa transformaram-se em narrativas que orientaram a redação das *storytellings* sobre as mulheres encontradas em jornais, testamentos, arquivos judiciários, difundidas através da ferramenta da *storytelling*, consistindo numa série de vídeos educativos com as trajetórias e histórias de vida, como abordagens necessárias para serem debatidas em sala de aula. A série faz parte do projeto de pesquisa "Sujeitos do Atlântico: histórias de africanos para contar na sala de aula — HIASA"[11]. Obedecendo a um critério didático, o texto primou por narrativas curtas em que o foco da narrativa tinha como personagem principal uma mulher negra em situações diversas durante o século XIX, nas vilas do sul baiano, mas com relações estreitas com a capital da província.

As adaptações de linguagem, sem recorrer a anacronismos, obedecem a uma narrativa isenta de citações teóricas, permitindo ao interlocutor acompanhar por volta de 1 a 5 minutos as histórias de vida que foram captadas pelas fontes consultadas. Assim, no testamento, em ações cíveis ou notas de jornais, essas mulheres tiveram seus nomes enfatizados. Tal abordagem permitiu romper com os silêncios da História, ao passo que dialoga com outras áreas do conhecimento sem se restringir a um público específico. Desse modo, alunos(as) e docentes das diversas licenciaturas posicionaram-se através das mesmas redes de divulgação, apropriando-se de conceitos embutidos na trajetória daquelas mulheres negras que, em suas micro-histórias, alternavam-se em sucessos e desventuras, como sujeitos plurais que

---

11. Projeto "Sujeitos do Atlântico: histórias de africanos para contar na sala de aula", disponível no *site* oficial da UESC, no endereço: http://www.uesc.br/projetos/africanos/. Acesso em: 17 abr. 2024.

não sucumbiam até realizar suas aspirações, reescrevendo suas vidas na diáspora que sofreram. Entre as mulheres negras, acostumadas aos percalços da vida, não havia muito espaço para a imagem da esposa passiva, submissa ao marido e dedicada exclusivamente ao lar. A preocupação maior era "que a mulher tivesse meios de obter uma fonte de renda e não ficasse dependente economicamente do companheiro [...]" (NEPOMUCENO, 2013, p. 386).

Logo, foi preciso mais que transcrever, mas submetê-las a uma leitura sensível, a fim de perceber e evidenciar as experiências dos sujeitos. Reitero que a docência foca a discência para dar um desfecho final ao documento, sendo ele inventário *post mortem*, testamentos, processo de tutoria, de pecúlio e de liberdade, critérios estabelecidos pelo *storytelling*: prólogo, origem/apresentação, clímax e rotina/fim, relatando os acontecimentos e o encaminhamento didático-pedagógico. Todas as histórias procuram romper com o epistemicídio que não incluía mulheres negras nos conteúdos curriculares, e aqui evoco este conceito na acepção de Boaventura de Sousa Santos, discutida especialmente por Sueli Carneiro, pois em sua tese trata do tema e historiciza-o no contexto brasileiro, explicando a desclassificação de todas as formas de conhecimento estranhas ao paradigma da ciência moderna, sob o pretexto de serem conhecimento tão só de aparências (SANTOS, 1997, *apud* em CARNEIRO, 2005, p. 101). Os temas mais referidos foram escravidão, empoderamento, resistência, decolonialidade e interseccionalidade, por entendermos que as adversidades enfrentadas por nossas protagonistas perpassavam questões de raça, classe, cor, condição jurídica, condição civil, maternidade, origem geográfica. Ainda que parte das histórias coletadas no APEB tenham ligação com a capital da província, nesta primeira série de vídeos foram escolhidos dez vídeos tratando de 12 mulheres em nove episódios, com destaque para cada uma delas, tratando-as em seus espaços de luta, trabalho, alforria, liberdade, morte, retirando-as assim da invisibilidade.

Quadro 4 — Quadro demonstrativo de algumas narrativas

Vila e trajeto	Alguns destaques de suas vidas
Ilhéus/Salvador — Maria Cerqueira da Victoria	Alforriada, deu entrada em passaporte e foi viver na capital — lavadeira.
Camamu — Gaudência Martins	Liberta, deixou testamento, bens, ouro e prata, era ganhadeira pelos objetos deixados.
Salvador/Ilhéus — Guilhermina Soares Lopes	Inventário, casada com negociante e mãe do Doutor Soares Lopes, libertos e tinham negócios na capital.
Ilhéus/Itabuna — Conceição Soares Lopes	Professora, vereadora, escritora, pianista, *promoter*.
Valença/Salvador — Jesuína e Dorothea Nagô	Ganhadeiras, libertas foram para Salvador por um ponto de negócio.
Santarém/Barra do Rio de Contas — Grácia e Anastácia	Africanas, escravizadas, atendiam pessoas curando-as na madrugada, denunciadas em Salvador por feitiçaria.
Maraú — Angélica e Maria Nagô	Moveram ações de liberdade contra o seu senhor.
Camamu — Rita de Tal	Luta pela liberdade com uma carta dada pela senhora e luta contra o senhor Serapião.
Canavieiras/Salvador — Julieta	Presa, provou que era alforriada com um telegrama da capital.
Cachoeira de Itabuna — Arminda Cordier	Viúva do africano Tito Galião, administrou a fazenda e pagou dívidas.

Fontes: APEB/CEDOC — Documentação transcrita no projeto de dedicação exclusiva — UESC.

Todas as mulheres elencadas trabalhavam arduamente. Não esquecendo que algumas delas ainda eram escravizadas. Duas davam turnos extras durante as madrugadas para amealhar algum pecúlio e conseguir, como suas conterrâneas, pagar por suas liberdades. E outras duas moveram uma ação de liberdade na Justiça para consegui-la em conformidade com uma lei de novembro de 1831, que proibia o tráfico e previa a liberdade para os que foram traficados ilegalmente depois dessa data. Uma delas, a viúva Arminda, ainda devia parcelas de um empréstimo que o marido tomara de outro africano de nome Felipe para quitar sua alforria. Tais singularidades reforçam que, ao pagar por suas liberdades, aquelas mulheres já estavam à frente de muitas outras, no que tange a economia, trabalho e mobilidade social, dado o alto valor que tal alforria lhes custara economizar.

Nem todas as africanas tinham suas nações étnicas destacadas. Obedecendo ao critério de fidedignidade na transcrição paleográfica, quatro delas foram identificadas como sendo "nagô": Jesuína, Dorothea, Angélica e Maria. Já as africanas Grácia e Anastácia eram "do gentio da guiné". Tais atribuições são generalizantes e pouco revelam de quais regiões africanas procediam exatamente. O tráfico transatlântico e, consequentemente, a diáspora acabavam por impingir denominações étnicas imprecisas.

No elenco anterior, no caso da família de Guilhermina, pude acompanhar as trajetórias de seus filhos e de sua neta, ambos os primeiros profissionais negros na cidade de Ilhéus a terem inclusive reportagem de jornais. O pai como médico e ela como professora, vereadora, escritora, ambos muito conhecidos na história e memória local (SANTOS, 2015). Já Grácia e Anastácia foram tratadas com mais vagar num debate sobre a ausência de mulheres com saberes medicinais que atendiam uma população inteira na sociedade colonial e que não aparecem nos livros didáticos (SANTOS, 2019).

As fontes utilizadas receberam um tratamento de seriação, transcrição e adaptação para uma linguagem vocabular contemporânea, para acessibilidade e incitação de debates como a luta antirracista, antissexista. As plataformas utilizadas para divulgação contam com o canal "Mulheres negras para sala de aula"[12]. Nas redes sociais, houve comentários, *e-mails* e retornos das narrativas de alunos(as) e docentes que, em uníssono, apontaram a queixa de nunca terem ouvido falar dessas mulheres na escola, livros, currículos, mas que são necessários discursos e tentarão inseri-los.

Outro ponto destacado após as visualizações era que a narrativa dava àquelas sem nome e anônimas mostras de resistência, autonomia e mobilidade social que contrastavam com as versões apenas de "escravos" homens, ou quando citadas como sendo apenas força-motriz ou nas senzalas, eito, agricultura ou amas de leite. A prisão e os castigos

---

12. Disponível em: https://www.youtube.com/channel/UCMJJIpL_RGulAw1rEQueaJA?-view_as=subscriber. Acesso em: 10 abr. 2024.

perpassam as narrativas sem, no entanto, deixar que os vídeos fossem mais uma reiteração detalhada desses sofrimentos. Não por não os ter encontrado nesta narrativa, mas intencionalmente a série de vídeos está mais preocupada em demonstrar como tais mulheres venceram uma miríade de empecilhos para existirem e reexistirem em diferentes contextos etnográficos. E mais: a cada *storytelling*, os espectadores são convidados a questionar suas realidades, bem como o modo pelo qual o racismo articulado ao sexismo tem afetado a vida de mulheres negras da sociedade brasileira, especialmente a baiana, e como a escola se relaciona com isso. A série de vídeos "Mulheres negras para sala de aula" oferece a oportunidade de revisão e nova construção do conhecimento histórico na relação de ensino-aprendizagem, quebrando com a ideia de disciplina ou com os limites insistentes eurocêntricos que os planos de curso das licenciaturas impõem. Há desafios postos de consciência história e os desafios didáticos da prática. Aqui muito se assemelham a bell hooks (2013), ao descrever os processos de tentativa de superação da segregação racial na educação nos Estados Unidos, e explica que, no contato com diversos professores, esses apontavam relutância em modificar seus métodos.

Os conceitos de consciência histórica e os desafios da didática da história ficaram patentes com o *feedback* após a exibição desta primeira série de vídeos, e mostraram-se positivos no que tange à estratégia de ensino em espaços não formais, quais sejam, as redes sociais de alcances paulatinamente numéricos e qualitativamente crescentes, sobretudo pós-pandemia. A cada episódio, os comentários postados por diversas categorias de espectadores, sejam de sexo, idade, formação ou área de atuação, apontavam que tais narrativas podem ser levadas para sala de aula como meio de provocar a autorrepresentação e (re) significação de suas histórias pessoais e coletivas como uma ferramenta contra os racismos.

Houve também diálogos, inclusive com descendentes de umas das protagonistas que solicitou indicação do documento para refazer a genealogia e história familiar. De igual modo satisfatório, satisfatórias foram a indicação e a utilização de um dos vídeos como conteúdo para aula na cidade de Canavieiras, na rede municipal de ensino, reelaborando a luta de Julieta para provar sua liberdade e sair da cadeia em que estava injustamente aprisionada por suspeita de ainda ser escravizada. Um grande objetivo também alcançando foi o das relações conceituais sem o risco do anacronismo. Os episódios não apresentaram nomes de teóricos clássicos do feminismo negro, gênero, escravidão ou educação. O intuito alcançou, nas conclusões dos que assistiram, que as remetessem a tais discursos, como o exercício da dupla jornada, configurado pelo acúmulo de funções exercidas pelas mulheres em casa e na rua. As análises postadas se encaminharam justamente para o tempo presente, denunciando o alto índice de feminicídios, racismos e violências, sobretudo pela condição de serem mulheres negras no século XXI com lutas ainda oriundas dos séculos XVIII e XIX. As visualizações superaram numericamente os comentários postados. Isto supõe um alcance para além do escrito, interseccionalidade da raça e do gênero, como dominação de seus corpos em explorá-los sexualmente e negá-los em direitos específicos às suas necessidades singulares advindas das consequências históricas do racismo e machismo, possibilidade de representar os interesses de uma mulher subalterna como objetificação, contribuindo para uma representação monolítica dessas mulheres.

Atingindo em cheio docentes ativas da formação de professores, algumas destacaram identificação com as estratégias dessas mulheres, e o reencontro com a ancestralidade para uma dessas docentes, que rememora como "o bisavô chamava-se Serapião" (para uma doutoranda, professora universitária, pedagoga de Ilhéus); outra destaca que "quase não possuímos informações de mulheres médicas brancas, quem dirá negras médicas", e ressalta o registro potente dessas duas mulheres, afirma uma docente (doutora em História e professora da UNEB). Entre os licenciandos, um afirmou que o vídeo "Que Isabel, o quê?" o fez pensar que "o processo de abolição ainda se arrasta sem vias de solução a curto prazo" (licenciando em História, *campus* XIII da UNEB).

Ao tomar essas novas tecnologias digitais como processos de produção, difusão e consumo de informação, as narrativas e discursos construídos por mulheres negras narradas no canal do YouTube contribuem para a formação de representações sociais contra-hegemônicas no ensino. Isto fez com que, tanto no YouTube como nos vídeos divulgados no Facebook e Instagram, no conjunto dos relatos de professores e alunos que tiveram acesso às mulheres narradas pelo projeto, as respostas variassem, por exemplo: "feliz por demais por conhecer essa parte da história da minha cidade, principalmente por não sabermos de história de negros por aqui", ressaltou uma professora da cidade de Canavieiras, da Rede Municipal de Ensino. E nessas falas registradas, o potencial interdisciplinar se enunciou claramente. Para uma docente de Biologia da Rede Estadual, "Gaudência Martins era uma mulher de visão e certamente não aceitou a condição que a vida escrava lhe oferecia. Acionada pela vontade e muita inteligência, conseguiu transformar dor e sofrimento em liberdade e riqueza. Que sejamos Gaudência!"

Nelma Barbosa, professora de Artes do Instituto Federal Baiano, ao produzir retratos em aquarela, refere-se a Grácia e Anastácia como "a história das médicas nas roças de Camamu". Márcia Vieira, docente de Língua Portuguesa e Literatura Brasileira, tenciona "ler as histórias para trabalhar com a interpretação do texto". O processo de criação de narrativas históricas para a produção de análises, verificações, críticas e a produção do conhecimento histórico caminha no sentido de mobilizar a memória do passado, como orientação à presente ferramenta prática, flexível e de grande alcance. A seguir, há uma adaptação didática para os alunos da disciplina de Artes proposta pela professora, que discute a cultura afro-brasileira decolonizando o currículo e que, após ter assistido a todos os vídeos, produziu imagens para utilizá-las no ensino com os vídeos.

As narrativas das mulheres serviram de base para o processo criativo de uma série de retratos femininos em aquarela. A série, chamada "Rainhas do Sul", brinca com a ideia de Princesa do Sul, título que recebeu a cidade de Ilhéus no auge do coronelismo cacaueiro. Retratar as mulheres negras da costa sul baiana é dar rosto a uma parte da população que nem sequer aparece como existente naquele território, mas que foi sujeita de configurações complexas que sustentaram socialmente a comunidade negra e mestiça do sul baiano. Através de suas histórias, entendemos que a presença feminina no sul da Bahia ainda tem muitos capítulos de "empoderamentos". O racismo curricular pode ser combatido com outras narrativas que descolam os sujeitos homens, brancos e europeus, incluindo aí as mulheres negras africanas, afro-indígenas brasileiras.

Esta produção de narrativas, numa série de 15 vídeos propostos para a formação de professores, figurou como uma viável proposta de instrumentos da desconstrução das representações sociais do racismo curricular. A documentação[13] em que tais africanas e crioulas foram encontradas não as tratava com o olhar que revelasse que até o ponto onde as registrava existia um longo processo de embates e resistências cotidianas. Nesse caso, a leitura foi feita tomando por base epistemologias que as consideram como mulheres protagonistas numa escrita documental feita e assinada por homens, brancos, livres e das elites locais. Logo, mais que transcrever, foi preciso submetê-las a uma leitura a contrapelo e análise sensível (BENJAMIN, 1994); elucida este autor que o historiador problematiza esses documentos a fim de perceber e evidenciar as experiências dos sujeitos.

Considerações finais

Este texto está eivado de conclusões mais que oportunas num contexto em que o cenário atual se encontra. A educação em tempos

---

13. As fontes pesquisadas se encontram: APEB — Arquivo Público do Estado da Bahia; BND — Biblioteca Nacional Digital; BPEBA — Biblioteca Pública do Estado da Bahia; FBN — Fundação Biblioteca Nacional.

de pandemia recorreu como pôde aos espaços virtuais, não formais, e nisso o canal proposto figurou como mais um suporte. No que tange à temática das questões raciais, estas estiveram nas pautas internacionais, desde George Floyd nos EUA, e abarcam os reiterados casos públicos de racismo no Brasil. Além dessas condições em que se questiona o racismo estrutural, a própria varredura nos Projetos Pedagógicos dos cursos das licenciaturas confirmou que há espaços para que essas temáticas entrem no currículo da formação de professores para além das pontuais abordagens. Destarte, grande lacuna sobre a falta de material didático sobre mulheres negras para o ensino e as ideias de decolonialidade se apresentou com o canal criado.

Ademais, pudemos refletir como após 17 anos da sancionada Lei Federal n. 10.639 tão falada, mas pouco efetivada, ainda chega ao chão da escola como atividade de 20 de novembro, resumindo-a com a inadequada abordagem que faz uma teatralização da capoeira, comida baiana e do candomblé. É preciso fugir dessas propostas de trabalho, típicas do racismo curricular ou do chamado "[...] currículo turístico, ou seja, em unidades didáticas isoladas, nas quais, esporadicamente, se pretende estudar a diversidade cultural" (SANTOMÉ, 1995, p. 173).

Como uma estratégia de ensino assertiva e de grande repercussão *on-line* em virtude da excepcionalidade da pandemia, oxigenou o campo das possibilidades propostas de ensino em espaços não formais de aprendizagem, abordando as mulheres negras nos mundos do trabalho da escravidão, numa perspectiva decolonial da interseccionalidade; trata-se de um desafio possível na formação de professores. Foi possível apreender que os procedimentos metodológicos dessas histórias coletivas, espraiadas em diferentes espaços como antigas vilas e hoje cidades, evocaram identificações e identidades com a comunidade escolar regional. E destas emergiu um poder exercido no nível micro, como nos fala Foucault (2005), é o que aqui relacionamos com a atuação das mulheres deste estudo, das docentes que se apropriam e recontam empoderando suas alunas, entendendo que as grandes conquistas podem se revelar por pequenas atitudes e gestos de resistência, em contraponto ao poder institucionalizado e centralizado.

Logo, reitero que a docência toca diretamente a discência, para dar um desfecho ao documento histórico com um cunho eminentemente pedagógico, sendo inventários *post mortem*, testamentos, processos de tutoria, de pecúlio ou de liberdade. Os critérios narrativos que foram estabelecidos pela *storytelling* ousaram também atrair alunos(as) da área de linguagens, pois se estruturam na narrativa com prólogo, origem/apresentação, clímax e fim, relatando os acontecimentos, mas lhes conferindo um encaminhamento didático-pedagógico, relacionando-os com o currículo formal e evidenciando o informal, o que exige a construção de novos paradigmas de conhecimentos cujos viabilidade e sucesso dependem, em grande parte, da postura dos(as) professores(as) para combater o racismo estrutural, começando na destruição do racismo curricular, e os dois não podem mais coexistir na formação de professores.

Por fim, o uso da *storytelling* em narrativas decoloniais apresentou-se como ferramenta para dar ou recuperar uma voz perdida, combater as diversas formas de racismos, retirando as mulheres da versão de passividade, limitadas a serviços subalternos ou apenas na informalidade, domesticadas e subjugadas pelo analfabetismo conjugado com ausência de grandes conflitos, disfarçadas na democracia racial. É nesta junção, de fazer instigar, que na formação de professores seja iniciada nas licenciaturas uma revisão/reelaboração de seus programas, ementas e atividades sem se orientar pela costumeira lógica excludente da tríade: racismo, capitalismo e colonialismo. Tal assertiva coaduna com a ideia de que os(as) alunos(as) de nossas instituições desconhecem grande parte das histórias das mulheres, suas ancestrais no passado, e a realidade dos porquês de sua opressão e silenciamento no presente. Logo, História e Pedagogia podem ser antirracistas.

Referências

ALMEIDA, Silvio Luiz de. *O que é racismo estrutural?* Belo Horizonte: Letramento, 2018.

BANKS-WALLACE, Joanne. Talk that talk: storytelling and analysis rooted in African American oral tradition. *Qualitative Health Research*, v. 12, n. 3, p. 410-426, Mar. 2002.

BARONE, Thomas. Beyond theory and method: a case of critical storytelling. *Theory into Practice*, v. 31, n. 2, p. 42-146, 1992.

BENJAMIM, Walter. *Magia e Técnica, Arte e Política*. São Paulo: Brasiliense, 1994. (Obras Escolhidas, vol. 1).

BOJE, David M. Stories of the storytelling organization: a postmodern analysis of Disney as "Tamara-Land". *Academy of Management Journal*, v. 38, n. 4, p. 997-1035, Aug. 1995.

BRASIL. *Lei n. 10.639, de 9 de janeiro de 2003*. Altera a Lei n. 9.394, de 20 de dezembro de 1996, que estabelece as diretrizes e bases da educação nacional, para incluir no currículo oficial da Rede de Ensino a obrigatoriedade da temática "História e Cultura Afro-Brasileira", e dá outras providências. Brasília, 2003. Disponível em: https://www.planalto.gov.br/ccivil_03/leis/2003/l10.639.htm#:~:text=LEI%20No%2010.639%2C%20DE%209%20DE%20JANEIRO%20DE%20 2003.&text=Altera%20a%20Lei%20no,%22%2C%20e%20d%C3%A1%20outras%20 provid%C3%AAncias. Acesso em: 10 abr. 2024.

BRASIL. *Lei Federal n. 11.645, de 10 de março de 2008*. Altera a Lei n. 9.394, de 20 de dezembro de 1996, modificada pela Lei n. 10.639, de 9 de janeiro de 2003, que estabelece as diretrizes e bases da educação nacional, para incluir no currículo oficial da rede de ensino a obrigatoriedade da temática "História e Cultura Afro-Brasileira e Indígena". Brasília, 2008. Disponível em: https://www.planalto. gov.br/ccivil_03/_ato2007-2010/2008/lei/l11645.htm. Acesso em: 10 abr. 2024.

CARNEIRO, Aparecida Sueli. *A construção do outro como não-ser como fundamento do ser*. 2005. Tese (Doutorado) — Faculdade de Educação, Universidade de São Paulo, São Paulo, 2005.

CERRI, Luís Fernando. A didática da História para Jörn Rüsen: uma ampliação do campo de pesquisa. *In*: ANPUH — SIMPÓSIO NACIONAL DE HISTÓRIA, 23., 2005, Londrina. *Anais* [...]. Londrina, 2005.

CHISTÉ, P. S. Pesquisa-Ação em mestrados profissionais: análise de pesquisas de um programa de pós-graduação em ensino de ciências e de matemática. *Ciência & Educação*, v. 22, n. 3, Bauru, 2016, p. 789-808. Disponível em: https://www.scielo.br/pdf/ciedu/v22n3/1516-7313-ciedu-22-03-0789.pdf. Acesso em: 05 ago. 2020.

CRENSHAW, Kimberle. A intersecionalidade na discriminação de raça e de gênero. *In*: VV.AA. *Cruzamento:* raça e gênero. Brasília: Unifem, 2007.

DAVIS, Angela. *Mulheres, raça e classe.* Tradução: Heci Regina Candiani. São Paulo: Boitempo, 2016.

FONSECA, Selva Guimarães. *Caminhos da história ensinada*. 7. ed. Campinas: Papirus, 2003.

FOUCAULT, Michel. *Microfísica do poder*. 8. ed. Rio de Janeiro: Graal, 1989.

FREIRE, Paulo. *Pedagogia do Oprimido*. 54. ed. Rio de Janeiro: Paz e Terra, 2013.

FREIRE, Paulo. *Pedagogia da autonomia*. São Paulo: Paz e Terra, 2017.

GOHN, Maria da Glória. Educação não formal, participação da sociedade civil e estruturas colegiadas nas escolas. *Ensaio*: Avaliação e Políticas Públicas em Educação. 2006, vol. 14, n. 50, p. 27-38. Disponível em: https://www.scielo.br/j/ensaio/a/s5xg9Zy7sWHxV5H54GYydfQ/. Acesso em: 8 maio 2024.

GOHN, Maria da Glória. *Educação não formal e cultura política*. 5. ed. São Paulo: Cortez Editora, 2011.

GONZALEZ, Lélia. Racismo e sexismo na cultura brasileira. *Revista Ciências Sociais Hoje*, São Paulo: Anpocs, p. 223-244, 1984.

Hooks, bell. *Ensinando a transgredir*: a educação como prática de liberdade. Tradução: Marcelo Brandão Cipolla. São Paulo: Martins Fontes, 2013.

NASCIMENTO, Álvaro Pereira. Trabalhadores negros e "paradigma da ausência": contribuições à história social do trabalho no Brasil. *Revista Estudos Históricos*, Rio de Janeiro, v. 29, n. 59, p. 607-626, nov. 2016. ISSN 2178-1494. Disponível em:

http://bibliotecadigital.fgv.br/ojs/index.php/reh/article/view/63768/62624. Acesso em: 11 jul. 2020.

NEPOMUCENO, Bebel. Protagonismo ignorado. *In*: PEDRO, Joana M.; PINSKY, Carla B. *Nova história das mulheres no Brasil*. 1. ed. São Paulo: Contexto, 2013.

PACHECO, Ana Cláudia Lemos. *Mulher negra*: afetividade e solidão. Salvador: EDUFBA, 2013.

REIS, Isabel Cristina Ferreira dos. *A família negra no tempo da escravidão*: Bahia, 1850-1888. 2007. Tese (Doutorado em História) — Instituto de Filosofia e Ciências Humanas, Universidade Estadual de Campinas, Campinas, 2007.

RIBEIRO, Djamila. *O que é lugar de fala?* Belo Horizonte: Letramento, 2017. (Coleção Feminismos plurais).

RÜSEN, Jörn. *Aprendizagem histórica. Fundamentos e paradigmas* (com a contribuição de Ingetraud Rüsen). Curitiba: W&A Editores, 2012.

SANTANA, Marise de. *Legado ancestral africano na diáspora e o trabalho do docente*: desafricanizando para cristianizar. 2004. Tese (Doutorado) — Pontifícia Universidade Católica de São Paulo, São Paulo, 2004.

SANTOMÉ, Jurjo Torres. As culturas negadas e silenciadas no currículo. *In*: SILVA, T. T. (org.). *Alienígenas na sala de aula*: uma introdução aos estudos culturais em educação. Petrópolis: Vozes, 1995.

SANTOMÉ, Jurjo Torres. As culturas negadas e silenciadas no currículo. *In*: SILVA, Tomaz Tadeu da Silva (org.). *Alienígenas na sala de aula*. Petrópolis: Vozes, 2002.

SANTOS, Boaventura de Sousa. *Pela mão de Alice:* o social e o político na pós-modernidade. São Paulo: Cortez Editora, 1996.

SANTOS, Cristiane Batista da Silva. *Entre o fim do império da farinha e início da república do cacau*: negros em festas, sociabilidades e racialização no Sul da Bahia (1870-1919). 2015. Tese (Doutorado) — Faculdade de Filosofia e Ciências Humanas, Universidade Federal da Bahia, 2015.

SANTOS, Cristiane Batista da Silva. Cadê as Marias? Pesquisas, licenciaturas e educação básica: histórias de africanas para um currículo decolonial. *In*: SEMINÁRIO NACIONAL, 7.; E SEMINÁRIO INTERNACIONAL POLÍTICAS PÚBLICAS,

GESTÃO E PRÁXIS EDUCACIONAL, 3., 2019, Vitória da Conquista. *Anais* [...]. Vitória da Conquista, 2019. v. 7, n. 7. Disponível em: http://anais.uesb.br/index.php/semgepraxis/article/viewFile/8321/7989. Acesso em: 15 maio 2020.

SCHWARCZ, Lilia Moritz. *Nem preto nem branco, muito pelo contrário*: cor e raça na sociabilidade brasileira. 1. ed. São Paulo: Claro Enigma, 2012.

SOARES, Cecilia C. Moreira. *Mulher negra na Bahia do século XIX*. Salvador: EDUNEB, 2007.

SPIVAK, Gayatri Chakravorty. *Pode o subalterno falar?* Belo Horizonte: Editora UFMG, 2010.

WALSH, Catherine. Interculturalidade crítica e pedagogia decolonial: in-surgir, reexistir e reviver. *In*: CANDAU, Vera Maria (org.). *Educação intercultural na América Latina*: entre concepções, tensões e propostas. Rio de Janeiro: 7 Letras, 2009. p. 12-42.

WALSH, Catherine. *Pedagogías decoloniales*: prácticas insurgentes de resistir, (re)existir y (re)vivir. Tomo I. Quito: Abya-Yala, 2013.

WALSH, Catherine. *Pedagogías decoloniales*: práticas insurgentes de resistir, (re)existir y (re)vivir. Quito: Abya-Yala, 2017. (Serie Pensamiento Decolonial).

4
Padronização dos corpos infantis a partir das propagandas televisivas

Karina de Oliveira Santos Cordeiro
Larissa Sande de Oliveira

Para início de conversa...

Na infância, a criança estabelece suas primeiras relações com o meio social onde está inserida, ressignificando os saberes que lhes são apresentados e compartilhando-os por meio da sua cultura de pares, transformando, assim, o meio à sua volta (CORSARO, 2011). Nesse viés de interação/compartilhamento de saberes, no qual é possível que meninos e meninas entrem em contato com representações socioculturais presentes na sociedade e via um processo de reconhecimento, passam a construir a concepção de suas identidades naquele meio. Dessa forma, tais sujeitos se inserem numa rede de relações que veiculam e produzem discursos e saberes, refletindo os interesses da sociedade, principalmente os mercadológicos, que cada vez mais destinam produtos e serviços através de propagandas ao público infantil.

Através desses discursos apresentados pela programação direcionada ao público infantil ocorre a veiculação das representações de criança, da infância e da própria educação, legitimando assim comportamentos através da padronização dos corpos, culturas, bem como representações das identidades infantis de gênero, sob uma perspectiva de resumo do que é ser menino e ser menina.

Finco e Oliveira (2011) afirmam que é no convívio social por meio das relações presentes na creche e na pré-escola que as crianças constroem suas identidades, modulando-as na perspectiva de serem meninos e meninas. Concordamos com as autoras, porque é justamente na pré-escola o nosso âmbito de pesquisa e que acreditamos ser o primeiro lugar em que, por meio de um processo de socialização entre culturas de pares (CORSARO, 2011), as crianças trocam e internalizam suas primeiras experiências sociais para além do âmbito familiar.

Considerando todo exposto, este texto tem por objetivo socializar como através das interações infantis (diálogos, comportamentos, ideias) no cotidiano escolar, as concepções da identidade de gênero, que aparecem nas propagandas televisivas, são percebidas pelas crianças da Educação Infantil, e como implica na constituição do comportamento na condição de serem meninos ou meninas em uma turma de pré-escola de uma escola municipal localizada na cidade de Amargosa (BA).

Para tanto, este texto foi organizado em três eixos, sendo eles complementares de problematização, amparados por discussões e dados obtidos pela referida pesquisa. No primeiro, contextualizam-se a temática e a problemática abordada através dos principais referenciais teóricos utilizados para alicerçar a pesquisa e seus desdobramentos. No segundo, apresentamos os caminhos metodológicos escolhidos e percorridos. No último eixo, socializamos os resultados obtidos por meio das análises, reflexões e discussões dos dados da pesquisa.

Construções sobre o "outro", o outro "ser", o outro "corpo": identidade de gênero na Educação Infantil

A construção de uma cultura infantil expressiva é fruto de um processo histórico e social, dados os paradigmas sociais vigentes de cada sociedade. Por considerar a sociedade uma instituição social formada pelas relações dos sujeitos que a compõem, sabemos que estas influenciam na (con)formação do indivíduo, como sujeito ativo, reflexivo e crítico. Assim, a criança como sujeito em formação está envolta por essas relações sociais, principalmente no que diz respeito à sua interação com o mundo adulto.

A criança atribui uma significação para as concepções que lhe vão sendo apresentadas, no intuito de haver uma melhor interação do seu mundo para com o mundo adulto, ainda que de maneira inconsciente. É justamente nesse processo de interação que a criança se desenvolve e modifica o meio que a cerca, visto que como participante da relação criança/adulto, ela também produz saberes que contribuem para o desenvolvimento da sociedade, o que, segundo Corsaro (2011), configura-se uma noção de reprodução interpretativa mediada pela cultura de pares.

De tal forma, as crianças desde muito cedo compreendem e vivenciam as experiências de gênero, pois aprendem a diferenciar as atribuições ao sexo masculino e ao sexo feminino, a exemplo de situações bem básicas, tais como as cores, brinquedos e até mesmo os papéis sociais atribuídos a cada um (FINCO; OLIVEIRA, 2011). Posto isso, vem ao encontro de Guizzo (2005), quando afirma que as crianças vão constituindo as suas identidades por meio das situações vivenciadas e dos investimentos e serviços que a elas são destinados, desde os tipos de jogos e brinquedos até as brincadeiras.

Outro aspecto levantado por Guizzo (2005) é que a vivência de situações acaba por reiterar a questão dos papéis sociais destinados aos homens e às mulheres, pois as crianças vão aprendendo quais lugares podem e/ou devem ocupar, assim como objetos que devem ou não fazer uso, o que para a criança torna-se uma representação incontestável de realidade, incidindo assim na formação e na produção da identidade desses meninos e meninas.

Situações como estas são amplamente percebidas na Educação Infantil, por meio do que Corsaro chama de diferenciação de gênero: "[...] o primeiro sinal de diferenciação social nas relações de pares das crianças pequenas é o aumento da separação por gênero, com crianças de 3 anos mostrando preferência por brincar com crianças do mesmo sexo" (CORSARO, 2011, p. 193). Para Corsaro (2011, p. 194), a diferenciação de gênero na cultura de pares segue uma lógica autoimposta na qual o gênero assume o caráter de um elemento contraste, em que "[...] meninos/ meninas não brincam com meninas/meninos [...]. Os meninos valorizam a competição e a resistência, enquanto as meninas se preocupam com a afiliação e o estabelecimento de boas amizades". Como dito anteriormente, as instituições em que as crianças frequentam, sejam elas formais, informais ou não formais, impõem regras de comportamento diferentes para cada um/a a partir de sua identificação de gênero. Na verdade, essa construção de preferências de ações é reforçada a partir dos estímulos recebidos, isso significa dizer que, por vezes, selecionam-se atividades que corroboram a ideia de que há uma divisão clara nos comportamentos e na forma de agir. Assim, os comportamentos femininos e masculinos que acabam sendo valorizados são exatamente aqueles amplamente divulgados pela nossa sociedade: às meninas cabem a representação de princesas doces e delicadas, e aos meninos, a de herói forte e viril.

Pensar sobre o conceito de gênero é um ato político. Ao buscar compreender as entranhas do próprio conceito e a influência deste na sociedade, assume-se uma postura ideológica sobre ele, dado o fato de o gênero transgredir a esfera dos aspectos culturais e adentrar nos aspectos políticos, sociais, históricos e também econômicos. Aqui, acreditamos que é importante e se faz necessário discutir sobre gênero, pois dessa maneira tem-se a oportunidade de compreender como as relações estabelecidas em sociedade entre homens e mulheres estão intrinsecamente ligadas por representações, padronizações e idealizações sobre e acerca do outro, o que, a saber, é fruto de um processo sócio-histórico.

Pensar a identidade de gênero na Educação Infantil nos leva justamente a buscar compreender como essas relações de gênero, que também se configuram uma relação de poder entre as crianças, constituem-se neste espaço, principalmente porque este é dinâmico e carregado de valores, e nele as relações sociais imbricam-se nos discursos que circulam pela unidade escolar, de tal modo que reproduzem as estruturas de poder presentes na sociedade.

Os infantis vão, por meio da convivência e das experiências que vão vivenciando consigo e com os outros, aprendendo e reproduzindo no espaço escolar as práticas culturais que induzem e demarcam sua concepção de gênero. Segundo Freire (2012, p. 6): "[...] as crianças incorporam comportamentos, atitudes que produzem e reproduzem em suas relações, modos de ser menina e ser menino que trazem consequências para a sua convivência com o grupo".

As crianças são ensinadas a reproduzir valores e comportamentos, principalmente aqueles considerados adequados, e no espaço escolar esses ensinamentos não ficam de fora do currículo, à medida que se ensina a meninos e meninas quais brinquedos e lugares lhes pertencem. No fim das contas, há sempre um direcionamento que parte de cima para baixo e depois segue horizontalmente reproduzido.

Pode-se dizer que, ainda que a escola e suas práticas sejam um espaço de produção e reprodução de distinções de gênero, ela não é a única, até porque os artefatos culturais e instituições sociais, como a família, também estão presentes na vida das crianças e ensinam a elas modos de ser e não ser, produzindo assim identidades ainda que generificadas, como aponta Carvalhar, ao afirmar que através do currículo "[...] acontece um incentivo para que os meninos sejam fortes, heroicos e viris, enquanto as meninas devem ser delicadas, embelezadas e maternais" (CARVALHAR, 2009, p. 68).

É possível perceber como a produção das identidades de gênero é fomentada não por um agente, mas pela família, escola, comunidade, instituições religiosas, que de modo muito singular vão produzindo significados e à sua maneira instituindo discursos e práticas que direcionam as crianças a caminharem conforme seus interesses. No fundo, há uma intensa produção de idealizações e representações sobre o "outro", o outro "ser", o outro "corpo", e tais funcionam cada vez mais como estratégias e mecanismos de regulação e silenciamento nos diferentes espaços onde se dão as relações sociais.

Caminhos metodológicos percorridos

> Como entender o que as crianças falam, com seu mundo de fantasias, com suas construções próprias e entendê-las a partir da nossa visão, de quem não é mais criança? (DERMARTINI, 2009, p. 14).

Para tal compreensão, e respondendo à questão trazida por Dermartini (2009), acreditamos que é preciso abandonar a visão adulto-cêntrica e imergir por meio do olhar e da escuta sensível no universo infantil. Tomarmos os relatos das crianças como base desta pesquisa, considerando que este passo para Dermartini (2009) é fundamental, pois é através dele que o trabalho com crianças e seus relatos deve estar pautado.

Nesta perspectiva, concordamos com Tassara (1998, p. 54), ao afirmar que as crianças percebem de modo muito rápido o meio social que as circunda, de maneira que, a fim de demonstrar essa percepção, elas organizam "[...] a expressão de seus conhecimentos e de suas ideias sobre este mundo, revista e reordenada por meio de um conjunto de falas".

Pensar na fala infantil como algo tão rico pela historicidade que carrega em suas entrelinhas nos faz querer perceber, analisar e refletir sobre todas as informações que ali são apresentadas. Desse modo, optamos pela observação como instrumento de aproximação da realidade e pela realização de rodas de conversas com oficinas temáticas, considerando que esta pesquisa amparou-se no paradigma emergente, seguindo uma abordagem qualitativa, sendo uma pesquisa participante.

Realizamos a roda de conversa temática com um grupo de 10 crianças de uma turma de pré-escola de uma escola municipal localizada na cidade de Amargosa (BA). Este grupo foi composto de cinco meninas e cinco meninos, pois assim pudemos compreender e trabalhar melhor as questões de gênero e comportamento. O critério utilizado para seleção das crianças foi a partir do consentimento dos pais, de tal modo que, das 24 crianças da turma, apenas 10 crianças foram autorizadas.

A roda de conversa foi elaborada para ser realizada em dias consecutivos, 31/10/17, 1º/11/17 e 2/11/17, cujo objetivo foi o de permitir que as crianças se sentissem à vontade através das atividades de diálogos realizadas, para que assim pudessem contribuir com as informações que almejávamos, ao passo que cumprissem com seu caráter. Assim, sendo o principal instrumento da nossa pesquisa, a roda nos proporcionou momentos-chave para o direcionamento das atividades com as crianças, pois foi através desta que pudemos nos apresentar às crianças, conversar com elas e promover momentos que estimulassem a comunicação coletiva. Segundo Bombassaro (2010, p. 34), a roda de conversa "[...] envolve partilha de narrativas, experiências e culturas pela diversidade dos que dela participam e dos diálogos produzidos neste encontro, tanto verbais quanto não verbais".

Cada roda possuía uma temática própria que norteava as discussões e a apresentação das propagandas, sendo elas: (1) Conhecendo as falas e os personagens; (2) É de menino, é de menina?; (3) Espelho, espelho meu! Salientamos que neste texto apenas haverá a socialização de duas das três oficinas realizadas, sendo elas a 1 e a 2. As atividades propostas por meio delas contaram com a utilização de duas propagandas televisivas destinadas ao público infantil por oficina, sendo uma destinada aos meninos e a outra às meninas.

Foram escolhidas seis propagandas destinadas ao público infantil na faixa etária dos 5 anos de idade, e estas foram retiradas da programação televisiva na semana do dia das crianças, em outubro. Os critérios utilizados para tal escolha perpassaram pelas seguintes questões: as crianças serem protagonistas das propagandas; haver a comercialização de algum objeto destinado ao público infantil; três das seis propagandas serem destinadas aos meninos e as outras três às meninas; as propagandas tinham que ser recentes, de modo que as crianças tivessem conhecimento delas.

Escolhemos tais critérios porque acreditamos que todos estes, quando em conjunto, estão intrinsecamente ligados a comporem um ou mais discursos, bem como representações socioculturais destinadas direta ou indiretamente às crianças. Cabe destacar Guizzo (2005), quando afirma que as propagandas destinadas às crianças tendem, por meio dos conteúdos dispostos por vezes em suas entrelinhas, normatizar o comportamento e as escolhas das crianças por meio da separação do ser menina e do ser menino.

Para cada propaganda apresentada foi desenvolvida uma atividade de escuta, em que as crianças diziam o que pensavam sobre as propagandas, sobre os produtos ofertados, sobre os personagens e o que mais acreditassem ser interessante.

"As meninas têm que brincar de Barbie!": analisando e refletindo sobre as falas infantis

A proposta de que as próprias crianças escolhessem seus nomes fictícios foi intencional, considerando o fato de que gostaríamos de perceber, desde o início da pesquisa, com quais personagens, a partir de seus estereótipos e comportamentos, as crianças se identificavam. Atingimos o objetivo da proposta quando, através das observações realizadas, pudemos verificar que cada criança foi escolhendo um personagem que condizia com seu comportamento em sala, e até mesmo seus ideais de beleza e expectativas de como deveriam agir.

As meninas buscavam sempre os personagens que expressassem beleza e doçura, e que não apresentassem comportamentos agressivos, e mais ainda: que se envolvessem em alguma situação de aventura, esta não deveria ser direcionada a nada violento, o que por sinal era justamente a atração dos meninos. Os meninos não hesitaram ao escolher os personagens que refletissem exatamente o desejo por aventuras mais arriscadas e perigosas.

Na primeira roda intitulada "Conhecendo as falas e os personagens", em que buscamos *a priori* compreender como as propagandas televisivas estavam presentes na vida e no cotidiano das crianças, e como as relações interpessoais, ou seja, a forma com que falam, dialogam e interagem entre si interfere no processo de construção de identidade de gênero delas, apresentamos às crianças duas propagandas, sendo uma que direcionava seus produtos e serviços às meninas e outra aos meninos. A propaganda direcionada aos meninos tinha como personagem principal o Homem-Aranha, e a direcionada às meninas, a personagem Lady Bug.

O interessante desse primeiro momento com as crianças é que pudemos perceber como há uma noção do que é destinado ao feminino e ao masculino pela reação delas ao reconhecerem os personagens. As meninas ao verem o Homem-Aranha não esboçaram nenhuma reação de contentamento, ao contrário dos meninos, que logo se levantaram da rodinha, queriam falar sobre o Homem-Aranha, exibiam movimentos na tentativa de demonstrar como o personagem se comportava, como é possível perceber em falas com — *Olha, é o meu preferido! Não, não! É o meu! Estou usando a sandália dele, olha só!* (Notas da roda no dia 31 de outubro de 2017).

Flash, por pura coincidência, realmente estava usando a sandália do Homem-Aranha, o que nos possibilitou dialogar sobre as aventuras do personagem. Foi possível perceber que o personagem do Homem-Aranha é totalmente pertencente ao que considera ser "do mundo dos meninos"; o personagem é a definição total de aventura e diversão, logo, tudo que os meninos mais gostam e valorizam em uma brincadeira. Perguntamos às crianças se Homem-Aranha tinha poderes e por que queriam tanto ser aquele personagem. Thor levantou-se e não hesitou em me dizer que *é porque ele é forte, que nem os meninos*, e quando ia completar a frase, foi interrompido por Homem de Ferro, que gritou: *forte que nem a gente! Eu, tu, Flash, Hulk e Thor.*

É possível perceber pelas falas dos meninos a urgência em se comparar ao personagem, a fim de valorizar e demarcar as características do universo masculino trazidas por ele. Observemos que o Homem de Ferro foi muito perspicaz ao delimitar o grupo que poderia fazer parte daquele universo, daquela possível brincadeira. É como se houvesse uma fronteira que não pudesse ser ultrapassada, e isto foi também perceptível em outros episódios.

Episódio 1

Thor: *Não! As meninas têm que brincar de Barbie!* Neste momento foi a primeira vez que ouvi as meninas se pronunciarem. Lady Bug falou: *é, mas eu brinco de Poly!* E Rapunzel complementou: *eu dou banho nas bonecas* (Notas das observações da roda no dia 31 de outubro de 2017).

Em situações como estas, podemos visualizar como as crianças de modo muito automático determinam de acordo com o gênero o que cabe a cada uma delas, fazendo uso dos ensinamentos que a elas foram direcionados, bem como das situações que veem nas propagandas. Episódios como estes apenas ratificam as considerações de Guizzo (2005), quando afirma que nas entrelinhas dos discursos que circulam os sujeitos, supondo o que é ser menino e o que é ser menina, são incentivados a encaixar-se em um desses mundos, e é então que os discursos e as representações veiculadas nas propagandas ganham força.

Observemos que a fala de Thor: *As meninas têm que brincar de Barbie!*, além de delimitar o espaço e os produtos a serem usufruídos pelas meninas, há ainda um referencial de feminilidade propagado. Este aspecto é comentado por Guizzo (2005), quando faz uma análise sobre o Estilo Barbie e chega à conclusão de que a boneca infere um ideal de "sensibilidade, delicadeza e tranquilidade" que devem, por sinal, ser o tipo de conduta a ser adotada por meninas e mulheres.

O que queremos dizer com tal apontamento é que o ideal de feminilidade ligada à mulher, trazido pela boneca Barbie, transgride o tempo. Notemos que ela é uma produção da década de 1960, e mesmo tendo passado por uma repaginação que a coloca para ocupar outros espaços e profissões, ela ainda é usada como referencial de imagem e de condutas que as mulheres deveriam adotar, além dos espaços que deveriam ocupar, longe de quaisquer traços de ação, como fica evidente na fala de Thor.

Enquanto as discussões sobre os desenhos continuavam, o diálogo de Lady Bug e Rapunzel sobre os desenhos a que assistiam ganhou notoriedade e fez com que até os meninos parassem para prestar atenção. Foi quando Lady Bug novamente falou que gostava de assistir aos desenhos da Poly, e Flash, que estava ao seu lado, disparou: *Eu já assisti o desenho da Poly. É chato, chato! Só tem coisa de casa!*

As percepções dos meninos sobre produções destinadas às meninas podem muito bem ser resumidas pela fala de Flash: *Só tem coisa de casa!* Há por detrás da fala dele um intrínseco conjunto de significados sociais que foram sendo construídos e atribuídos às mulheres, fazendo com que a imagem delas apenas estivesse ligada ao doméstico. Além de haver uma produção de identidade generificada, há também uma concepção deturpada da realidade do "feminino", o que só tende a imbricar produção de diferenças e desigualdades de gênero.

As crianças aprendem de forma muito rápida a fazer as diferenciações de gênero (CORSARO, 2011) através do que vão aprendendo nos âmbitos e nas relações sociais a que têm acesso, e na mesma velocidade com que aprendem, elas reproduzem. Em conversa com as crianças sobre os personagens, a diferenciação de gênero através das brincadeiras continuou a ser percebida, quando Homem de Ferro afirmou que as meninas também não poderiam jogar futebol, que só *os meninos com meninos*, e todas as crianças concordaram com ele. Mas o que exatamente isso nos diz?

Situações como essas são muito importantes, pois nos permitem perceber os significados sobre as relações e identidades de gênero que estão sendo construídos nas vivências das relações de pares. Corsaro (2011) afirma que esses significados são refletidos nas relações e amizades que são construídas baseadas nos valores, nos discursos e nas práticas do meio social, ou seja, da comunidade em que as crianças estão inseridas, principalmente no que diz respeito à diferenciação de gênero. O autor ainda pontua que o sinal dessa diferenciação na cultura infantil é a "[...] preferência por brincar com crianças do mesmo sexo" (CORSARO, 2011, p. 193), em especial, ainda segundo o autor, nos grupos de crianças entre 5 anos, a diferenciação de gênero em brincadeiras e episódios em coletivo é maior.

Ao exibirmos a personagem considerada destinada às meninas, a situação tornou-se muito semelhante à de quando mostramos o Homem-Aranha ao grupo, entretanto, desta vez foram os meninos que ficaram calados, enquanto as meninas ficaram eufóricas ao verem a Lady Bug. As meninas falaram sobre o cabelo da personagem, sobre o que ela fazia, do que mais gostavam nela. Os meninos demonstravam total rejeição à personagem, viravam as costas, cutucavam uns aos outros e ainda, quando perguntados se já haviam assistido ao desenho, respondiam que não ou às vezes. Homem-Aranha chegou até a falar: *ela luta também, mas sempre tem que chamar o Cat Noir*[1], então Flash complementou: *ela é fraca!* (Notas das observações da roda no dia 31 de outubro de 2017).

A forma com que as imagens dos personagens e as situações por eles vivenciadas são apresentadas às crianças influenciam no modo que elas constroem e enxergam as masculinidades e as feminilidades ao seu redor. Marcas são criadas, estereotipando e enfatizando ideais de virilidade para uns (meninos) e fragilidades para outros (meninas). Observemos que a personagem trazida à discussão, a Lady Bug, é uma heroína, mas em nenhum momento as meninas na roda de conversa falaram sobre isso, elas apenas ressaltavam a beleza e as roupas da personagem. Os meninos, por sua vez, já trazem a personagem como *fraca* por ela ser sempre salva por seu parceiro de luta, como fica explícito na fala de Homem de Ferro: *ela é a menina, tem que ser salva por Lari!* (Notas das observações da roda no dia 31 de outubro de 2017).

É preciso refletir sobre como as representações de homens e mulheres têm sido visualizadas pelas nossas crianças. É preciso refletir sobre quais os tipos de comportamentos têm se incentivado com

---

1. Cat Noir é um menino parceiro da Lady Bug na luta contra o mal. A fantasia dele é de um gato, por isso seu nome de origem inglesa "cat".

ENSINO, PRÁTICAS PEDAGÓGICAS E DIVERSIDADE

essa produção generificada de identidades, em que para as mulheres destinam-se concepções de fragilidade e questões de cultivo à beleza, bem como as ligadas ao doméstico, enquanto aos homens destinam-se a força e a virilidade.

Segundo Guizzo (2005), os artefatos culturais voltados para as crianças têm constantemente veiculado representações em que os homens são direcionados a ocupar lugares de poder, e as mulheres ficam à mercê das vontades dos personagens masculinos. A autora ainda complementa que: "As mulheres são apresentadas, de modo geral, como esperando que um homem as retire de uma situação desagradável na qual elas se encontram" (GUIZZO, 2005, p. 86). A fala de Guizzo (2005) reflete exatamente a situação percebida pelos meninos no desenho da Lady Bug, e é provável que essa percepção dos meninos sobre a personagem se dê pela forma como é apresentada ao público.

Após os diálogos realizados sobre as imagens dos personagens, as crianças assistiram às suas respectivas propagandas televisas, sendo elas a da Sandália do Homem-Aranha, que vem com *design* na cor azul e vermelha, com detalhe em led no solado, e a da Sandália da Lady Bug, que vem acompanhada de uma bolsa pochete na cor vermelha e bolinhas pretas. Observemos que desta vez as cores dos produtos não estão tão destoantes.

Quando explicamos às crianças que elas iriam assistir a uma propaganda, elas gostaram muito da ideia e logo começaram a pedir silêncio umas as outras para que pudessem ouvir. A primeira propaganda assistida pelas crianças foi a do Homem-Aranha, e logo em seguida a da Lady Bug. De imediato, pudemos observar como as propagandas televisivas fazem uso dos personagens que pelas crianças são admirados, na tentativa de obterem maior comercialização de seus produtos, bem como fazem uso das concepções sociais e culturais de identidade daquela sociedade para poder adequar seus produtos às expectativas esperadas.

Homem-Aranha, ao ver propaganda do Homem-Aranha, logo se pronunciou: *a sandália é massa, olha Flash, super-radical* (Notas das observações da roda no dia 31 de outubro de 2017). Na fala do Homem--Aranha, podemos perceber como a propaganda destinada ao menino trabalha em uma perspectiva de levá-lo ao mundo das aventuras, ao contrário da propaganda destinada às meninas, como podemos perceber na fala de Rapunzel, quando viu a bolsa que acompanhava a sandália da Lady Bug: *olhaaa, a bolsa é linda e eu gostei da cor* (Notas das observações da roda no dia 31 de outubro de 2017).

As propagandas exibidas às crianças mostram mundos completamente diferentes para os meninos e para as meninas, e isto é perceptível até pelo *slogan* direcionado a cada um, sendo *Radical é se divertir* para os meninos, e para as meninas *Tá pronta minha bonequinha!* Esses *slogans* chegam para as crianças de uma forma tão discreta, mas produzem efeitos negativos gigantescos na produção das suas identidades, à medida que instituem uma barreira que impede as crianças de viverem experiências em pares sem pré-conceitos, e ao mesmo tempo esses discursos, como afirma Carvalhar, —"[...] podem produzir efeitos nas identidades das meninas, também vão incidir nas identidades masculinas ao mostrar que os meninos devem se afastar ao máximo dessa forma de ser e estar no mundo considerado feminino" (CARVALHAR, 2009, p. 94).

Episódio 2

Thor: *Só se for do rosa! Do Homem-Aranha rosa porque é pra menina! Porque as meninas têm que usar rosa e os meninos azul. Cada um tem que preferir sua cor!* (Notas das observações da roda no dia 31 de outubro de 2017).

Em situações como estas, em que é nítida a demarcação do que é de menina e o que é de menino, podemos verificar como os discursos instituídos e veiculados pelos artefatos culturais e instituições sociais têm grande impacto na produção e na constituição das identidades de gênero, principalmente porque há sempre uma reprodução dos saberes que são apreendidos, tanto que segundo Carvalhar (2009, p. 94): "O que as crianças aprendem em outros artefatos culturais como revistas, campanhas publicitárias, programas televisivos, músicas, brinquedos etc., é levado para o currículo escolar e ali ganha acolhimento". Todas as crianças do grupo concordaram com a assertiva de Thor. Não o questionaram, não discordaram.

A tendência em separar o que é de menino e o que é de menina também pode ser percebida quando pedimos às crianças que produzissem um desenho sobre do que mais gostaram das propagandas. Os meninos logo correram e fizeram desenhos do Homem-Aranha de todos os jeitos e maneiras possíveis de representá-lo em suas aventuras, enquanto as meninas desenhavam a Lady Bug não em suas aventuras, considerando o fato de que ela é uma personagem que participa de momentos de ação, mas sim em espaços como o quarto, a sala, brincando de boneca.

É possível perceber como as crianças articulam-se e, à medida que ensinam, também aprendem, influenciando assim na produção e na constituição das identidades de gênero umas das outras, seja assumindo novos sentidos e posições de gênero, seja apenas reproduzindo o que a elas foi apresentado.

No segundo encontro com as crianças, no dia 1º/11/2017, realizamos a nossa segunda roda, cuja temática era "É de menino, é de menina?". O objetivo desta segunda oficina foi buscar compreender quais critérios as crianças utilizam para fazer demarcações e diferenciações de gênero a partir dos produtos que são apresentados pelas propagandas, além de propor reflexões sobre as questões de gênero (lugares ocupados por meninos e meninas nas propagandas).

Como na roda anterior, começamos apresentando às crianças os personagens que fariam parte da nossa roda de conversa. As crianças nessa segunda estavam mais eufóricas que na primeira, queriam saber logo quais personagens eram. Esses momentos de conversa, impregnados de expectativa antes de conhecerem os personagens do dia, constituíram-se para a pesquisa como muito importantes, porque através deles tivemos a oportunidade de reparar nas falas a forma com que as crianças interagem umas com as outras, como os discursos sociais vão aparecendo nas relações de pares, além de poder observar como as crianças lidam umas com as concepções de mundo das outras.

O Max Steel e a Elza (princesa do filme *Frozen*) foram os detonadores desse nosso segundo encontro. Como na oficina realizada no dia anterior, primeiro mostramos às crianças as imagens desses personagens, para posteriormente exibir a propaganda na qual eles eram protagonistas. As crianças, muitas vezes, nem precisam conhecer os personagens ou assistirem a seus desenhos, basta perceberem que se não condizem com as regras sociais que lhes foram ensinadas, elas automaticamente descartam a possibilidade de interação com eles, como podemos perceber na fala de Lady Bug, que sem saber o que o personagem faz, mas pelo fato de ele representar socialmente "o universo dos meninos", já diz não gostar. Quando apresentamos às crianças o outro personagem, situação semelhante à de Lady Bug aconteceu, entretanto dessa vez os protagonistas do "não contentamento" foram os meninos.

Situações como estas nos levam a ratificar e a corroborar Freire (2012), quando afirma que as relações sociais vivenciadas no espaço escolar, apesar de serem dinâmicas, são carregadas de valores e relações de poder que revelam como as crianças reproduzem modelos de comportamento inspirados no que é de menina e no que é de menino, rejeitando o que não lhes oferece possibilidade de reconhecimento.

É interessante que, ao responder ao que foi perguntado, Thor enfatiza: *Mas só porque ela tem gelo!* O menino fez questão de justificar o porquê gosta da personagem. É como se ele tivesse a necessidade de enfatizar que era só por causa do poder mesmo, e não por quaisquer outros motivos, senão ele viraria motivo de chacota maior dos meninos, por gostar de algo pertencente "ao mundo das meninas". Tanto que quando ele percebe que os meninos estão rindo dele, ele fala: *mas é por causa da minha irmã* (Notas da roda no dia 1º/11/2017).

As falas das crianças são cheias de significados sociais. É justamente através desses significados que podemos observar, como na situação anteriormente relatada, e em outras muitas aqui descritas, como o gênero está presente e se constitui no epicentro das relações sociais infantis no cotidiano escolar.

Freire (2012) sustenta que é nas narrativas, nos diálogos e nas expressões, que as crianças evidenciam os saberes e valores sociais e culturais que são apresentados a elas em seus âmbitos de vivência, e estes embasam a forma com que elas produzem e reproduzem "[...] seus modos de se expressar, de sentir, olhar, brincar e viver" (FREIRE, 2012, p. 5). A assertiva de Freire (2012) traduz muitas das situações observadas em campo, dentre elas a descrita a seguir:

Episódio 3

Thor: *A minha irmã gosta de cantar a música dela! A que ela abre o braço assim!* (exibiu o movimento que a personagem fazia). Neste momento, Flash e Homem de Ferro olharam um para o outro e tiveram uma crise de gargalhadas.

Dirigi-me a Flash e perguntei: E tu Flash, já assistiu o filme da Frozen?

Ele acenou com a cabeça que sim.

Perguntei novamente: Você gostou?

Ele: *não.*

Eu: Por que você não gostou?

Ele: *Porque é de menina!* (Notas das observações da roda no dia 1º/11/2017).

Em diálogos como estes, podemos perceber como as crianças em sua cultura de pares vão demarcando, separando e produzindo diferenças entre o universo feminino e o masculino. No episódio descrito, é possível perceber que a preocupação dos meninos em distanciar-se daquilo que é considerado feminino é superior à preocupação das meninas. Nos diálogos e nas observações realizadas durante as oficinas, percebemos que os meninos se cobram mais, eles não se permitem transgredir as barreiras de gênero, principalmente quando se trata dos modos de conduta aceitáveis para eles.

Quando se trata de algo relacionado às meninas, um desenho, um produto, enfim, quaisquer produtos e/ou serviços, além de procurarem se distanciar, os meninos tendem a reforçar seus ideais de masculinidade hegemônica (GUIZZO, 2005), destoando muitas vezes das meninas, de seus comportamentos e escolhas, como podemos notar nas falas dos meninos: *Porque é de menina! Eu gosto é de coisa de ação! Que solta fogo; Princesa não! Tem que ser um mais legal! Eu também não gosto da Frozen, só gosto do Ben 10. Porque ele se transforma e a Elza não! É ruim!*

Ainda nesta mesma linha de considerações, Guizzo (2005) destaca que esses tipos de falas que os meninos proferem na tentativa de se distanciar do mundo feminino estão embasadas nos ideais de masculinidade hegemônica que se propagam através dos discursos, fazendo com que os meninos exaltem "[...] o tempo todo características como coragem, agilidade, virilidade e força, precisam demonstrar explicitamente certa aversão a tudo que se aproxima da feminilidade" (GUIZZO, 2005, p. 75).

Precisamos, a partir de situações como estas, em que os meninos tomam para si referenciais de personagens como modelos absolutos de "heróis", refletir sobre o modelo de identidade que está se apresentando aos meninos. Quais são esses tipos de heróis? Só bastam a eles terem a força? Essas representações de virilidade e força, assumidas e veiculadas pelos personagens direcionados aos meninos como ideais de masculinidade, funcionam como instrumentos de produção e reprodução de identidades generificadas, pois atraem os meninos com seus discursos e atributos considerados heroicos, e ensinam a eles que ser menino é ser forte, é ser corajoso. Mas e quanto às meninas? Não cabe a elas serem fortes e corajosas também?

Lady Bug proferiu: *Eu não gosto não, porque é de menino!* (Notas das observações da roda no dia 1°/11/2017). As crianças tendem desde muito cedo a fazer as diferenciações de gênero (CORSARO, 2011) de acordo com o que lhes é ensinado, mas também de acordo com aquilo que elas vão percebendo por si mesmas ao longo de seus processos educativos, ou seja, as suas próprias experiências de mundo. Assim, elas vão buscando classificar o mundo, objetos e pessoas a partir dos referenciais masculinos e femininos a que foram apresentadas. Maior exemplo disso é quando fomos impedidos de escolher os dois personagens das propagandas, sob a alegação: *você vai ter que escolher só um!* (Notas das observações da roda no dia 1°/11/2017).

Observemos como nas propagandas apresentadas às crianças "os mundos" e o público-alvo (menino e menina) não se misturam. Não há uma dialogicidade entre personagens, cenários, cores, *slogans* e até mesmo nos produtos ofertados, como é possível perceber nas propagandas apresentadas às crianças. Tudo isto obviamente transmite uma mensagem às crianças e incide na forma com que elas percebem as relações sociais entre os meninos e as meninas, a ponto de haver uma cisão: *É só um! O da menina!*

As propagandas apresentam às crianças formas de viver e ver a masculinidade e a feminilidade através das cores, dos comportamentos dos personagens, dos protagonistas das propagandas e até mesmo nos produtos oferecidos: "Vestir esse corpo masculino e feminino faz com que haja uma identificação e um sentimento de pertencimento diferenciado de acordo com o gênero" (CARVALHAR, 2009, p. 71).

Eu nem uso rosa, só uso azul!, disse Homem de Ferro (Notas da roda no dia 1°/11/2017). É notável como a fala das crianças é impregnada de significados, principalmente os de gênero, que demarcam habilidades e inevitavelmente modos de ser. Constatamos que as crianças, de modo geral, vão reproduzindo discursos e comportamentos amparados pela expectativa social e cultural, como destaca Freire (2012).

A todo instante, o modelo binário (masculino-feminino) é apresentado às crianças, de modo que sutilmente as conduz a escolherem os produtos, os serviços ofertados, os personagens e, na linha mais clichê, as cores. Aquele velho paradigma: rosa para meninas e azul para meninos. Segundo Ferreguett (2008, p. 35), no campo publicitário, "[...] percebemos uma clara divisão entre o mundo feminino e o mundo masculino. No quadro feminino predomina a cor rosa e no masculino a cor azul".

A autora destaca que a representação criada tem o intuito de corresponder à expectativa social dos papéis que são atribuídos às crianças conforme seu sexo, de tal modo que as representações criadas visam "[...] espelhar uma identidade com a qual a criança se identifica" (FERREGUETT, 2008, p. 35). A assertiva de Ferreguett (2008) condiz exatamente com as situações que viemos analisando ao longo deste texto, tanto para a forma com que as propagandas são apresentadas às crianças, como na maneira com que as crianças reagem a estas. No fim, há sempre um processo de produção e reprodução de símbolos, significados e representações que atendam às expectativas sociais "normativas heterossexuais".

No momento da produção dos desenhos, foi possível mais uma vez verificar, a partir de pequenas situações, que por vezes passam despercebidas, como há uma intensa produção de identidades generificadas que, amparadas por simbolismos e discursos sociais, "[...] auxiliam meninos e meninas a compreenderem as experiências vivenciadas e, a partir daí, são levadas a entender o que devem ou não ser e fazer (MEYER *et al.*, 2003, *apud* GUIZZO, 2005, p. 22).

Episódio 4

Quando todos terminaram de receber os lápis, Homem-Aranha veio até mim, ele queria trocar os lápis que havia recebido. Perguntei o porquê e ele respondeu: *ganhei um rosa, mas é de menina. Quero um laranja e um verde, porque é de menino.* Flash, ao ouvir a fala de Homem-Aranha, se pronunciou: *vermelho é de menino também! É minha cor preferida.* Lady Bug, por sua vez, disse: *minha mãe disse que menina pode usar vermelho, azul, amarelo!* Homem de Ferro, ao ouvir a fala da colega, respondeu: *sai de mim, ouxe!* (Notas das observações da roda no dia 1º/11/2017).

Mesmo com toda argumentação sobre a importância de se utilizar todas as cores, algumas crianças só produziram seus desenhos após terem seus lápis de cor trocados. Sobre essas situações, Guizzo (2005) diz que as crianças desde muito cedo passam por um processo de subjetivação vindo dos discursos e significados que circulam pela sociedade, sendo um dos primeiros a rodear os infantes, que é "[...]

muito comum associar a cor rosa às meninas e a azul aos meninos" (GUIZZO, 2005, p. 21). A autora menciona que essa prática foi adotada nas primeiras décadas do século XX, em países ocidentais, cujo objetivo era justamente o de ligar o azul ao ideal de masculinidade e o rosa à feminilidade.

É curioso observar como as crianças, na situação descrita, de modo muito perspicaz, estendem a classificação de cores para meninos e meninas, além do rosa e do azul. Em episódios como estes, é visível como as crianças no cotidiano do espaço escolar vão dando pistas de como elas vão incorporando, remodelando, reproduzindo e construindo os saberes sociais e culturais que são a elas apresentados pelo mundo adulto.

À guisa de conclusão

Desde o início, buscamos compreender as crianças como sujeitos que são frutos da cultura, ao passo que também produzem uma, bem como a modificam. São sujeitos histórico-sociais. Ao longo do caminho, percebemos como cada experiência vivenciada por elas nesse eixo cultural e social as auxilia, conduz e torna-se a base da construção das suas formas de serem meninos e meninas.

Conforme fomos imergindo nas análises das situações de que tomamos nota, ratificamos com base nos nossos referenciais teóricos que as crianças vão construindo suas identidades a partir dos significados e dos discursos que vão sendo atribuídos às suas experiências. É exatamente nesta fresta que propagandas destinadas a elas contribuem para essa produção de identidades generificadas, à medida que veiculam, através de suas imagens, mensagens, *slogans* e personagens, significados hegemônicos que direcionam as crianças a se encaixarem em um padrão identitário socialmente defendido.

Com a utilização das seis propagandas destinadas ao público infantil nas oficinas, legitimamos a nossa concepção de que as propagandas direcionadas às crianças reforçam as questões ligadas a gênero através do forte e explícito apelo à diferenciação de produtos e serviços para meninos e meninas, alicerçados no discurso clichê: "é coisa de menino, é coisa de menina". Este que facilmente as crianças incorporam a suas falas e vivências, reproduzindo em suas relações entre pares.

A diferenciação construída pelas propagandas televisivas com foco a este público vem trazendo desde a apresentação de seus protagonistas e os modos com que cada um se comporta, os *slogans*, as cores da própria propaganda e dos cenários, as falas, os personagens escolhidos para divulgação dos serviços e produtos, e até nas músicas, formas de mostrarem às crianças o que cabe a cada uma delas de acordo com o sexo.

De tal modo, é notável como as falas das crianças estão impregnadas por discursos, significados e representações veiculados pelas instituições sociais e artefatos culturais, justamente porque foi possível observar que as crianças não criam essas concepções sem um referencial, aos poucos elas vão sendo ensinadas, elas captam saberes a partir suas interações com o mundo adulto e com seus pares, e assim recriam novas formas de utilizar esses saberes que as elas foram apresentados e, a partir daí, também vão elaborando formas de serem meninos e meninas.

Nesse sentido, vislumbramos, a partir deste estudo, a necessidade de proporcionar formação inicial ou continuada para os profissionais que atuam com crianças em espaços escolares, a fim de promover um debate acerca das discussões sobre gênero com todos os sujeitos da Educação Infantil. Destaca-se que o caminho para garantir a equidade entre meninos e meninas deva ser percorrido desde a tenra infância. Outro aspecto que é importante apresentar: trata-se da escuta do que dizem as crianças sobre as noções de feminilidade e masculinidade, pois se tomadas como comportamentos hegemônicos, tendem a ser reproduzidas nas práticas nos espaços escolares, bem como em outras situações cotidianas.

Referências

BOMBASSARO, Maria Cláudia. *A roda na escola infantil:* aprendendo a roda, aprendendo a conversar. 2010. Dissertação (Mestrado em Educação) — Faculdade de Educação, Universidade Federal do Rio Grande do Sul, Porto Alegre, 2010.

CARVALHAR, Danielle L. *Relações de gênero no currículo da educação infantil:* a produção de identidades de princesas, heróis e sapos. 2009. Dissertação (Mestrado em Educação) — Faculdade de Educação, Universidade Federal de Minas Gerais, Belo Horizonte, 2009.

CORSARO, William A. *Sociologia da infância.* Porto Alegre: Artmed, 2011.

DERMARTINI, Zeila de Brito F. Infância, pesquisa e relatos orais. *In*: FARIA, Maria Luiza Goulart; DEMARTINI, Zeila de Brito F.; PADRO, Patricia Dias (org.). *Por uma cultura da infância:* metodologias de pesquisa com crianças. 3. ed. Campinas: Autores Associados, 2009.

FERREGUETT, Cristhiane. *A criança consumidora*: propaganda, imagem e discurso. 2008. Dissertação (Mestrado em Estudos de Linguagens) — Universidade do Estado da Bahia, Salvador, 2008.

FINCO, Daniela; OLIVEIRA, Fabiana. A sociologia da pequena infância e a diversidade de gênero e de raça nas instituições de educação infantil. *In*: FARIA, Ana Lucia Goulart de; FINCO, Daniela (org.). *Sociologia da infância no Brasil.* Campinas: Autores Associados, 2011.

FREIRE, Maria Angélica Menezes. *As relações de gênero entre as crianças na Educação Infantil.* 2012. Disponível em: http://periodicos.ufes.br/gepss/article/view/3881. Acesso em: nov. 2017.

GUIZZO, Bianca Salazar. *Identidades de gênero e propagandas televisivas:* um estudo no contexto da educação infantil. 2005. Dissertação (Mestrado em Educação) — Faculdade de Educação, Universidade Federal do Rio Grande do Sul, Porto Alegre, 2005.

TASSARA, Helena. As crianças, a televisão e a morte de um ídolo: Ayrton Senna. *In*: PACHECO, Elza Dias (org.). *Televisão, criança, mídia e educação.* 5. ed. Campinas: Papirus, 1998.

5
O brinquedo e a produção do gênero na educação infantil:
diálogos com crianças

Lilian Moreira Cruz

Introdução

O brinquedo é um artefato cultural que faz parte da vida de muitas crianças mesmo antes de elas nascerem e as acompanham por longos anos. Logo após a descoberta do sexo do bebê, inicia-se o processo de produção do seu gênero: se for menina, a mãe/pai/responsável adquirem os marcadores[1] sociais de gênero para apontar no corpo da criança, no seu comportamento e na sua atitude que se trata de uma menina, por exemplo, compram brinquedos, roupas, sapatos, adereços para o cabelo, arrumam o quarto tidos na cultura brasileira como sendo de garotas, de preferência tudo

---

1. Entendo como marcas que são usadas no corpo de meninas e meninos para caracterizar o sexo (vestimenta, adereços, acessórios, entre outros) e demarcar a feminilidade e a masculinidade.

na cor rosa. Com os meninos não é diferente, entretanto, utilizam a cor azul.

As garotas são incentivadas a brincarem com bonecas, com objetos voltados para cuidado da beleza pessoal e da casa (secador de cabelo, maquiagem, fogão, geladeira, armário, copos, xícaras, panelas, entre outros), enquanto os garotos são estimulados a gostar de bola, carro, bolinhas de gude, *skates*, estilingue, jogos eletrônicos, entre outros mais. Esses incentivos não são neutros, pelo contrário, são carregados de sentido, porquanto, muitos deles aprisionam os corpos, regulam os desejos, prescrevem os papéis sociais de meninas e meninos.

Quando a criança ingressa na escola, esses marcadores sociais de gênero continuam fazendo parte da vida dela. Neste ambiente também se regulam as escolhas, há fila de menino e de menina, banheiro de menino e de menina, brinquedo de menina e de menino. Até as formas de vestir, de sentar, de brincar são cobradas dessas crianças, assim culturalmente foi-se estabelecendo um padrão tido como "ideal" para viver sendo menina e sendo menino, não só na escola, mas também na sociedade.

Diante desse contexto, questiono: Quais os efeitos de tudo isso para o desenvolvimento físico e mental de uma criança? Quais os desdobramentos dessas escolhas para a produção do gênero? Quais implicações para a sociedade? E mais, qual o papel dos(as) educadores(as) para subverter essa realidade e romper com a persistente desigualdade de gênero que são fortemente produzidas e afirmadas através dos brinquedos?

Posto isto, neste texto objetivo discutir essas questões e provocar algumas reflexões para pensarmos essa subversão como um caminho de enfrentamento e rompimento com os processos históricos de generificação do brinquedo na Educação Infantil, colocando-o como um elemento que produz o gênero e demarca as relações de poder entre homens e mulheres nas mais variadas esferas de atuação humana.

Em virtude da escolha deste objeto de pesquisa, optei por uma abordagem qualitativa, pautada em observações, reflexões, análises e sínteses para buscar compreender a realidade (SANDIN ESTEBAN, 2010; CHIZZOTTI, 2006). "A pesquisa qualitativa recobre hoje um campo transdisciplinar, envolvendo as ciências humanas e sociais" (CHIZZOTTI, 2006, p. 28), e exige do(a) pesquisador(a) concepções claras e bem definidas que orientam a ação, as práticas investigativas, os procedimentos e os instrumentos para produção de dados.

Nessa direção, busquei realizar, primeiramente, uma leitura sobre os aspectos históricos do brinquedo e sua utilização na Educação Infantil, depois realizei, no ano de 2012, dois momentos de recreação com crianças de idade entre 3 e 4 anos, sendo 9 garotos e 10 garotas, todos(as) estudantes de uma escola pública de Educação Infantil localizada no município de Jequié (BA). O primeiro momento, foi de conhecimento da turma, consistiu na observação das crianças, especialmente no recreio. No segundo momento, foi desenvolvida uma proposta para utilização dos brinquedos livremente pelas crianças, e posteriormente foi sugerida a troca entre elas (menino só podia trocar com menina, e vice-versa). Nesse segundo momento, foram produzidos os dados desta pesquisa.

Para a produção dos dados, foi utilizada a observação participante durante o período da recreação, num total de 7h30min de contato com as crianças. Este instrumento foi necessário para provocar uma aproximação com as crianças e estabelecer uma relação de confiança, assim, brinquei com elas, participei de situações do imaginário delas e as escutei atentamente. A recreação foi momento importante usado para registrar os discursos no momento de interação com os brinquedos e nas relações umas com as outras. Utilizei-me de gravador de áudio para apreender os diálogos e ter fidedignidade na pesquisa.

Portanto, este estudo é de caráter exploratório e descritivo. Assim, busquei pontuar nos tópicos a seguir algumas observações sobre a utilização do brinquedo para disciplinar os corpos das crianças, construir a identidade de homens e mulheres e determinar os papéis sociais de cada um(a). Abordo também as relações de poder que estão impregnadas nos brinquedos e produzem o destino das pessoas.

O brinquedo como artefato cultural

É inegável que o brinquedo faz parte da vida da maioria das crianças brasileiras e tem notável influência nas suas escolhas futuras. Estudos desenvolvidos por Cruz, Silva e Souza (2012), Kishimoto e Ono (2008), Bujes (2004) e Faria, Demartini e Prado (2002) discutem o quanto este artefato cultural é usado nos processos identitários para construção e desconstrução da masculinidade e feminilidade das crianças. Não é à toa que para sua utilização há demarcação de quem pode adentrar no campo do brincar, por exemplo, geralmente os meninos são proibidos de brincar com as bonecas e a meninas com as bolas e carros.

Desse ponto de vista, Bujes (2004) faz uma análise dos brinquedos a partir dos estudos culturais e conclui que:

> [...] o brinquedo e de forma correlata as brincadeiras, enquanto manifestação da cultura vivida, estão envolvidos no processo de produção e imposição de significados. Isto significa dizer que a cultura está eivada de relações de poder que pretendem conduzir o processo de representação (BUJES, 2004, p. 206).

Não é o brinquedo que apresenta problemas, mas a forma de sua utilização. Assim, é necessário questionar os significados que damos a ele, como também as demarcações que fazemos no ato do brincar que possibilita a criação de uma visão estereotipada. Freire (2005) nos provoca a pensar na educação como prática de liberdade, como prática que emancipa e não aprisiona. Nesta perspectiva, não é admissível o investimento em uma educação que contribua para segregar, oprimir, discriminar e aprisionar os corpos.

Indubitavelmente, os brinquedos são importantes para a vida de uma criança, visto que colaboram na socialização, na construção identitária, no desenvolvimento cognitivo e afetivo. Contudo, saliento que ninguém nasce gostando de determinado brinquedo, essa aprendizagem é um construto cultural.

Nessa direção, Kishimoto e Ono (2008) apontam que as meninas, por exemplo, são ensinadas a gostar de brinquedos e brincadeiras que são restritos ao ambiente doméstico, a valores estéticos e à profissão humanitária (professora, enfermeira, psicóloga, entre outras). Já os meninos são incentivados ao ambiente da rua e às profissões públicas (advogados, juízes, promotores, médicos, jogadores de futebol, entre outras mais). As autoras enfatizam que essas ações não são neutras, mas produzem uma visão estereotipada de que as meninas são dadas à beleza, à doçura, à maturidade, uma personalidade voltada mais para o ter e o ser, enquanto os meninos são dados à força física, ao dinheiro e ao prestígio, ou seja, atividades voltadas à ação e ao poder.

Freire (2019) nos convida a refletir sobre o caráter de dominação que essas práticas educativas provocam no ser humano. Para o autor, a educação tem uma dimensão axiológica, por isso é carregada de valores que regem uma vida em sociedade. Destarte, é necessário questionar quais são os efeitos desses valores para a formação do ser humano, uma vez que precisamos trabalhar contra qualquer modelo de educação que oprime, segrega, discrimina, isto é, qualquer sistema de ensino que não colabora para uma educação equitativa.

Neste aspecto, defendo uma educação para vida, noutras palavras, que provoque substanciais mudanças na luta contra os modelos discriminatórios de caráter androcêntrico. Pertinente esclarecer que é necessário subverter essa lógica, visto que vivemos numa sociedade contemporânea, com consideráveis avanços no campo do direito social, que legitima a democracia, a liberdade de expressão, de ir e vir. Contudo, contraditoriamente, ainda se tem um contexto social que produz a desigualdade entre homens e mulheres, o que se desdobra em outras problemáticas, dentre as quais a violência física e verbal, o feminicídio e a desvalorização da mulher no mercado de trabalho, entre outros. Nessa mesma prerrogativa, Bujes (2004) confere à cultura este lugar que pode se constituir como produtor de desigualdade através dos brinquedos. Vejamos:

É, portanto, a cultura que nos permite dar significado ao objeto brinquedo, atribuir-lhe um sentido. E a construção do seu significado se faz no âmbito das práticas discursivas, da linguagem. As representações de brinquedo, preexistentes, num determinado universo cultural terão, portanto, sobre crianças e adultos um forte papel modulador nos significados que estes mesmos sujeitos passam a atribuir a tais objetos (BUJES, 2004, p. 211).

Tomando as reflexões de Bujes (2004), afirmo que o século XXI requer um olhar mais atento de pais, mães, responsáveis, professores(as), cuidadores(as) de crianças para romper com essa visão estereotipada que tem efeitos performativos no ser homem e ser mulher. Importante também destacar a função do Estado brasileiro, dos seus respectivos governos, nas esferas municipal, estadual ou federal, na perspectiva de discutir e implementar políticas públicas e/ou projetos, com o objetivo de coibir essas situações nos diversos espaços sociais e instituições, aqui em especial, as educativas.

O brinquedo na produção do gênero

É imprescindível distinguir gênero de sexo, uma vez que um não é sinônimo do outro. O sexo está relacionado aos aspectos biológicos do corpo, à sua anatomia, e o gênero é uma construção histórica e social a partir do sexo, ou seja, uma construção a partir da anatomia do corpo (CRUZ, 2014; SCOTT, 1990). Se o órgão genital for uma vagina, o gênero construído é o feminino, e se for um pênis é o masculino, assim se conferem os papéis sociais de garotos e garotas.

No livro *Gênero, sexualidade e educação*, Louro (1997) aborda essas questões sociais da construção do gênero e apresenta os mecanismos discursivos que estão por trás das práticas sutis na educação. Para a autora, a educação é sexista, e isso não é do atual século, os processos de escolarização de meninos e de meninas sempre foram distintos, bem como os espaços para brincadeira e a utilização dos brinquedos.

ENSINO, PRÁTICAS PEDAGÓGICAS E DIVERSIDADE

Essa educação confere ao homem um lugar no seio social diferente do da mulher. Enquanto a ele, desde a infância, é dado o universo da rua, à mulher é o doméstico. Foi possível verificar essa questão ao perguntar às crianças participantes desta pesquisa quem gosta de brincar de casinha e de boneca. Todas as meninas afirmaram que gostam, mas todos os meninos disseram que não, e quando perguntei por que não, um deles respondeu: *"Porque não sou mulherzinha, brincar de boneca é coisa de mulher, eu gosto é de brincar de bodoque* [estilingue], *carrão, de bola [...]"*. Outro aluno disse: *"Menino que brinca de boneca vira mulherzinha"*.

Temos nesses discursos elementos importantes para serem analisados. Primeiro, uma visão estereotipada que *brincar de boneca é coisa de mulher*, e muito provavelmente esse discurso preconceituoso provém dos seus cuidadores que restringem a utilização da boneca à menina. Desde criança, a mulher aprende a ser mãe, protetora e cuidadora de criança a partir da utilização da boneca como brinquedo usado para essa produção cultural do gênero. Segundo, o garoto contrapõe quando se coloca a possibilidade da utilização da boneca, ele traz o que é permitido no seu universo do brinquedo, ou seja, *"bodoque* [estilingue], *carrão, de bola [...]"*, artefatos que trazem a conotação da rua, da mata, da aventura, da força e da agressividade.

As proposições de Paulo Freire sobre a dimensão da autonomia nas escolhas humanas nos provocam a refletir:

> Do ponto de vista filosófico, um ser que ontologicamente é "para si" se "transforma" em "ser para outro" quando, perdendo o direito de decidir, não opta e segue as prescrições de outro ser. Suas relações com este outro são as relações que Hegel chama de "consciência servil para a consciência senhorial" (FREIRE, 2018, p. 73).

Desse modo, este terreno apresentado pelo autor traz como possibilidade o rompimento com a consciência servil como um caminho de emancipação humana. Isso ocorre quando uma criança pode estabelecer uma relação com o mundo sem medo, sem preconceito no uso do brinquedo, o menino, por exemplo, pode aprender a ser pai, ser dócil e cuidadoso, como as meninas aprendem quando brincam com a boneca. Assim, provavelmente, o garoto aprenderia a assumir o compromisso de cuidar do(a) filho(a).

Foi possível observar, nos discursos das crianças, que os meninos evitam entrar em atividades que são restritas das meninas, para não colocar em "xeque" a masculinidade. Isso ficou explícito no discurso: *"Menino que brinca de boneca vira mulherzinha"*. Esse tipo de produção discursiva reverbera na sociedade atual como dualismo do gênero e sobrecarga de trabalho para as mulheres. Nessa perspectiva, além de exercer uma atividade profissional fora do ambiente familiar, a mulher ainda tem que cuidar dos(as) filhos(as) e da casa, muitas vezes sozinha.

Perguntei quem gostava de brincar de bola, e todas as crianças responderam positivamente, mas um garoto argumentou que: *"Menina não pode gostar de brincar de bola"*. Perguntei por que não podia e respondeu: *"Porque não pode e pronto"*. Nesse momento, iniciou-se uma discussão, as meninas defenderam que elas podiam brincar com a bola. Uma menina afirmou: *"Na minha casa tenho carro e bola..."*. Perguntei como era o carro, ela disse que era o da Barbie, isto é, um carro rosa. Percebi nesse momento que as meninas se permitem adentrar no universo do brinquedo tido como masculino e veem essa possiblidade como prestígio. Cruz, Silva e Souza (2012, n/p) argumentam que:

> [...] carros são objetos pensados e criados para o masculino, mas quando se estende ao feminino o carro precisa ser "feminizado", necessita fazer parte do universo tido como tipicamente feminino: um carro delicado, com cores variando entre o rosa, o roxo e o lilás. O carro de menina não é pensado como sendo o mesmo carro do menino.

Esta condição confere que a mulher pode até adentrar no universo dos brinquedos masculinos, mas se estes ganharem uma caracterização feminina. No exemplo da garota, o carro ganhou a cor rosa. Mas se analisarmos o inverso, não veremos isso acontecer com frequência, isto é, a masculinização dos brinquedos femininos, como a boneca, os objetos de casa, os produtos de beleza, entre outros.

Freire (2018) nos apresenta a capacidade ontológica que é peculiar do ser humano, uma capacidade que possibilita a criação de uma consciência crítica da realidade, então, não é só estar no mundo, mas também saber interagir com o que há nele. Para que esta capacidade ontológica entre em ação, é necessário o rompimento do gênero como uma *performance* e a desconstrução de discursos estereotipados sobre os brinquedos. Nesse ínterim, além de saber relacionar-se com o mundo, é preciso ter a capacidade de sair do seu contexto, observá-lo, analisá-lo e transformá-lo, de acordo as necessidades.

No século XXI, esta necessidade é romper com a desigualdade existente entre o gênero masculino e o feminino. Partindo dessa perspectiva, as crianças foram convidadas a trocar[2] os brinquedos, meninas com meninos, vice-versa. Dentre os brinquedos, havia: boneca, carro de boi, carro de corrida, caminhonete, flauta, celular, aparelho de jantar, balde de praia, bolas, secador de cabelo, espelho, pente, escova de cabelo, conjunto de xícaras, entre outros. Antes do convite, as meninas manipulavam os brinquedos tidos na cultura brasileira como de garotas e os meninos com brinquedos de garotos.

As meninas aceitaram a troca sem reclamar e avançaram na direção dos brinquedos tidos como masculinos, entretanto, os meninos não aceitaram. Nos argumentos usados pelos meninos, ficou evidente que eles seriam advertidos ou punidos. Quando questionados por que não trocariam, alguns responderam: "*Não posso ser visto com coisas de mulherzinha*" (CRIANÇA 1); "*Se meu pai saber que tô com brinquedo de mulher, vou ficar de castigo [...]*" (CRIANÇA 2); "*Não quero virar menina*" (CRIANÇA 3).

Percebi que as escolhas dos brinquedos estão atreladas aos papéis sociais, a boneca foi o brinquedo mais rejeitado pelos meninos. Depois

---

2. Minha intenção com a realização desta atividade com as crianças não foi propor a inversão do brinquedo, mas desestabilizar as normatizações de masculinidade e feminilidade evidenciadas nos brinquedos utilizados em nossa cultura.

de uma conversa, eles conseguiram transitar entre as fronteiras do brinquedo, usaram a imaginação, fizeram comida, chá, deram nome para uma boneca, prepararam mamadeira para o bebê, escovaram um cabelo de uma garota. Neste cenário, observei que um garoto assumiu o papel de pai de uma boneca e a chamou de "Su", os demais meninos o ajudaram nesta tarefa. Como pesquisadora participante, entrei no imaginário infantil, simulei o choro da boneca, disse que ela estava com a fralda suja e necessitava de banho. Prontamente, as crianças foram envolvidas num processo de cooperação mútua e harmonia no protagonismo das brincadeiras e no uso dos brinquedos.

Depois de aproximadamente uma hora brincando livremente, não havia mais distinção entre meninas e meninos, já era possível perceber uma equidade de gênero ao brincar. Notei o enfrentamento das meninas para se manter com os brinquedos, elas demonstraram mais segurança nas escolhas destes. Já os meninos mostraram um enfrentamento físico ao brincar. Em alguns momentos, também observei atitudes violentas, como usar um braço de uma boneca para simular uma arma e atirar num colega. Brougère problematiza essa relação da criança com o brinquedo:

> É, portanto, a cultura que nos permite dar significado ao objeto brinquedo, atribuir-lhe um sentido. E a construção do seu significado se faz no âmbito das práticas discursivas, da linguagem. As representações de brinquedo, preexistentes, num determinado universo cultural terão, portanto, sobre as crianças e adultos forte papel modulador de significados que estes mesmos sujeitos passam a atribuir a tais objetos (BROUGÈRE, 1995, p. 211).

O brinquedo em nossa cultura provoca o dualismo de gênero, coloca meninos e meninas um(a) em detrimento do(a) outro(a). Mesmo na brincadeira e na utilização do brinquedo foi possível perceber as relações de poder, as interdições, as prescrições, as práticas de opressões e as possíveis punições para quem ousar sair do papel "modulador" do gênero.

É no corpo ainda infantil que os(as) responsáveis pela educação das crianças controlam, reprimem, domesticam seus desejos. Ao argumentarem que ao serem vistos com brinquedo de mulher poderão ser penalizados, os garotos denunciam um sistema de vigilância do seu comportamento e atitudes.

No livro *Vigiar e punir*, Foucault (1987) apresenta o poder como uma estratégia que produz efeitos de dominação, sobretudo, domestica os corpos para torná-los dóceis e úteis. O poder é circulante, ou seja, não está centrado num único lugar, mas ganha movimento em todo o seio social. Já no livro *História da sexualidade I: a vontade de saber*, Foucault (1988) afirma que o corpo é a menor unidade de circulação de poder, isto é, onde o poder que circula na sociedade se inicia. É neste corpo que se instaura o gênero.

Inevitavelmente, os brinquedos estão presentes na vida das crianças, e merecem uma atenção criteriosa das condições sociais e culturais que "forjam" as relações de gênero e seus efeitos na vida futura de garotos e garotas. Isto requer um olhar para os brinquedos que estão presentes nas escolas e no ambiente doméstico. Precisamos banir brinquedos que incentivam a violência e a força física dos meninos, bem como aqueles que restringem as meninas ao universo voltado para o cuidado da casa e do corpo.

Dados de pesquisas[3] apontam que a cada nove horas, no ano de 2020, uma mulher foi morta no Brasil por homens, vítima de feminicídio. É crescente também o índice de violência doméstica[4] contra as mulheres, bem como mortes prematuras de homens[5] e uso de entorpecentes. Teria ligação direta essa problemática brasileira com a maneira com que garotos e garotas são educados? Defendo que sim.

---

3. Dados no *site*, disponível em: https://www.brasildefato.com.br/2020/10/10/uma-mulher-e-morta-a-cada-nove-horas-durante-a-pandemia-no-brasil. Acesso em: 11 abr. 2024.

4. Dados no *site*, disponível em: https://www12.senado.leg.br/institucional/omv/entenda-a-violencia/violencia-em-numeros. Acesso em: 11 abr. 2024.

5. Dados no *site*, disponível em: https://bvsms.saude.gov.br/bvs/folder/dados_morbi-mortalidade_masculina_brasil.pdf. Acesso em: 11 abr. 2024.

Acredito que o modo como os brinquedos são usados não produz só o gênero, mas também são incentivadores de violência.

Considerações finais

É na Educação Infantil que geralmente se inicia o processo de escolarização das crianças, e o brinquedo está presente neste cotidiano. Entretanto, é necessário reconhecer que não há neutralidade na utilização desse artefato cultural, visto que é demarcado a partir do gênero, ou seja, há brinquedo de meninas e brinquedo de meninos. Romper com essa visão estereotipada implica assumir que ainda existe nos brinquedos a divisão do gênero, destarte, pais, mães, professores(as), enfim, todos que convivem com crianças precisam engajar-se na luta contra a generificação do brinquedo.

Esta pesquisa evidenciou que os brinquedos fazem parte da formação histórica e cultural de uma criança, dos seus processos de socialização e da construção de sua identidade de gênero. A manipulação do brinquedo contribui para aguçar a curiosidade e a imaginação, para o desenvolvimento cognitivo, motor, afetivo, entre outros mais.

Com os discursos apresentados pelas crianças, foi possível observar que há uma distinção nas relações estabelecidas entre os meninos e os brinquedos tidos como de meninas. Os garotos externalizaram o receio para adentrar no universo dos brinquedos femininos, em contrapartida, as meninas se sentiram mais livres para esse trânsito e demonstraram segurança nas escolhas.

Outro aspecto importante foi que, depois de estabelecida uma relação com as crianças, estas estavam abertas para brincar livremente, a usar a imaginação sem medo de terem a sua subjetividade castrada ou serem severamente punidas. Diante desse contexto, percebi que precisamos adotar uma pedagogia da liberdade e da autonomia na educação de crianças, para desenvolver uma equidade de gênero ao brincar. As crianças podem e devem ser livres para transitar entre as fronteiras dos brinquedos tidos como masculinos ou femininos sem medo e sem restrição. Este é um possível caminho de rompimento com as desigualdades e os modelos discriminatórios de caráter androcêntrico que colaboram para colocar os homens como superiores em relação às mulheres, na sociedade brasileira.

Referências

BROUGÈRE, Gilles. *Brinquedo e cultura*. São Paulo: Cortez Editora, 1995.

BUJES, Maria Isabel. Criança e brinquedo: feitos um para o outro? *In*: COSTA, Marisa Vorraber (org.). *Estudos culturais em educação*: mídia, arquitetura, brinquedo, biologia, literatura, cinema. Porto Alegre: Editora da UFRGS, 2004.

CHIZZOTTI, Antonio. *Pesquisa qualitativa em ciências humanas e sociais*. Petrópolis: Vozes, 2006.

CRUZ, Lilian Moreira. *Discursos cambiantes sobre corpo, gênero e sexualidade no curso de pedagogia da UESB*. 2014. Dissertação. (Mestrado) — Programa de Pós-graduação em Educação Científica e Formação de Professores, Universidade Estadual do Sudoeste da Bahia, Jequié, 2014.

CRUZ, Lilian Moreira; SILVA, Zenilton Gondim; SOUZA, Marcos Lopes de. O brinquedo e produção do gênero na educação infantil: uma análise pós-estruturalista. *In*: SEMINÁRIO NACIONAL DE EDUCAÇÃO, DIVERSIDADE SEXUAL E DIREITOS HUMANOS, 2., 2012, Vitória. *Anais* [...]. Vitória, 2012. Disponível em: https://periodicos.ufes.br/index.php/gepss/article/view/3880. Acesso em: 1º mar. 2021.

FARIA, Ana Lúcia Goulart de; DEMARTINI, Zeila de Brito Fabri; PRADO, Patrícia Dias (org.). *Por uma cultura da infância*: Metodologias de pesquisa com crianças. Campinas: Autores Associados, 2002.

FOUCAULT, Michel. *História da sexualidade I*: a vontade de saber. 13. ed. Tradução: Maria T. da C. Albuquerque e J. A. Guilhon Albuquerque. Rio de Janeiro: Graal, 1988.

FOUCAULT, Michel. *Vigiar e punir*: nascimento da prisão. Tradução: Raquel Ramalhete. Petrópolis: Vozes, 1987.

FREIRE, Paulo. *Educação como prática da liberdade*. 28. ed. Rio de Janeiro: Paz e Terra, 2005.

FREIRE, Paulo. *Pedagogia do oprimido*. 69. ed. Rio de Janeiro/São Paulo: Paz e Terra, 2019.

FREIRE, Paulo. *Educação e mudança*. Rio de Janeiro: Paz e Terra, 2018.

KISHIMOTO, Tizuko Morchida; ONO, Andréia Tiemi. Brinquedo, gênero e educação na brinquedoteca. *Pro-Posições* [*on-line*], Campinas, v. 19, n. 3, p. 209-223, 2008.

LOURO, Guaciara Lopes. *Gênero, sexualidade e educação*: uma perspectiva pós-estruturalista. Petrópolis: Vozes, 1997.

SANDIN ESTEBAN, Maria Paz. *Pesquisa qualitativa em educação*: fundamentos e tradições. Porto Alegre: Artmed, 2010.

SCOTT, Joan Wallach. *Gênero*: uma categoria útil para a análise histórica. Tradução: Christine R. Dabat e Maria Betânia Ávila. Recife: SOS Corpo e Cidadania, 1990.

6
Brinquedoteca universitária e as possibilidades de diálogo entre teoria e prática docente

Sirlândia Reis de Oliveira Teixeira
Claudia Panizzolo
Roberta Melo de Andrade Abreu

A formação universitária para educadores de crianças pequenas é uma reivindicação presente, ao longo de parte do século XX, nos movimentos de professores que preconizavam uma educação pública, laica, gratuita e de qualidade para toda a população, e que permanece até os dias de hoje. No entanto, para a finalidade deste texto, interessa problematizar qual tipo de formação tem sido anunciada e realizada pelas instituições que formam os que vão atuar com as crianças em instituições de educação infantil.

Assim, cabe interrogar: Como e quando nos constituímos professores? Como e onde se dá o processo de aprendizagem, de internalização e de socialização da profissão de professor? A formação denominada inicial, ou seja, a escolarização recebida e apreendida nos cursos de graduação, por si só, forma o aluno e o constitui como docente? De acordo com Arroyo (2002, p. 124) "[...] carregamos a lenta aprendizagem de nosso ofício de educadores, aprendido em múltiplos espaços e tempos, e, múltiplas vivências", ou seja, aprende-se o ofício de mestre desde os primeiros contatos, vivências e experiências dos mestres com quem convivemos a partir da mais tenra idade, desde os tempos da Educação Infantil.

Com isso, afirma-se que a constituição do sujeito-professor não se realiza nem pelo dom, nem pelo mérito exclusivamente pessoal, ou seja, não é conduzida de forma mecânica nem pelas condições objetivas em que foram socializadas, nem pelas condições atuais nas quais atua. Pelo contrário, funciona como um princípio flexível que permite ao indivíduo improvisar e adaptar-se, por certo que circunscrito por alguns limites. Realiza-se, portanto, como uma construção social, cultural e política que extrapola os muros da escola, mas que dentro deles precisa comprometer-se com a aprendizagem popular, com o exercício da competência político-pedagógica e, sobretudo, dialogar com a realidade socioeducacional.

A docência é uma atividade de serviço, e o professor, além de especialista de um campo específico do saber, é um profissional voltado ao desenvolvimento humano, o que implica necessariamente um desempenho intelectual, político, técnico e relacional que apenas a formação teórica não consegue promover.

Nesse sentido, conforme afirma Panizzolo (2011), a Brinquedoteca Universitária seria, portanto, um caminho ao apresentar-se como uma possibilidade de imaginação e de criação, alicerçado na pesquisa e no diálogo entre teoria e prática. Não basta a um profissional ter conhecimentos sobre seu trabalho, é fundamental que saiba fazê-lo. Neste sentido, a brinquedoteca vem sendo utilizada por algumas universidades como fonte de pesquisa, por permitir ao futuro professor a manipulação de diversos objetos lúdicos e o acesso a uma variedade muito grande de brinquedos contemporâneos e tradicionais, e principalmente a exploração deste lugar como um espaço de aprendizagem que aperfeiçoa a prática.

Um aspecto importante para a expansão da brinquedoteca nas universidades é o fato de que ela atende a uma necessidade emergente do ponto de vista da pesquisa e extensão. Para Gimenes e Teixeira (2011), e para Panizzolo (2011), a brinquedoteca no interior de uma universidade também pode ser chamada de laboratório de aplicações pedagógicas, uma possibilidade de exploração e manipulação através do contato com diversos materiais e objetos de pesquisas, num contexto educacional e lúdico.

Para compreender como a brinquedoteca pode contribuir com os fazeres da criança, é preciso conhecer a história desse equipamento, como se constituiu e como se tem sustentado. A história da brinquedoteca revela muito sobre sua importância e sobre as necessidades de se estabelecer como espaço de direito da infância, na área da educação, da saúde ou da cultura.

Panorama da história da brinquedoteca

Para compreender a importância deste equipamento no curso de Pedagogia e na formação docente, é preciso conhecer a sua história e observar que, antes mesmo de a brinquedoteca universitária ser obrigatória no curso de Pedagogia, ela já era importante para a Educação Básica e, em especial, para a Educação Infantil.

Nos tempos passados, toda criança podia brincar com elementos da natureza disponíveis o tempo todo. Nos dias de hoje, grande parte da natureza foi substituída por construções de imóveis, e as cidades, que antes eram horizontais, estão cada vez mais verticais, com a construção de prédios e a diminuição do espaço para brincar. Brinca-se cada vez menos na rua, que já não é mais segura, não tem espaço físico para brincar nem para a criança. Talvez por isso o homem precisou criar ambientes físicos para brincar. Atualmente, há uma diversidade de tipos de equipamentos para favorecer a brincadeira infantil. O espaço físico para brincar pode ser caracterizado pela existência de um conjunto de brinquedos, jogos e brincadeiras que ofereça aos seus usuários um ambiente agradável, alegre e colorido, em que a importância maior é a ludicidade proporcionada pelos brinquedos.

Entender como e saber onde surgem esses espaços chamados, no Brasil, de brinquedotecas fazem compreender a dimensão das suas possibilidades dentro de uma perspectiva histórica e cultural do desenvolvimento e da aprendizagem humana. Este espaço, que está muito além de uma simples sala com vários brinquedos, tem suas raízes firmes na história da humanidade e na do brincar, como uma das principais necessidades da criança. Mas, para compreender isso, é necessário pensar na brincadeira com a seriedade que ela merece. Além disso, as demandas da vida urbana, com seu ritmo intenso e acelerado, e o pouco espaço físico e psicológico para brincar fizeram da brinquedoteca — ou pelo menos o que chamam de brinquedoteca — um espaço no qual a criança pode brincar sem precisar ir para a rua.

Origens das brinquedotecas no Brasil

Embora não se trate de uma brinquedoteca, fica evidente pelos relatos dos autores como Kuhlmann Junior e Fernandes (2004), Brites (1999) e Vieira (1986), que, na década de 1920, já havia no Brasil espaços de brincar nas escolas, e esses espaços representavam de algum modo uma forma de respeitar os interesses próprios das crianças, como brincar, correr, pular, jogar, construir. O "embrião de brinquedoteca", ao qual os autores se referem, surgiu no Nordeste, em Pernambuco, no Recife, em 1929, por meio da iniciativa do então diretor de escola José Ribeiro Escobar, que, procurando utilizar o brinquedo como suporte pedagógico, justificava o uso do brincar e jogar de forma espontânea e natural. Este dado abre uma perspectiva histórica da utilização de um espaço projetado, no qual os jogos e brinquedos seriam utilizados para desenvolver momentos de brincadeiras livres, mesmo antes do aparecimento da primeira brinquedoteca. Neste sentido, Santos (1997) define a brinquedoteca como um espaço que oferece condições para a formação da personalidade, onde são cultivadas a criatividade e a sensibilidade. Na brinquedoteca, as crianças são livres para descobrir novos conceitos, realizar experiências, criar seus próprios significados, em vez de apenas assimilarem os significados criados por outros indivíduos.

No Brasil, a ideia de um espaço chamado de brinquedoteca semelhante à experiência de 1929 do diretor José Ribeiro Escobar, porém com foco na necessidade de estimular crianças deficientes, surge em 1971, quando na ocasião, na inauguração do Centro de Habilitação da Associação de Pais e Amigos dos Excepcionais (Apae), em São Paulo, foi realizada uma exposição de brinquedos pedagógicos, com o intuito de apresentar aos pais dos alunos, aos profissionais e aos estudantes o que existia no mercado. O interesse que a exposição despertou foi tamanho que a transformou em um Setor de Recursos Pedagógicos dentro da Apae. Em 1973, o setor implantou um sistema de rodízio de brinquedos e materiais pedagógicos (CUNHA, 1992).

Em 1981, a Escola Indianópolis, em São Paulo, especializada no atendimento de crianças com deficiência, cria a primeira brinquedoteca brasileira com objetivos distintos das *toy libraries* e com características relacionadas às necessidades específicas das crianças que frequentavam a escola, priorizando o ato de brincar, realizando empréstimo de brinquedos e dando assistência direta à criança. Neste caso, esta brinquedoteca atendia exclusivamente aos seus alunos e servia de modelo para profissionais que buscavam a formação na área da brinquedoteca.

Segundo Friedmann (1992), no ano de 1982, em Natal, Rio Grande do Norte, semelhante à experiência da Escola Indianópolis, surge a primeira brinquedoteca daquele estado, por meio da iniciativa de uma professora de excepcionais. A Faculdade de Educação da Universidade de São Paulo (USP) inaugurou a sua brinquedoteca em 1984, vinculada ao Laboratório de Brinquedos e Materiais Pedagógicos (Labrimp), o qual está atualmente sob a coordenação da professora Tizuko Morchida Kishimoto, destinada à formação de professores. O Labrimp tem, além da oficina de criação de brinquedos, uma biblioteca, o Museu do Brinquedo e uma brinquedoteca que contém áreas temáticas com brinquedos, com empréstimo de brinquedos, visando favorecer as brincadeiras pelo mundo do faz de conta e estimular a livre expressão das crianças, a representação do imaginário, a interação social, o livre brincar e o desenvolvimento da linguagem (LABRIMP; FEUSP; PONTÃO DE CULTURA, 2009).

Em 1996, a brinquedoteca da Escola Municipal Pedro Ernesto, no Rio de Janeiro, é implantada por meio de um projeto de autoria das educadoras Edith Lacerda, Maria do Carmo Cardoso e Nathercia Lacerda (equipe Veredas). O objetivo do trabalho foi a criação e construção de brinquedos com os alunos da própria escola, assumindo o brinquedo e a criança um papel central no resgate da brincadeira na cultura brasileira, mediante, principalmente, a utilização de materiais recicláveis. De acordo com Lacerda (1999), o projeto brinquedoteca nessa escola, em 1998, "ganhou asas" para levar a experiência para outras instituições, criando uma rede de parcerias.

Ramalho (2003, p. 1) comenta que, "[...] no Brasil, o jogo, o brinquedo e a brincadeira começaram a ser encarados com seriedade recentemente". Porém, muitas pessoas ainda não compreendem sua relação com o aprendizado e com o desenvolvimento global do indivíduo. Além das brinquedotecas já citadas, tantas outras também estão marcando sua trajetória na direção do desenvolvimento global da criança. A Prefeitura de Florianópolis criou, em 2000, a Cidade da Criança (hoje Complexo Ilha Criança) e projetos que propiciam atendimento a crianças, adolescentes e suas famílias, na área social e psicológica, visando à minimização dos problemas relacionados ao risco social, como o projeto Florir Floripa, como menciona Ramalho (2003). Segundo esse autor, a brinquedoteca da Cidade da Criança foi inaugurada em 11 de outubro de 2001, quando um coral de meninos e meninas cadastrados no projeto Florir Floripa apresentou a canção "Aquarela", de autoria dos compositores Vinicius de Moraes (1913-1980) e Toquinho (1946). A apresentação do tema aquarela foi preparada para a ocasião da abertura da brinquedoteca.

O número de espaços para brincar, similares às brinquedotecas, no território brasileiro, cresce constantemente em virtude de esses espaços

ENSINO, PRÁTICAS PEDAGÓGICAS E DIVERSIDADE

representarem um diferencial em escolas, hospitais, clubes, condomínios, *shoppings centers*, restaurantes, cemitérios, espaços sociais, comunidade, e onde mais a imaginação e a necessidade possibilitar.

As brinquedotecas propriamente ditas, inicialmente, foram criadas para o empréstimo de brinquedos e evoluíram conforme as necessidades dos países, e com esse crescimento passaram a oferecer uma diversidade de serviços. A brinquedoteca espelha o perfil da comunidade que a criou, e estas características estão relacionadas ao sistema educacional, a valores culturais e aspectos econômicos e sociais de cada comunidade.

Para Ramalho (2003), a principal diferença entre as brinquedotecas brasileiras e as estrangeiras é que, no país, a atividade de empréstimo de brinquedos e livros é pouco ofertada. A brinquedoteca é um espaço que tem a finalidade de propiciar estímulos para que a criança possa brincar livremente e se desenvolver numa forma lúdica, por algumas horas diárias.

Na Tabela 1, a seguir, apresenta-se um resumo cronológico da história das brinquedotecas brasileiras.

Tabela 1 — Síntese cronológica da história das brinquedotecas no Brasil

Ano	Nome	Área	Local
1929	Sala de brinquedos	Educação Infantil	Pernambuco (Nordeste)
1971	Setor de Recursos Pedagógicos	Deficiência/Inclusão	Apae — São Paulo
1981	Brinquedoteca	Deficiência/Inclusão	Escola Indianópolis —São Paulo
1982	Brinquedoteca	Deficiência/Inclusão	Natal — Rio Grande do Norte
1984	Brinquedoteca/Laboratório de brinquedos e materiais pedagógicos (Labrimp)	Universidade	Faculdade de Educação da USP — São Paulo
1996	Brinquedoteca	Ensino Fundamental	Escola Municipal Pedro Ernesto — Rio de Janeiro
2000	Cidade da Criança	Comunitária	Florianópolis — Santa Catarina

Fonte: Teixeira (2018).

A brinquedoteca, os brinquedos e os livros como espaço de leitura de mundo e de constituição de cultura da infância — o que o futuro professor precisa saber

A brinquedoteca universitária, considerada um laboratório do curso de Pedagogia, é um lugar de prática da atividade lúdica para que o futuro professor, ao experimentar tocar, jogar, conhecer os brinquedos e os jogos e toda as potencialidades, possa na sua práxis favorecer o brincar e, em especial, o brincar livre, aquele que, quando é autorizado, permite que a criança seja ela mesma e descubra-se na sua experimentação como ser único, coletivo, capaz e potente, que participa ativamente da sua experiência de aprendizagem, como preconizam as Diretrizes Curriculares para a Educação Infantil:

> Sujeito histórico e de direitos que, nas interações, relações e práticas cotidianas que vivencia, constrói sua identidade pessoal e coletiva, brinca, imagina, fantasia, deseja, aprende, observa, experimenta, narra, questiona e constrói sentidos sobre a natureza e a sociedade, produzindo cultura (BRASIL, 2010a, p. 12).

Essa criança, que é sujeito de direitos e que é autora das suas experiências de aprendizagem, está se constituindo e criando cultura do brincar e cultural coletiva, elementos essenciais para a constituição da identidade do sujeito histórico e social.

Fernandes (2004) define que a cultura infantil é criada no interior das "troncinhas" pelas crianças que nela convivem e brincam, mas numa relação direta com os elementos culturais oriundos do mundo adulto. Nas palavras do autor, "[...] existe uma cultura infantil, uma cultura constituída de elementos culturais quase exclusivos dos imaturos e caracterizados por sua natureza lúdica atual" (FERNANDES, 2004, p. 215). O autor ainda reflete que essa cultura das crianças é produzida a partir da inserção de elementos da cultura adulta desse processo de construção cultural. Em seus dizeres: "[...] mas outros elementos na cultura infantil. Nem tudo corresponde a coisas relativas ou provenientes da cultura dos adultos. Os próprios imaturos também elaboram, é óbvio, parte dos elementos de seu patrimônio cultural" (FERNANDES, 2004, p. 216). Assim, no interior de uma brinquedoteca há muitas "troncinhas" vivenciadas pelas crianças e mediadas pela atmosfera do brincar livre, onde muitas coisas são permitidas nesse espaço.

Na brinquedoteca, brincando e lendo com os outros, participando de atividades lúdicas, as crianças constroem um repertório de brincadeiras e de referências culturais que compõe a cultura lúdica infantil, ou seja, o conjunto de experiências que permite às crianças brincarem juntas. Nesse sentido, a cultura lúdica torna a brincadeira possível, mas é no próprio espaço social do brincar que ela também emerge e é enriquecida. No brincar, as crianças vão também se constituindo como agentes de sua experiência social, organizando com autonomia suas ações e interações, elaborando planos e formas de ações conjuntas, criando regras de convivência social e de participação nas brincadeiras. Nesse processo, instituem coletivamente uma ordem social que rege as relações entre pares, e se afirmam como autoras de suas práticas sociais e culturais no espaço da brinquedoteca por meio de brinquedos e livros.

Algumas características do perfil dos alunos do curso de Pedagogia, segundo a LDBEN, e como a brinquedoteca pode ser um espaço para desenvolver esse perfil

De acordo com a Lei de Diretrizes e Bases da Educação Nacional (Lei n. 9.394/1996), o profissional da educação deve ter uma formação "prática", além de conhecer teorias, perspectivas e resultados de investigação. Deve ainda ser capaz de construir soluções adequadas para os diversos aspectos da sua ação profissional, o que requer não só a capacidade de mobilização e articulação de conhecimentos teóricos, mas também a capacidade de lidar com situações concretas.

Para isso, faz-se necessário uma formação que lhe permita desenvolver capacidades e atitudes de análise crítica, de inovação e de investigação pedagógica, isso porque o professor não é um técnico, e para além de transmissor de conhecimento, é um profissional capaz de identificar os problemas que surgem na sua atividade, procurando construir soluções adequadas. Para tanto, é necessário que possua, ele próprio, competências significativas no domínio da análise crítica de situações e da produção de novos conhecimentos, visando a sua transformação.

Ao mesmo tempo que se apresentam algumas características que o professor precisa adquirir e como a brinquedoteca pode colaborar, é importante estabelecer um contraponto e ressaltar que esse perfil de professor não se dá instantaneamente. É algo que se constrói num processo complexo de idas e vindas, avanços, retrocessos e ressignificações. De acordo com Pimenta (1999), a identidade profissional se constitui, também, a partir dos significados sociais da profissão. Os modos como determinados grupos sociais enxergam, praticam e gerenciam as atividades e a formação dos professores têm uma vital importância em sua valorização e lugar de ocupação numa estrutura social.

Não é raro ouvir dos estudantes do curso de Pedagogia que, ao escolherem a profissão, sofreram críticas e ouviram comentários negativos das pessoas que compõem seus grupos sociais. Observa-se a imagem social de desvalorização que os professores carregam no país. Em adição a essa realidade, e no que diz respeito às questões do brincar, os estudantes chegam ao curso precisando reaprender e a ressignificar. A capacidade de divertimento via brincadeiras e jogos vai sendo, em muitos sujeitos, esmaecida por uma série de fatores, sejam eles motores ou subjetivos.

Nesse sentido, D'Ávila e Leal (2013) apresentam uma importante contribuição, ao afirmarem que o lúdico e o brincar são produzidos e vividos pelo mundo externo e mundo interno. Isso implica compreender que, para experienciar atividades lúdicas, o sujeito transita por campos endógenos e exógenos. Para que a capacidade de divertimento e lazer esteja relacionada a jogos e brincadeiras propostas durante o curso de formação inicial, é necessário que o sujeito seja tocado em seu campo de significação e o ambiente seja sugestivo. Assim, o lúdico está relacionado a fatores internos de satisfação, está imbricado de modo dialógico com o brincar, que é uma ação externa, eminentemente cultural.

De acordo com Abreu e D'Ávila (2018), a partir do momento em que entendemos que o lúdico não está presente apenas em brinquedos e jogos, que trata de experiências internas e externas e da expressão de si próprio, observamos a necessidade de um curso de formação de professores mais aberto que nos leve ao encontro com o mundo, com a natureza, construindo a emoção, pois o homem é o único ser capaz de emocionar-se diante da criatividade, que é, também, uma experiência lúdica.

As Diretrizes Curriculares Nacionais da Educação Infantil (BRASIL, 2010a) destacam a necessidade de estruturar e organizar ações educativas com qualidade, considerando a brincadeira a atividade fundamental e própria da infância. Nesse sentido, a brinquedoteca é condição ainda para a formação do professor, considerando que os brinquedos, os jogos e as brincadeiras devem ser favorecidos, valorizados e proporcionados, levando em consideração as singularidades e os interesses infantis. Também é importante considerar que, no contexto das instituições de Educação Infantil, numa pedagogia de valorização da infância, o brinquedo transforma-se em um recurso privilegiado que possibilita às crianças vivências e aprendizagens apoiadas na imaginação, na ludicidade e na interação das crianças com seus pares e com os adultos.

A brinquedoteca potencializa situações de organização, promove relacionamentos, acolhimentos, oferece mudanças, situações de escolhas, enfim, constitui-se como um espaço para desenvolver atividades e aprendizagens. A brinquedoteca é um ambiente que se comunica com os brincantes por meio de várias linguagens: através das cores, da decoração, do mobiliário, dos materiais expostos, da higiene, do clima afetivo, dos diferentes cantinhos, das atividades espontâneas e dirigidas, coletivas ou individuais, tendo também em vista a qualidade e a quantidade dos brinquedos, os cuidados, a construção, a reciclagem, em todas as esferas que fazem parte deste ambiente encantador e contagiante.

Para que a brinquedoteca seja também um espaço onde o brincante, além de socializar-se e aprender os conhecimentos disponíveis nos diferentes cantinhos, possa ser ele mesmo e expressar-se, descobrir suas habilidades e potenciais, ela precisa deixar-se brincar, ou seja, precisa permitir escolhas, rearranjos, mudanças e adaptações.

Uma vez colocada a importância da brinquedoteca nos cursos de Pedagogia, é necessária uma reflexão sobre algumas condições imprescindíveis para manter esse espaço. Sabemos que numa realidade do ensino superior, mais precisamente no âmbito das licenciaturas, uma brinquedoteca requer uma estrutura importante: espaço físico adequado; brinquedos, jogos e materiais diversificados e aprovados para utilização; classificação de todo o material por idade; catalogação do acervo; monitores; um programa que abrigue atividades diversas e planejadas para estudantes, professores, crianças e comunidades (oficinas de contação de histórias, oficinas de brinquedos, formação de brinquedistas, ateliês lúdicos, pintura, música etc.).

Assim, nota-se que a questão não está encerrada em abrir o espaço da brinquedoteca. Não se trata de uma sala com brinquedos expostos. Trata-se de uma estrutura que abriga atividades diversificadas, como ensino, pesquisa e extensão. Demanda um planejamento específico com pessoas especializadas que precisam contar com apoio financeiro para manter o espaço em funcionamento e fiel à sua proposta, que está longe de ser um depósito de crianças, ou até mesmo um depósito de brinquedos.

No cotidiano das universidades públicas, observamos algumas realidades em que as brinquedotecas sobrevivem duramente, apesar da falta de financiamento. Muitas vezes, incompreendidas no seu papel vital de proporcionar a formação humana, as brinquedotecas são colocadas à margem do orçamento universitário por se tratarem de um lugar onde se brinca. Afinal de contas, a universidade "não é lugar de brincadeira".

Em algumas instituições de ensino superior da rede particular, a brinquedoteca existe pura e simplesmente para cumprir uma exigência do MEC para autorização e reconhecimento dos cursos. Uma vez que as instituições vencem essa etapa, utilizam o espaço como *slogan* para a captação de estudantes a cada semestre letivo.

É necessário olhar para a brinquedoteca como espaço plural de formação, de expressão e ressignificação. Um espaço que seja inerente a todas as etapas da vida humana; que proporcione experiências brincantes tão limitadas nos espaços escolares e universitários.

De acordo com o documento *Brinquedos e brincadeiras na creche: manual de orientação pedagógica* (BRASIL, 2012), a brincadeira é para a criança um dos principais meios de expressão que possibilita a investigação e a aprendizagem da forma de as crianças significarem o mundo e a si mesmas. Valorizar o brincar significa oferecer espaços e brinquedos que favoreçam a brincadeira como atividade primordial da infância. Educar significa proporcionar situações de cuidados, de brincadeiras livres e orientadas de forma integrada, que possam contribuir para o desenvolvimento das capacidades infantis de relação interpessoal.

Nos cursos de Pedagogia, as brinquedotecas oportunizam uma formação em que os professores possam ressignificar suas práticas e reflitam sobre questões que na contemporaneidade são entendidas de forma racional, como se o sujeito fosse encerrado tão somente pelos ditames da ciência, sem considerar sua subjetividade. É nesse momento que a brinquedoteca se apresenta para se contrapor aos modelos cartesianos e hegemônicos da prática pedagógica.

As formas de brincar e o papel do professor

Teixeira (2014) afirma que, em uma brinquedoteca, podem-se organizar e propiciar brincadeiras de modo espontâneo ou dirigido. No brincar espontâneo, o professor pode atuar de forma que não determine as atividades das crianças, mas sim observando, registrando, favorecendo e documentando a dinâmica das crianças na interação lúdica. Estes dados colhidos podem ser um parâmetro para o professor avaliar a qualidade dos materiais ofertados, a disposição dos móveis, equipamentos e brinquedos, bem como a qualidade da interação social, sobretudo, a construção de acordos, de regras e a obediência a elas. Por outro lado, a observação e a descrição detalhada e densa materializada em documentação escrita e/ou visual também permitem ao professor perceber as necessidades das crianças e conhecer as condições de como elas vivenciam as mais diversas situações.

Sobre o brincar dirigido, esse pode consistir em desafios propostos, por meio de seleção prévia dos brinquedos, antever quais as ações lúdicas mais adequadas para as crianças envolvidas, criar cantinhos lúdicos, propor oficinas de criação, dentre outros, sempre, no entanto, respeitando o princípio de individualidade das crianças. As proposições de um brincar dirigido podem ter como público-alvo a criança individualmente, em duplas, em pequenos grupos ou todo o coletivo de crianças. Esse modo de oferecer e sistematizar o brincar favorece a aprendizagem de conhecimentos específicos de áreas do conhecimento, por exemplo, Linguagem ou Matemática.

De acordo com Panizzolo (2013), seja na brincadeira espontânea, seja na dirigida, a atuação do professor não deve circunscrever-se à observação e à oferta de brinquedos. O professor deve intervir no brincar, não como definidor de parcerias entre as crianças, nem para decidir quem brinca com o que nem com quem, nem para apartar brigas e conflitos, mas sim para estimular a atividade mental, social e psicomotora das crianças, com questionamentos, problematizações e sugestões de encaminhamentos. Compete ao educador ser um "andaime" desse processo, identificando as situações potencialmente lúdicas, fomentando-as, favorecendo-as, estimulando-as, enfim, apoiando as crianças em seu desenvolvimento e aprendizagem.

Panizzolo (2013) afirma que o papel do educador é sempre o de facilitador dos jogos, das brincadeiras e também da organização do tempo e do espaço lúdico acessível e adequado para a criança. Mas para valorizar as brincadeiras, o seu tempo e o seu espaço, é preciso aprender a valorizar, é preciso uma formação lúdica, formação que encontra no espaço da Brinquedoteca Universitária um ambiente muito favorável.

No campo da Educação, ainda em relação ao brincar dirigido e/ou ao brincar livre, o brincar pode se apresentar na forma pedagógica (dirigida) ou livre. Embora não aceite o brincar na forma pedagógica, Brougère (2010) explica que esta aparece quando a atividade é parcial ou totalmente construída de acordo com a aprendizagem. A preocupação com a formatação da atividade lúdica, para fins educacionais, traduz-se em práticas limitadas das ações do brincar. No entanto, refere-se a uma das muitas possibilidades das formas do uso do jogo ou brinquedo. Nesse caso, o objeto lúdico pode potencializar uma aprendizagem escolar, mesmo que os jogadores não estejam necessariamente conscientes do que estão aprendendo, uma vez que estão envolvidos, brincando natural e espontaneamente, de forma consciente, mas não se dão conta das aprendizagens intrínsecas que acontecem ao brincar e jogar. Segundo Vygotsky (1998), isso ocorre porque o brinquedo cria uma zona de desenvolvimento proximal, uma vez que as crianças fazem das brincadeiras uma ponte para o imaginário. Contar e ouvir histórias, dramatizar, jogar, desenhar são formas de elas se relacionarem com os conteúdos da realidade que geram aprendizagem. As crianças expressam suas criações e emoções, revivem suas alegrias, seus medos e conflitos, resolvendo-os da sua maneira e transformando seu contexto. Nesse caso, na brincadeira, ocorrendo na perspectiva do aprender, o papel do pedagogo é de grande importância, já que ele é o mediador das situações lúdicas.

A criança brinca sem pressão, mas o professor precisa saber o que está acontecendo na aprendizagem e no desenvolvimento de cada situação lúdica. Para isso, é necessário que o professor conheça bem o brinquedo e/ou o jogo para atuar de forma ativa, ainda que não esteja participando da atividade lúdica.

Se o professor participar brincando e/ou jogando, ele terá maior oportunidade de criar vínculos aproximando-se dos seus alunos, compreendendo suas dificuldades e descobrindo suas habilidades, fazendo as intervenções pedagógicas necessárias para o sucesso na aprendizagem (TEIXEIRA, 2014). A autora alerta ainda para a questão de o professor precisar ter cuidado para não tornar esse momento maçante e desmotivador, "pedagogizando" uma atividade livre em que a motivação para continuar "brincando" seja a tônica prevalecente no momento da aprendizagem. Quanto mais o professor conhece a importância do brincar, mais ele favorece o brincar livre das crianças sem a sua intervenção. Quando a autora diz "de forma ativa", há um duplo sentido, pois o professor pode participar ativamente da brincadeira, sendo convidado pela criança, ou ele pode dirigir a brincadeira, deixando de ser livre.

Para enfatizarmos ainda mais a importância da formação lúdica do futuro professor, vamos nos atentar para os estudos realizados por Kishimoto (2011) sobre os tipos de brinquedotecas existentes no Brasil. Para a pesquisadora, o predomínio de brinquedoteca na área da educação pode ser explicado por várias razões que precisam ser ainda mais bem investigadas, mas preliminarmente três fatores podem ser destacados: a política pública para a infância que valoriza o brincar, a necessidade de formação de profissionais e a carência de brinquedos nas instituições de educação para crianças de 0 a 10 anos.

De acordo com a autora, a definição de uma política pública para a infância associada ao brincar é o primeiro fator para a expansão das brinquedotecas, que geralmente na escola de Educação Básica têm como principais usuários crianças entre 0 e 10 anos. A valorização do brincar como um direito da criança aparece em vários documentos da legislação brasileira, como é o caso do Estatuto da Criança e do Adolescente (ECA), Lei n. 8.069, de 13 de julho de 1990, no artigo 16, inciso IV, que reconhece o direito "ao brincar, praticar esporte e divertir-se" para crianças e adolescentes.

ENSINO, PRÁTICAS PEDAGÓGICAS E DIVERSIDADE

Quanto ao segundo fator apresentado por Kishimoto (2011) para o expressivo número de brinquedotecas e espaços lúdicos nas instituições de ensino superior, faz-se presente a necessidade de formação de profissionais para implementar o brincar. Por certo que decorre, por um lado, da valorização do brincar presente no ordenamento legal e, por outro, da divulgação de estudos e pesquisas sobre o lúdico e o aumento significativo de congressos e eventos científicos que privilegiam esta temática.

O terceiro fator apresentado por Kishimoto (2011) diz respeito à falta de brinquedos nas creches, pré-escolas e escolas de Ensino Fundamental. E poderia aqui ser acrescentada a falta de espaços e tempos destinados ao brincar.

A brinquedoteca universitária como critério de qualidade para a formação em Pedagogia

Merece destaque ainda o impacto da valorização das brinquedotecas e de espaços lúdicos no Serviço de Ensino Superior pelo Ministério da Educação (SESU/MEC), ao considerar como critério de qualidade dos cursos de Pedagogia a presença de laboratórios didáticos com brinquedotecas em seus projetos pedagógicos (BRASIL/SESU, 2010b).

Tendo em vista a Lei n. 9.394, de 20 de dezembro de 1996, a Lei n. 10.861, de 14 de abril 2004, e o Decreto n. 5.773, de 9 de maio de 2006, resolve: "Art. 1° Aprovar o Instrumento de Avaliação para Reconhecimento de Cursos de Licenciatura em Pedagogia, no âmbito do Sistema Nacional de Avaliação da Educação Superior". Assim, o documento, na sua contextualização, aponta a Dimensão 3: Instalações Físicas (Infraestrutura) e os Indicadores de avaliação da brinquedoteca e critérios de análise, tendo como critério de qualidade da brinquedoteca, considerando-a plenamente adequada a partir dos seguintes aspectos: instalações físicas, equipamentos, jogos educativos e brinquedos, conforme quadro a seguir:

Quadro 1 — Critérios

Indicador	Conceito	Critério de Análise
3.12 Brinquedoteca	1	Quando o curso não possui brinquedoteca.
	2	Quando a brinquedoteca está **insuficientemente** adequada, considerando os seguintes aspectos: instalações físicas, equipamentos, jogos educativos e brinquedos.
	3	Quando a brinquedoteca está **suficientemente** adequada, considerando os seguintes aspectos: instalações físicas, equipamentos, jogos educativos e brinquedos.
	4	Quando a brinquedoteca está **adequada**, considerando os seguintes aspectos: instalações físicas, equipamentos, jogos educativos e brinquedos.
	5	Quando a brinquedoteca está **plenamente** adequada, considerando os seguintes aspectos: instalações físicas, equipamentos, jogos educativos e brinquedos.

Fonte: BRASIL (2010b, p. 14).

O Quadro 1 mostra a brinquedoteca como um lugar de aprendizagem e prática pedagógica, remetendo-nos a uma reflexão sobre o lugar da ludicidade na formação do professor e nos processos de ensino e aprendizagem. A brinquedoteca justifica-se por promover saberes e concepções sobre a infância, os jogos, brinquedos e brincadeiras e atuação reflexiva, crítica e consciente sobre o brincar no espaço da escola. Sobre a importância da brinquedoteca, dentre tantas questões fundamentais, podemos citar duas que merecem destaque: o brincar como um direito da criança e brincar como linguagem própria da infância. Embora o direito de brincar (explícito nos artigos 16, 59, 70 e 71 do ECA) seja considerado um direito fundamentado especial, é preciso cuidar para que possa se cumprir na sua totalidade. Reconhecer que tanto as crianças de 0 a 6 anos como as do Ensino Fundamental são crianças implica o dever da escola em reconhecer e garantir a realização de suas necessidades, especialmente a de brincar. Brincar não apenas na Educação Infantil, mas também no Ensino Fundamental, pois elas continuam sendo crianças até os 12 anos incompletos (ECA, 1990),

A LDB, Lei n. 9.394/1996, também trata do direito das crianças de brincarem, como forma particular de expressão, pensamento, interação e comunicação infantil. Nesse sentido, é relevante que seja assegurada à criança a liberdade de brincar e dispor de tempo para brincar livremente no cotidiano escolar, em casa, no hospital se estiver internada e em tantos outros lugares onde ela possa estar para o pleno desenvolvimento de sua personalidade e de suas potencialidades. Libertar a criança é reconhecer o direito de, na medida do possível, dar-lhe a chance de governar a si própria e de ser ela mesma. Em outras palavras, libertá-las é deixar serem agentes da sua própria experiência.

Por se tratar de linguagem própria da criança, o brincar deve ser considerado nas concepções de infância, do currículo da formação dos futuros professores, e em especial do currículo das escolas de Educação Infantil e Ensino Fundamental. Neste sentido, a brinquedoteca universitária tem o potencial de ser um local de experimento para a formação docente, onde os alunos do curso de Pedagogia podem ter acesso a uma grande variedade de jogos, brinquedos e brincadeiras e compreender o papel de cada objeto lúdico, bem como da sua importância nos processos de aprendizagem. Concordando, Lombardi (2016) destaca a importância de o futuro professor aprender que as atividades lúdicas são sérias para a criança, e a necessidade do brincar, por direito, ser a linguagem da criança e precisa ser respeitada, bem como a escola oferecer o espaço físico, e os jogos, brinquedos e brincadeiras estarem presentes no planejamento das práticas e do projeto pedagógico da escola.

O critério de qualidade descrito na avaliação da brinquedoteca como "jogo educativo" é algo para refletirmos sobre a compreensão do que é o jogo educativo. Para Teixeira (2014), todo jogo ou brinquedo ensina sem precisar ser "educativo", porém o vocábulo educativo diz respeito ao uso do jogo ou brinquedo como um instrumento material para fins didáticos metodológicos. Há no mercado determinados jogos que foram criados para fins didáticos metodológicos, como um quebra-cabeça de associação de números, de letras, de fonemas, demonstrando sempre uma intenção de ensinar um conteúdo de uma disciplina escolar. Ao discutir o brinquedo educativo, Oliveira (2011),

Fortuna (2010), Kishimoto (2011) e Teixeira (2014) defendem o livre brincar em oposição ao brincar para educar, pois ao definir o brinquedo ou o jogo como educativo, já separa da essência do brincar pelo brincar defendido pelas autoras, já que se divertir, alegrar-se são ações encontradas na brincadeira espontânea que se observamos não precisa necessariamente do objeto lúdico, mas da intenção de interagir gratuitamente e se encontrar no ócio, sem perder o caráter autotélico presente na ação do brincar no qual a criança brinca por brincar. O que torna um objeto brinquedo não está necessariamente no objeto, mas na ação do brincar, na imaginação. É comum encontrar professor que se preocupa em oferecer brincadeiras que favoreçam uma aprendizagem ou outra, mas o importante a saber é que o brinquedo educa porque ele (o objeto lúdico) não se deixa conhecer sem que a criança se interesse em manipulá-lo, interagir com ele e se sinta desafiada e deseje manter a atividade. À medida que a criança brinca, a atividade em si está mobilizando uma série de áreas do conhecimento necessários para a brincadeira fluir, pois todos os jogos e brinquedos provocam variados tipos de aprendizagem. Nesse sentido, é importante observar que não se precisa ter um objetivo de aprendizagem, pois a atividade lúdica já tem um fim em si mesma. (VYGOTSKY, 1998).

Para não concluir

Neste texto, buscou-se discutir a brinquedoteca universitária como um espaço plural repleto de potencialidades que favorecem um diálogo entre teoria e prática. Faz-se necessário ressaltar que a questão não é colocar a brinquedoteca no lugar de redenção da formação e da prática pedagógica dos professores, pois ao mesmo tempo que algo pode servir para tudo, aproxima-se de forma muito perigosa do nada. A questão é compreender a brinquedoteca como peça importante na formação e prática dos professores, que cria situações de diálogo permanente entre teoria e prática.

Nesse jogo dialético, cabe uma reflexão para que a armadilha da impotência não engesse o processo. Trata-se de compreender que os campos de teoria e prática possuem seus modos próprios de construção e reconstrução. Ao tempo em que é possível alçar grandes voos no campo teórico e avançar fronteiras, no campo da prática avanços e mudanças se dão de forma lenta, complexa, processual. E não menos importante: nessas lógicas distintas de composição, existe o processo fundamental de interdependência e retroalimentação de ambos os campos, inclusive para estruturarem-se e gerar avanços.

Para entender a brinquedoteca como esse espaço de diálogo e formação, vale conhecer a sua história, suas origens, suas configurações e reconfigurações. A partir de uma reestruturação social que passa a ter uma relação conflituosa com o tempo — pois este último é capitalizado —, o aumento da violência nas grandes e pequenas cidades, a nova geografia das capitais e outros fatores deram origem às brinquedotecas que se adaptaram a espaços diferentes conforme demandas específicas: brinquedoteca hospitalar, brinquedoteca nos espaços universitários, brinquedotecas escolares, brinquedotecas terapêuticas, brinquedotecas em comunidades ou bairros, brinquedotecas itinerantes etc.

Ao perceber a plasticidade desse espaço e suas infinitas possibilidades de atuação, compreende-se que ele é capaz de colaborar no processo de materialização da cultura da infância e formação humana. E o que o professor que está em processo de formação na universidade precisa saber? O professor precisa saber que a brinquedoteca é o lugar de sentir, cheirar, dançar, cantar, ter prazer, disputar, jogar, dentre outras experiências. É na brinquedoteca que as crianças reproduzem e reinventam a cultura lúdica de suas origens. É, também, na brinquedoteca que o professor se reconhece um sujeito brincante em formação, que precisa implementar a brincadeira em sua rotina de trabalho. Ao brincar, o professor dialoga com sua prática pedagógica, pois descobre as potencialidades que as atividades lúdicas proporcionam ao desenvolvimento dos sujeitos em suas diversas etapas de vida.

Dada a importância do campo de conhecimento do brincar e das brinquedotecas no processo de formação dos professores, a LDBEN (Lei n. 9.394/1996) aponta algumas características necessárias na constituição do perfil dos alunos do curso de Pedagogia, e como a brinquedoteca pode ser um espaço para desenvolver esse perfil, lembrando sempre de não assumir uma postura prescritiva ceifada por imperativos como: o professor deve, o professor tem, o professor precisa. É de suma importância pensar nas possibilidades reais de ser professor e implementar práticas em que a cultura do brincar esteja sempre presente, pois a realidade impõe limitações bem demarcadas e difíceis de serem transpostas. Assim, para que o professor não se encerre na impotência, é necessário refletir sobre o que de fato é possível fazer, implementar e modificar a partir de práticas brincantes na brinquedoteca.

Logo, é importante frisar que o professor esteja atento para as práticas que poderá otimizar; os conflitos que poderá solucionar ou amenizar em sala de aula; materiais didáticos, jogos e brinquedos que poderá criar; problemas que poderá identificar no processo de ensino e aprendizagem, e a possibilidade de desenvolver pesquisas a partir disso. Ratifica-se aqui o espaço da brinquedoteca como o laboratório que constrói oportunidades para todas essas possíveis ações, construindo a autonomia do professor diante do seu trabalho, conferindo-lhe a autoria de sua própria prática e a possibilidade de intervenções mais efetivas.

Assim, compreende-se a brinquedoteca como peça importante do processo de formação dos professores, ao aliar estudos teóricos e práticos, ao propiciar situações de observação, planejamento, entrevistas, enfim, por pautar-se no reconhecimento de crianças, homens e mulheres como sujeitos históricos que se apropriam e produzem cultura e na valorização da infância como uma etapa de direitos.

A brinquedoteca favorece o diálogo entre teoria e prática na formação de professores no curso de Pedagogia, na medida em que se constitui como espaço brincante, plural, de múltiplas linguagens, sensorial e democrático. Espaço onde os professores em formação possam promover situações autoformativas e, ao mesmo tempo, identificar situações passíveis de reflexões, análises e intervenções.

Finalmente, que as brinquedotecas constituam-se no espaço que os estudantes da licenciatura em Pedagogia necessitam para tornarem-se professores brincantes, autônomos e democráticos, pois de acordo com Freire (1988), é necessário manter um pé no sonho e outro na realidade para seguir os caminhos da transformação.

Referências

ABREU, Roberta; D'ÁVILA, Cristina. Retalhos de uma história: o estado da arte dos estudos sobre ludicidade em universidades públicas na Bahia. *In*: D'ÁVILA, Cristina; FORTUNA, Tânia (org.). *Ludicidade, cultura lúdica e formação de professores.* Curitiba: CRV, 2018. p. 43-66.

ARROYO, Miguel. *Ofício de mestre*: imagens e autoimagens. 5. ed. Petrópolis: Vozes, 2002.

BRASIL. Lei n. 9.394/96 de 20 de dezembro de 1996. Estabelece as Leis de Diretrizes e Bases da Educação Nacional. *Diário Oficial da República Federativa do Brasil*, Brasília, dez. 1996.

BRASIL. Ministério da Educação. Secretaria de Educação Básica. *Brinquedos e brincadeiras na creche:* manual de orientação pedagógica. Brasília: MEC/SEB, 2012.

BRASIL. *Lei 8.069, de 13 de julho de 1990.* Estatuto da Criança e do Adolescente. Brasília: [*s. n.*], 1990.

BRASIL. Ministério da Educação. Secretaria de Educação Básica. *Diretrizes Curriculares Nacionais para a Educação Infantil*. Brasília: MEC/SEB, 2010a.

BRASIL. *Instrumento de avaliação de cursos superiores de pedagogia* (subsidia o ato de reconhecimento). Brasília, ago. 2010b.

BRASIL. Sistema Nacional de Avaliação da Educação Superior — SINAES. *Lei n 10.861, de 14 de abril de 2004.* Brasília, 2004. Disponível em: http://www.planalto. gov.br/ccivil_03/_ato2004-2006/2004/lei/l10.861.htm. Acesso em: 18 jul. 2017.

BRITES, Olga. *Imagens da Infância*: São Paulo e Rio de Janeiro, 1930 a 1950. São Paulo, Tese (Doutorado) — Faculdade de Ciências Sociais, Pontifícia Universidade Católica de São Paulo, São Paulo, 1999.

BROUGÈRE, Gilles. *Fomes ludiques et formes éducatives*. Paris: Université Paris-Nord, 2010.

CUNHA, Nylse Helena da Silva. Brinquedoteca: definição histórica no Brasil e no mundo. *In*: FRIEDMAN, Adriana *et al*. *O direito de brincar*. São Paulo: Scritta/Abrinq, 1992.

D'ÁVILA, Cristina Maria; LEAL, Luiz Antônio Batista. A ludicidade como princípio formativo. *Interfaces Científicas — Educação*, Aracaju, v. 1, n. 2, p. 41-52, fev. 2013.

FERNANDES, Florestan. *Folclore e mudança social na cidade de São Paulo*. 3. ed. São Paulo: Martins Fontes, 2004.

FORTUNA, Tânia Ramos. O jogo e a educação: uma experiência na formação do educador. *In*: SANTOS, Santa Marli Pires dos. *Brinquedoteca*: a criança, o adulto e o lúdico. Petrópolis: Vozes, 2010.

FREIRE, Gilberto. *Casa Grande e Senzala*. 20. ed. Rio de Janeiro: Livraria José Olímpio, 1988.

FRIEDMANN, Adriana *et al*. *O direito de brincar*. 4. ed. São Paulo: Scritta/Abrinq, 1992.

GIMENES, Beatriz Piccolo; TEIXEIRA, Sirlândia Reis de Oliveira. *Brinquedoteca*: manual em educação e saúde. São Paulo: Cortez Editora, 2011.

KISHIMOTO, Tizuko Morchida. A brinquedoteca no contexto educativo brasileiro e internacional. *In*: OLIVEIRA, Vera Barros (org.). *Brinquedoteca*: uma visão internacional. Petrópolis: Vozes, 2011.

KUHLMANN JUNIOR, Moysés; FERNANDES, Rogério. Sobre a história da infância. *In*: FARIA FILHO, Luciano Mendes (org.). *A infância e sua educação*: materiais, práticas e representações. Belo Horizonte: Autêntica, 2004. p. 15-33.

LABRIMP; FEUSP; PONTÃO DE CULTURA. *Projeto brincando e aprendendo na universidade*. São Paulo: Labrimp/MEB, 2009.

LACERDA, Edith *et al*. *Brinquedoteca Carretel da Folia*. Rio de Janeiro: Sata, 1999.

ENSINO, PRÁTICAS PEDAGÓGICAS E DIVERSIDADE

LOMBARDI, Lucia Maria Salgado dos Santos. O brincar na formação inicial dos pedagogos. *In*: KISHIMOTO, Tizuko Morchida; SANTOS, Maria Walburga (org.). *Jogos e brincadeiras*: tempos, espaços e diversidade. São Paulo: Cortez Editora, 2016.

OLIVEIRA, Vera Barros *et al. Brinquedoteca*: uma visão internacional. São Paulo: Vozes, 2011.

PANIZZOLO, Claudia. A formação de educadores em diferentes contextos: a brinquedoteca universitária como espaço lúdico e de pesquisa: desafios e possibilidades. CONGRESSO BRASILEIRO DE EXTENSÃO UNIVERSITÁRIA, 5., 2011. Porto Alegre. *Anais* [...]. Porto Alegre, Disponível em: http://ebooks.pucrs.br/edipucrs/Ebooks/Web/978-85-397-0173-5/Sumario/4.1.9.pdf. Acesso em: 10 abr. 2024.

PANIZZOLO, Claudia. O lugar do brincar e o brincar do lugar: algumas considerações acerca da brincadeira na Educação Infantil. *In*: PANIZZOLO, Claudia (org.). *O direito à infância e ao brincar*. Recife: Pipa Comunicação, 2013. (Cadernos de Residência Pedagógica).

PIMENTA, Selma Garrido. Formação de professores: identidade e saberes da docência. *In*: PIMENTA, Selma Garrido (org.). *Saberes pedagógicos e atividade docente*. São Paulo: Cortez Editora, 1999. p. 15-34.

RAMALHO, Márcia Regina de Borja; SILVA, Chirley Cristiane Mineiro da. A brinquedoteca. *Revista ACB*, [*S. l.*], v. 8, n. 1, p. 26-34, 2003. Disponível em: https://revista.acbsc.org.br/racb/article/view/402. Acesso em: 10 abr. 2024.

SANTOS, Santa Marli Pires dos (org.). *Brinquedoteca*: o lúdico em diferentes contextos. Petrópolis: Vozes, 1997.

TEIXEIRA, Sirlândia Reis de Oliveira. *Jogos, brinquedos, brincadeiras e brinquedotecas*: implicações nos processos de aprendizagem e desenvolvimento. 2. ed. Rio de Janeiro: Waak, 2014.

TEIXEIRA, Sirlândia Reis de Oliveira. *Brinquedoteca hospitalar na cidade de São Paulo*: exigências legais e a realidade. 2018. Tese (Doutorado em Educação) — Faculdade de Educação, Universidade de São Paulo, São Paulo, 2018.

VIEIRA, Livia Maria Fraga. *Creches no Brasil*: de mal necessário a lugar de compensar carências – rumo à construção de um projeto educativo. Dissertação (Mestrado) — Universidade Federal de Minas Gerais, Belo Horizonte, 1986.

VYGOSTKY, Lev. *A formação social da mente*. São Paulo: Martins Fontes, 1998.

7
Metodologias de ensino e tendências pedagógicas:
inter-relações em contexto na ação docente

Maria Leticia de Sousa David
Francisca Joselena Ramos Barroso
Francisco Mirtiel Frankson Moura Castro

Introdução

A ação docente engloba o planejamento, sua execução e a avaliação, por isso tem a necessidade de ser consolidada em uma prática reflexiva e na busca por aprendizagens significativas para os discentes. Assim, as metodologias de ensino podem ser situadas como caminhos pedagógicos para o alcance dos objetivos propostos à aprendizagem dos alunos, pois "[...] a metodologia de ensino, mais do que o conjunto dos procedimentos e técnicas de ensino, consiste em instrumentos de mediação para ajudar o aluno a pensar com instrumentos conceituais e os processos de investigação da ciência que se ensina [...]" (LIBÂNEO, 1994b, p. 78). Dessa maneira, é necessário que os professores compreendam que as metodologias de ensino desenvolvidas em sala de aula, muito mais que procedimentos de ensino, podem ser consideradas como importantes e intencionais ações pedagógicas dos docentes que objetivam, com isso, instigar o aluno a compreender e melhor assimilar diversos conhecimentos e saberes.

Esta pesquisa é oriunda de estudos realizados na disciplina de Pesquisa Educacional de um Curso de Licenciatura em Pedagogia no Ceará e teve como problema geral de estudo: que inter-relações são evidenciadas entre as metodologias e as tendências pedagógicas no contexto da ação docente? Esse problema de pesquisa, por sua vez, consolidou o seguinte objetivo geral: compreender que inter-relações são evidenciadas entre as metodologias e as tendências pedagógicas no contexto da ação docente. Espera-se que os frutos decorrentes da leitura deste texto estimulem os seus possíveis leitores a visualizarem os métodos de ensino como caminhos pedagógicos de realização do ensino com foco sempre na aprendizagem, resultando decisivamente, desse modo, em práticas pedagógicas reflexivas e transformadoras.

A abordagem metodológica escolhida para a pesquisa, realizada no ano de 2018, foi a qualitativa, porque: "A pesquisa qualitativa [...] trabalha com o universo dos significados, dos motivos, das aspirações, das crenças, dos valores e das atitudes. [...]" (MINAYO, 2012, p. 21). E foi desenvolvida em uma pesquisa de campo, que consistiu na aplicação de questionários, com perguntas abertas, a professores e alunos que cursam os anos finais do Ensino Fundamental.

A fundamentação teórica foi pautada nos estudos de Freire (1994), Farias *et al.* (2009), Libâneo (1994a; 1994b), Luckesi (2011), Marques (2016), Pimenta (1997), Saviani (2017), Silva (2018) e Veiga (2008). Os sujeitos desta pesquisa foram alunos que estudavam no 9º ano e os professores que lecionavam na turma observada de uma escola da zona rural de um município do Ceará. Optou-se por esse ano escolar no Ensino Fundamental, por compreender que eles já experienciaram vários métodos de ensino em sua escolarização ou, pelo menos, acredita-se previamente que isso tenha acontecido.

Dos 30 alunos matriculados no 9º ano, 22 responderam ao questionário, e todos os 8 professores que lecionam no referido ano do

Ensino Fundamental também responderam ao questionário. Os 22 alunos escolheram como nomes fictícios: Maria Sofia, Leiane, Rebeca, Sofia, Catrina, Khatarina, João Paulo, Ana, Jaqueliny, Enzo Gabriel, Antônio Carneiro, Fabrício, Paulo, Henrique Paulo, Katrina Borges, Zeni, João, Antônio, Pedro, Francisco, Erica e Lorena. Enquanto isso, os 8 professores pesquisados definiram como nomes fictícios: Ana, Siog, Joana, Maria, Ester, Rita, Vivian e Irene.

Este trabalho foi estruturado com uma introdução, ora já concluída, posteriormente na exposição e discussão dos resultados obtidos, que foram focados mediante a análise das seguintes categorias: métodos de ensino e aprendizagem dos discentes. Em seguida, a análise dos dados foi pautada na fundamentação teórica dos autores mencionados anteriormente. Por fim, apresentam-se as conclusões da pesquisa, que foram constituídas a partir dos conhecimentos produzidos ao longo deste escrito e estudo.

Fundamentos da prática pedagógica

De início, é importante considerar, no que se refere às aulas, que são os momentos de maior importância dentro da instituição escolar, pois propiciam a instrução formal por meio dos métodos de ensino escolhidos pelo professor durante o planejamento. Entretanto, esse momento em que se realiza a formação escolar assume funções distintas, quando vinculado às perspectivas liberais ou às progressistas que regem a prática escolar, dimensões que fundamentam as tendências pedagógicas. E cabe salientar que essas perspectivas formativas dependem do tipo de educação e de sociedade que se quer constituir, visto que existem três tendências que interpretam o papel da educação na sociedade, que são: redentora, reprodutora e transformadora (LUCKESI, 2011).

O exercício da docência é complexo, já que requer vários saberes e conhecimentos necessários ao seu desenvolvimento e formação. Isso significa reconhecer que estes que sustentaram a docência necessitam de uma formação profissional que venham articular teoria e prática (VEIGA, 2008). Nessa perspectiva, "[...] o professor, pesquisando e refletindo sobre sua ação docente, constrói saberes que lhe permitam aprimorar o seu fazer docente. [...]" (PIMENTA, 1997, p. 22). Por isso, a aprendizagem necessita permear toda a trajetória profissional docente e promover a constituição de saberes que medeiem a prática pedagógica.

A compreensão da formação e do trabalho realizado nas instituições de ensino requer o estudo e a compreensão das tendências pedagógicas, que estão inter-relacionadas, já que não estão estáticas nem totalmente distantes, por isso é complexa sua classificação e estudo. Assim, na perspectiva de Luckesi (2011, p. 72, grifos do autor): "A exposição das tendências pedagógicas compõe-se de uma categorização geral das tendências *liberal* e *progressista* [...]". A tendência liberal se divide em: tradicional, renovada progressista, renovada não diretiva e tecnicista.

A tendência progressista é sistematiza em: libertadora, libertária e crítico-social dos conteúdos (LUCKESI, 2011). Assim sendo, fez-se relevante o estudo sobre as tendências pedagógicas para compreender a função que os métodos de ensino exercem quando relacionados a determinadas tendências pedagógicas. No ensino, além do método expositivo, há métodos de trabalho independente, de elaboração conjunta, de trabalho em grupo e atividades especiais, esses são explicados por Libâneo (1994b) e expressam perspectivas formativas distintas.

Com isso, os métodos de ensino são caminhos que auxiliam a prática pedagógica para a apropriação do saber e de vários conhecimentos. São meios que medeiam, de certo modo, as inter-relações entre professor-conhecimento-aluno. Além disso, no fazer docente há aspectos que viabilizam a aprendizagem, que são: o planejamento (1), a execução — por meio das metodologias de ensino (2) — e a avaliação (3), que é também um caminho, que poderá propiciar a reflexão e a intervenção na prática pedagógica com fins de consolidar com êxito a aprendizagem dos discentes, constituindo os três momentos da ação didática. Destaca-se que:

ENSINO, PRÁTICAS PEDAGÓGICAS E DIVERSIDADE

> [...] ensinar é ajudar o aluno a captar o caminho do pensamento científico e dos processos de investigação da ciência ensinada. Quando estão aprendendo, os alunos percorrem o mesmo caminho do cientista. O aluno aprende os conteúdos aprendendo os procedimentos com os quais se trabalha na matéria (LIBÂNEO, 1994b, p. 83).

Portanto, ensinar significa auxiliar o aluno nos caminhos formativos para chegar ao domínio dos saberes científicos. Nessa perspectiva, este aprende os conteúdos aprendendo também os diferentes procedimentos para trabalhar as particularidades de cada componente curricular. Ainda se tratando da ação pedagógica, "[a] avaliação, portanto, precisa ser abrangente, tomar o indivíduo como um todo. Seus critérios devem contemplar não só a habilidade de reter conhecimento, mas de processá-lo, construí-lo, utilizá-lo em situações reais de vida. [...]" (FARIAS *et al.*, 2009, p. 121). Ou seja, a avaliação precisa ser processual e em si formativa, observando-se as habilidades e potencialidades adquiridas pelos discentes e identificando-se os aspectos que necessitam de intervenção. Nesse sentido, essas três dimensões da ação didática — planejamento, metodologias de ensino e avaliação — são relevantes para a práxis docente, que pode ser compreendida como:

> [...] um conceito que, embora seja frequentemente considerado como sinônimo de prática, em sentido próprio é um conceito dialético que sintetiza, na forma de superação, os dois elementos contrários representados pela teoria e pela prática. Nesse sentido a práxis pode ser definida como atividade humana prática fundamentada teoricamente (SAVIANI, 2017, p. 4-5).

Com isso, fica explícito que a práxis docente é definida como uma ação orientada por pressupostos teóricos e empíricos, que objetiva constituir uma maior aprendizagem por parte dos alunos. Desse modo, a educação reflexiva, com o objetivo de tornar-se também transformadora, precisa viabilizar de modo crítico a formação de professores, em decorrência de sua relevância para a profissionalização docente.

Essa formação necessita, por sua vez, ser fundamentada em conhecimentos e saberes pedagógicos, expressos em fundamentos teóricos. A formação e a ação dos professores evidenciam e se expressam em diferentes tendências pedagógicas, que, de certo modo, inter-relacionam-se, existindo as liberais e as progressistas. Deste modo,

> A pedagogia liberal sustenta a ideia de que a escola tem por função preparar os indivíduos para o desempenho de papéis sociais, de acordo com as aptidões individuais, por isso os indivíduos precisam aprender a se adaptar aos valores e às normas vigentes na sociedade de classes através do desenvolvimento da cultura individual. [...] (LUCKESI, 2011, p. 73).

Por isso, a pedagogia liberal enfoca a conservação dos preceitos alienantes da sociedade, visando conservar, assim, os sujeitos mais providos de riqueza e os mais excluídos socialmente. O docente é visto como único detentor do saber e os discentes como meros receptores dos conhecimentos, situação que reflete sobre a escolha e o desenvolvimento das metodologias de ensino, contexto esse que tem impacto direto na prática pedagógica. Na pedagogia liberal estão circunscritas as tendências: tradicional, renovada progressista, renovada não diretiva e tecnicista. Quanto a isso, Luckesi (2011, p. 73) descreve que:

> Na tendência tradicional, a pedagogia liberal se caracteriza por acentuar o ensino humanístico [...]. Os conteúdos, os procedimentos didáticos, a relação professor-aluno não têm nenhuma relação com o cotidiano do aluno e muito menos com as realidades sociais. [...].

Em virtude dos aspectos citados, a aprendizagem desenvolvida em uma perspectiva tradicional é mecânica, quando é dissociada das experiências e sem contextualização, a execução pedagógica é monótona e cansativa aos alunos, que são minimizados diante das contribuições que poderiam oferecer à aula. Na tendência renovada progressista, o ensino é centrado no aluno e na adequação de suas aptidões individuais ao meio social, em detrimento dos conteúdos historicamente elaborados, fazendo com que estes busquem se inserir de acordo com a classe à qual pertencem. A renovada não diretiva centra-se na formação de atitudes e em aspectos psicológicos, prescindindo os pedagógicos e sociais.

No tecnicismo, a escola tem interesse em produzir sujeitos "competentes" para o mercado de trabalho, por isso a formação centra-se na preparação técnica e mecanizada. Assim, apenas os mais ricos recebem uma educação que emancipe, que os prepare para ser dirigentes, que suscite a criticidade. Os demais receberão uma educação alienante e que origine a conformidade. À vista disso, aponta-se que: "[...] ensinar não é apenas transmitir a matéria; é um assunto pedagógico e também, psicológico e ético, voltado para a formação da personalidade" (LIBÂNEO, 1994b, p. 66). Logo, o ensino não pode somente ser veiculado à transmissão de conteúdos, mas pelos vieses pedagógicos e éticos, promovendo a autonomia e reflexão aos alunos, buscando a transformação social por meio da aprendizagem.

Em adição, "[...] a pedagogia progressista não tem como institucionalizar-se numa sociedade capitalista; daí ser ela um instrumento de luta dos professores ao lado de outras práticas sociais" (LUCKESI, 2011, p. 84). Ou seja, a pedagogia progressista visa ser um meio de luta contra a exploração e a opressão à qual a sociedade capitalista está submetida, com a compreensão da realidade. Dessa forma, essa circunscreve as tendências libertadora, libertária e crítico-social dos conteúdos. Nesse sentido, a tendência libertadora tem a contribuição teórica de Freire como principal representante, pois ele defende a educação como um meio de transformar realidades e pensamentos alienantes. Nessa perspectiva, na tendência libertária são discutidas criticamente as vivências, mas não são conhecidos os pressupostos elaborados historicamente pela humanidade.

Já na tendência crítico-social dos conteúdos,

[...] A difusão de conteúdos é a tarefa primordial. Não conteúdos abstratos, mas vivos, concretos e, portanto, indissociáveis das realidades sociais. A valorização da escola como instrumento de apropriação do saber é o melhor serviço que se presta aos interesses populares, já que a própria escola pode contribuir para eliminar a seletividade social e torná-la democrática. Se a escola é parte integrante do todo social, agir dentro dela é também agir no rumo da transformação da sociedade (LUCKESI, 2011, p. 90).

Nesse contexto, a aquisição dos conteúdos é essencial para que os alunos se libertem da alienação e alcancem a criticidade e, por meio da apropriação dos saberes, ascendam socialmente e rompam com os ideais opressores da sociedade capitalista. Logo, "[...] as tendências pedagógicas contribuem no desenvolvimento do processo de ensino e aprendizagem, influenciam a relação aluno/professor e definem a prática docente em sala de aula" (SILVA, 2018, p. 97). Pode-se inferir ainda, com isso, que nenhuma tendência anula a outra, uma vez que na atualidade se visualizam ainda traços marcantes de cada uma das tendências pedagógicas apresentadas, influenciando em vários aspectos da dinâmica escolar. Nesse sentido, compreender as tendências pedagógicas no âmbito educativo significa entender os pressupostos teóricos e metodológicos que permeiam e fundamentam a prática pedagógica.

Com efeito, acrescenta-se que a tendência pedagógica tradicional estimula a formação de um sujeito racional cuja identidade é fixa e imutável (MARQUES, 2016). Logo, nessa tendência pedagógica são marcas o excesso de rigorosidade e autoritarismo. O professor é visto como único detentor do saber, enquanto o aluno "absorve" os conteúdos transmitidos, e é impossibilitado de ser autônomo e reflexivo. Em contrapartida, surge outra tendência que se preocupa com o "sujeito sociológico", ou seja, com a interação do homem com a sociedade. A transmissão de conhecimento, por sua vez, deve estar atrelada à experiência de vida dos estudantes. E, por fim, em um contexto pós--moderno, funda-se a escola crítica, nesta o processo educacional se dá a partir da constituição contínua e coletiva dos sujeitos, promovendo o interesse e a reflexão sobre os atos sociais e históricos, isso com fins de se constituir a transformação da sociedade. A seguir, constam as considerações sobre os sujeitos pesquisados, professores e alunos, com relação às metodologias de ensino.

O que dizem os sujeitos pesquisados acerca das metodologias de ensino?

De início, é importante considerar que "Uma tendência pedagógica origina-se no contexto social e influencia práticas pedagógicas, visando contemplar determinadas expectativas, seja da classe dominante seja da trabalhadora" (SILVA, 2018, p. 98). Ou seja, a Educação não é neutra, visto que as tendências pedagógicas são constituídas pela relação dinâmica histórico-social, dessa maneira sempre estão a serviço de alguma classe social e refletem uma determinada ideologia. Nesse sentido, as práticas pedagógicas desenvolvidas em sala de aula contribuem para a formação dos estudantes, que podem aliená-los ou conscientizá-los, situação que requer maiores reflexões. Esta seção se dedica a evidenciar a relação existente entre tendências pedagógicas e as metodologias de ensino.

Foram aplicadas, inicialmente, perguntas direcionadas à compreensão da categoria teórica *métodos de ensino*, com o objetivo de compreender a perspectiva de professores e alunos pesquisados sobre esse enfoque. Quanto ao questionário direcionado aos professores, perguntou-se que métodos de ensino, na percepção deles, possibilitam maior aprendizagem aos alunos. Evidenciou-se que "Métodos que visem à participação, o protagonismo dos alunos. Onde o professor seja um mediador, um incentivador do aluno, na busca pelo conhecimento" (Ana). Ou seja, processos que façam com que professor e aluno interajam e se sintam transformados, diante da prática pedagógica, por meio do compartilhamento dos conhecimentos. Todavia, outro sujeito afirmou que: "Métodos de exposição pelo professor, explicação verbal, ilustrações, exemplificações, demonstrações dadas"

(Joana), evidenciando o professor ainda de forma tradicional, como centro do ensino e aprendizagem e, por conseguinte, o aluno como um receptor passivo.

Nessa perspectiva, também se indagou a respeito do *livro didático*, investigando se era necessária a articulação deste recurso com outros. Descreveu-se que: "Sim, o livro didático tiramos dúvidas, reforça a explicação feita pelo professor. No entanto, o livro não deve ser a única maneira de se obter conhecimento, devem-se buscar outras fontes, por exemplo: internet com *links* seguros e confiáveis" (Irene), evidenciando que esse recurso é relevante para a prática pedagógica, mas há um problema quando o professor se centra na restrição a ele, porquanto, isso faz com que a aprendizagem se torne limitada e frágil, restrita ao que consta no livro. Porém, também foi escrito que: "Na área que atuo, o livro é bem articulado, pois tem diferentes formas de abordar o conteúdo" (Siog). Ou seja, para esse profissional, o livro não deve ser articulado a outros métodos, por já possuir um amplo conjunto de experiências.

Além disso, foi expresso que "[...] é através do mesmo que buscamos uma motivação tanto no processo de ensinar como no de aprender" (Vivian). Ou seja, o livro norteia aspectos relevantes da prática pedagógica. Desse modo, é um recurso essencial no ensino e na aprendizagem, mas não pode ser o único meio utilizado na ação docente. Isso precisa ser reconhecido, porque a produção de conhecimentos não é restrita a esse meio, mas envolve aspectos que permeiam a conjuntura social, política, educacional e econômica, e que despertam a criticidade dos discentes, sendo muito relevante para a prática pedagógica.

Foi questionado sobre quais *metodologias de ensino* eram usadas na turma de 9° ano do Ensino Fundamental, e se expôs que "Na minha área há possibilidades de unir teoria e prática, porém a escola não possui totais condições, como aula de campo: transporte é complicado, e com isso fica difícil compor a aula" (Siog). Revelando as fragilidades que permeiam a educação pública, pois as dificuldades estruturais interferem na execução do planejamento docente, fazendo com que se opte por mecanismos que restringem a instrução formal ao âmbito da sala de aula, nota-se que dificulta a reflexão e o pensamento crítico, por não se relacionar, efetivamente, teoria e prática, situação que requer atenção no plano de aula.

A professora Ester retratou que utiliza "Aulas de campo, trabalhos em equipe em que haja espaço para a criatividade e atividades que possibilitem a oralidade". Mesmo com as dificuldades estruturais que permeiam a escola, podem ser desenvolvidas várias atividades formativas, aproveitando outros espaços que compõem esse local, trazendo outras percepções sobre o próprio contexto vivenciado. Rita também contemplou essas reflexões sobre o contexto, afirmando a importância dos: "[...] projetos propostos, que incluem temas como diferentes manifestações culturais e compreensão da diversidade da língua, através da arte, entre outros". Projetos que também levam os discentes a conhecer a diversidade cultural do seu contexto social. Por meio desses recortes de informações fornecidas pelos sujeitos pesquisados, percebeu-se que esses métodos não se restringem apenas ao 9° ano, mas podem ser aplicados em outras turmas do Ensino Fundamental e etapas da Educação Básica.

Foi pesquisado sobre as metodologias que estimulam o gosto pela aprendizagem nos alunos. Maria delimitou o uso de "Dinâmicas e/ou jogos conforme o conteúdo estudado; Vídeos (filmes/documentários) de acordo com as temáticas estudadas; Debates que fariam com que o aluno saísse da posição de receptivo e se tornasse protagonista no ensino e na aprendizagem". Nessa perspectiva, citaram-se especificidades da era tecnológica pela professora Irene: "Atualmente, os jovens que estudam no 9° ano, eles são de uma geração tecnológica. Podemos aliar esse recurso como fonte de aprendizagem, exemplo: jogos, animações, aplicativos, vídeos". Isso é necessário, pois poderá desenvolver nos discentes uma relação de identificação entre os preceitos que manipulam em suas relações sociais e os que são trazidos à escola.

Com isso, indagou-se se o método expositivo tornava atrativo o aprendizado na escola. Ana retratou que: "Não. Mas tem se tornado a prática mais frequente em nossas salas de aula atualmente, pois quando se propõem vídeos, filmes, muitas vezes não são atrativos ou interessantes para os alunos, porque os alunos dizem já terem visto na internet". Isso mostra que os professores têm dificuldade quanto à inovação, e pode se dar pela ausência da formação continuada ou também pelo não compartilhamento de saberes da experiência entre os docentes, situação que necessita de maiores reflexões em estudos posteriores. Isso resulta na busca isolada dos professores pelo desenvolvimento do trabalho escolar. Contudo, a formação desenvolvida na escola precisa ser situada como uma constituição coletiva, colaborativa e, para isso, nas escolas se faz necessário haver a interação e interdisciplinaridade na prática pedagógica.

Também se indagou sobre as metodologias que evidenciam as potencialidades individuais dos alunos e que viabilizam uma aprendizagem colaborativa. Respondeu-se: "O trabalho em duplas ou grupos" (Ana). Por meio da interação se expressam os conhecimentos individuais e se compartilham as experiências. Dessa forma, dando continuidade à análise dos questionários direcionados aos professores, e se direcionando à segunda categoria teórica, *aprendizagem dos discentes*, foi questionado sobre os indícios que demonstram que o discente conseguiu aprender o conteúdo ministrado. Mostrou-se que: "Participando da aula, fazendo perguntas e conseguindo resolver as atividades propostas" (Joana). Desse modo, os alunos demonstram que estão aprendendo, pois as inquietações dinamizam a prática pedagógica e explicitam que os discentes têm interesse em aprender.

Em continuação, foi perguntado sobre as metodologias que viabilizam a associação dos conteúdos com a realidade no último ano do Ensino Fundamental. Ana evidenciou que o professor precisava se posicionar: "Como um mediador e incentivador da busca pelo conhecimento, promovendo debates e incentivando a pesquisa". Com relação ao exposto, infere-se que, com esse posicionamento docente, os discentes procurarão em todos os pressupostos a comprovação científica, mas não irão desvalorizar as riquezas culturais provindas dos saberes da experiência e, consequentemente, também do senso comum.

Ainda foi apontado que o professor precisa atuar "Mostrando o quão é importante o Ensino Fundamental e mostrando com o que vão se deparar em seguida" (Siog). Ou seja, mostrando que os desempenhos obtidos no Ensino Médio — como última etapa da Educação Básica — e na Educação Superior estão relacionados com as práticas pedagógicas realizadas também no Ensino Fundamental. Por conta disso, os alunos precisam compreender a relevância desse processo, para que não o negligencie em seu processo formativo. Assim, explicitou-se, desse modo, a necessidade de planejar a prática pedagógica e de fazer da aula um espaço de múltiplas vivências, além de fazer com que o discente se envolva e participe, porque muitos alunos, mesmo em silêncio, não se encontram atentos.

Portanto, não são somente os métodos de ensino que viabilizam a aprendizagem significativa, mas também os sujeitos, o compartilhamento de saberes e o posicionamento crítico e reflexivo diante da Educação, respeitando os saberes dos alunos, associando-os aos produzidos cientificamente e viabilizando a aquisição do capital cultural, o qual se refere a todas as formas de acesso à cultura na sociedade por parte do sujeito. Com isso, no questionário destinado aos alunos, dentre as questões elaboradas para a categoria teórica *métodos de ensino*, perguntou-se a definição de modos tradicionais de ensino. E citaram-se diversos conceitos, como o de que "Modos tradicionais e ensino tradicional são, por exemplo, atividade de fazer cópias, palmatória, elaborar questões de um texto (questionário), usar livros para as atividades, ficar sem recreio" (Antônio Carneiro). Ou seja, atividades que assumem funções autoritárias, como castigos pela indisciplina e atividades repetitivas no ensino e na aprendizagem, viabilizando apenas a aprendizagem mecânica.

Em acréscimo, perguntou-se a respeito da utilização frequente do livro didático, indagando se isso tornava a aprendizagem desinteressante. As respostas foram diversas. Leilane afirmou que: "Não, eu não acho a aula ruim com os livros, pois os livros ajudam a gente a compreender mais, se não entender a gente pode ler os textos mais uma vez e assim o estudo fica mais fácil". Revelando os benefícios desse recurso à obtenção de saberes, outro sujeito destacou que: "Sim, porque os alunos devem ter alguma distração, utilizar o livro sempre é chato, ouvir só o professor falando é entediante, tem que dar uma variada de vez em quando" (Katrina). Ficou-se explícita a necessidade de utilizar outros meios de ensino que despertem a criatividade e rompam de modo processual com o ensino tradicional.

Na segunda categoria teórica, *aprendizagem dos discentes*, no questionário aplicado aos professores, também foi questionada a definição do ensino tradicional e se o mesmo era benéfico à aprendizagem dos alunos. A professora Ana disse que: "É o ensino onde o professor é protagonista. Em algumas situações, sim, pois existem alunos que não querem ser protagonistas da sua aprendizagem". Evidencia-se que, por vezes, os alunos não querem participar, isso pode ocorrer porque se sentem desmotivados, não reconhecem a importância da formação, não veem utilidade nos conteúdos expostos, mas é importante dizer que isso não é protagonismo, mas uma expressão de autoritarismo. O que pode ser feito para mudar essa situação é despertar, por parte do docente, a motivação dos discentes por meio do debate a respeito do papel da educação sistematizada e da finalidade do ingresso à escola.

A tendência crítico-social dos conteúdos se opõe completamente a essa postura tradicional, colocando os conhecimentos como meios de libertação aos alunos, por intermédio da emancipação. Desse modo, "[...] a pedagogia crítico-social assume a historicidade da escola, sendo determinada pelos interesses opostos das classes existentes na sociedade, e, ao mesmo tempo, determinante porque a história é fruto da atividade humana transformadora" (LIBÂNEO, 1994a, p. 128). Então, essa tendência estuda os saberes da humanidade e, ao mesmo tempo, intervém nela, produzindo novas concepções e, assim, outros saberes.

Mediante os aspectos comentados, na segunda categoria teórica, *aprendizagem dos discentes*, no questionário destinado aos alunos, perguntou-se como o professor poderia atuar para tornar prazerosa a aprendizagem dos discentes. Foi relatado que: "Tendo um bom relacionamento com os alunos" (Maria Sofia). Isso significa que é importante que os docentes conheçam o contexto que permeia a vida dos alunos e as fragilidades sociais que interferem em sua aprendizagem, procurando também, por meio de projetos, envolver a família em determinadas atividades escolares, para que o aluno se sinta motivado aos estudos.

A aluna Catrina afirmou que é relevante: "Trazer aulas diferentes, aulas criativas; trazer filmes sobre o assunto; formar grupos para fazer as atividades". Isso evidencia que essas seriam também maneiras de estimular o aprendizado dos alunos, porque fariam com que a criatividade e a oralidade dos alunos fossem estimuladas. Também se questionou sobre atividades escolares que fomentam a competição, buscando perceber se ela estimula ou desestimula a aprendizagem dos educandos. Várias percepções foram expressas a partir desse aspecto. Foi dito que: "Estimula porque, quando a pessoa perde, ela quer ficar mais forte" (Pedro). Isso mostra que esse aspecto pode originar também a perseverança e a busca incessante pelo conhecimento. Mas, nesse aspecto, também pode surgir a decepção pelo não alcance da vitória, do não reconhecimento, da preferência por outro aluno e isso, conforme destacado na pesquisa, "Desestimula, pois dispersa a turma na aula" (Fabrício).

Questionou-se também a contribuição de atividades quando realizadas em grupos menores, revelando que: "A turma aprende mais quando todos trabalham juntos. Então na competição apenas um pequeno grupo aprende" (Ana). Isso ressalta a necessidade de procurar desenvolver a harmonia na turma, por meio da interação e não com ações que estimulem somente a competição. É importante destacar também que: "Poderia ser para aumentar a aprendizagem, mas alguns alunos não querem isso e só se juntam em grupos para conversar ou bagunçar" (Lorena). Desse jeito, revela-se um grande problema no âmbito escolar, os comportamentos conflitantes, situação que precisa de maiores reflexões entre os sujeitos que integram a prática pedagógica, alunos e professores.

Ao finalizar as discussões sobre a categoria *aprendizagem dos discentes*, no questionário destinado aos alunos, perguntou-se aos discentes sobre como o professor pode atuar durante a aula para diminuir as dificuldades na aprendizagem da turma. Sobre isso, foi apontado: "Trazer atividades em que todos os alunos participem. [Exemplo]: leitura do texto compartilhado, cada aluno responder uma questão no quadro; as aulas não serem tão extensas" (Catrina). Essas ações podem tornar o aluno atuante na prática pedagógica, porque fazem com que expresse suas dificuldades e suas potencialidades na relação do ensino com a aprendizagem. Ana afirmou na pesquisa que: "O professor deve acompanhar o desenvolvimento do aluno para promover o aumento de sua aprendizagem". Isso mostra que, com o acompanhamento pedagógico dos alunos, perceber-se-á quais aspectos formativos precisam ser aprofundados.

Portanto, evidencia-se que o ensino tradicional interfere na aquisição de conhecimentos, em virtude do autoritarismo, da desvalorização dos saberes do aluno, do estímulo da aprendizagem mecânica e da crença por parte do professor. Em oposição a esse, há a tendência pedagógica crítico-social dos conteúdos, que liberta, viabiliza a aprendizagem significativa e situa o aluno como sujeito, e não objeto, na prática pedagógica. Dessa maneira: "[...] O conhecimento se faz a partir de relações de poder e interesse de acordo com contexto social no qual o sujeito se encontra inserido [...]" (MARQUES, 2016, p. 139). Nesse sentido, as práticas pedagógicas precisam ter como objetivo instigar nos alunos a apropriação sobre as contradições da realidade social e, por conseguinte, para que eles busquem transformá-las.

A criatividade do professor se expressa no uso diversificado de metodologias de ensino e na reflexão do professor sobre a ação educativa, buscando formular novas formas de conduzir o ensino e, consequentemente, proporcionar a aprendizagem dos alunos de modo significativo. Nesse sentido, perguntou-se aos alunos, na primeira categoria denominada *métodos de ensino*, se era importante articular a utilização do livro didático com atividades dinâmicas de ensino, como a utilização de jogos ou vídeos. E foi destacado por uma aluna que: "Sim, porque a aula fica mais interessante e o aluno tem vontade, pergunta, tem aquele interesse na aula e fica mais variada" (Katrina).

Isso mostra as inúmeras particularidades da prática pedagógica que permeiam e necessitam da criatividade na ação docente.

Foi questionado aos discentes sobre o que é tornar a aula dinâmica. Fabrício escreveu que "Uma aula dinâmica não é quando você fica quieto na hora da explicação, mas quando você participa". Ou seja, é quando se situam em postura participava os discentes, fazendo-os elaborar suas conclusões com relação aos pressupostos dialogados, envolvendo os alunos na constituição do saber e na produção do conhecimento, situações relevantes para a aprendizagem. Foi exposto também que: "Fazer trabalhos culturais, ter teatro, que tenha relação com o conteúdo e as leituras em grupo" (Leiane). Ou seja, a realização de projetos que mostrem habilidades que se encontram nos alunos e que favoreçam a reflexão crítica.

Nessa perspectiva, indagou-se se uma aula que fuja à rotina permite uma maior obtenção de saberes ou acaba dispersando a turma. Foi exposto que: "Ocasiona dispersão e faz com que os alunos não aprendam" (Maria Sofia). Com isso, fica explícito que essas fazem com que os alunos se desconcentrem e, assim, não obtenham a aprendizagem, mas cabe evidenciar que isso é relativo e requer maior atenção por parte dos docentes, pois depende da dinâmica usada no despertar da aprendizagem e de como os alunos estão no momento da sua realização. Porém, foi destacado ainda que "As aulas dinâmicas são boas, elas contribuem para que os alunos aprendam os conteúdos com mais facilidade" (Katharina). Logo, as aulas que são realizadas por meio de diferentes metodologias podem facilitar a aprendizagem dos alunos com relação aos conhecimentos científicos.

Percebeu-se por meio da análise de dados que a prática pedagógica é permeada por inúmeros desafios, que podem ser rompidos também com a maior valorização da formação continuada e, por conseguinte, com o aperfeiçoamento constante da formação de professores, inclusive com o estudo sobre as tendências pedagógicas. Dessa forma, a criatividade representa, ao mesmo tempo, um desafio e uma necessidade ao professor, pois fará com que o ensino e a aprendizagem encontrem resultados mais eficazes na elaboração do conhecimento.

Conclusão

Compreendeu-se neste estudo que a aprendizagem é permeada por particularidades que são originadas pelos diferentes contextos dos alunos, e que cabe ao docente procurar desenvolver formas criativas de conduzir de modo satisfatório o ensino e a aprendizagem, contexto que está vinculado à escolha dos métodos de ensino. Os métodos de ensino têm papel fundamental ao desenvolvimento da aprendizagem, porém não podem resumir-se aos meios de ensino expositivos, porque é preciso atrelá-los a formas de ensino que estimulem o trabalho independente, que promovam a elaboração conjunta da aprendizagem e que instiguem o trabalho em grupo, para que os alunos tenham contato com a realidade.

Constatou-se, por meio da pesquisa, que é necessária a utilização de métodos de ensino que permitam maior interação entre os discentes, para que estes assimilem os conteúdos com mais facilidade, associem estes à realidade e, por meio da criticidade, libertem-se da alienação. Contudo, todo o processo, desde o planejamento até a avaliação, é indispensável para que no magistério se promova com êxito a aprendizagem significativa. Também é importante destacar que os docentes necessitam compreender as tendências pedagógicas e suas especificidades, e assim escolher e desenvolver estratégias de ensino que melhor se relacionem com a realidade dos seus discentes, isso com vista a sua transformação crítica na sociedade.

E, por fim, cabe ainda salientar que o conhecimento não é estável, mas um movimento constante do vir a ser e, desse modo, é importante que as ações que serão realizadas em sala de aula permitam, por meio das metodologias de ensino, momentos de reflexões sobre e nas práticas pedagógicas. Nesse sentido, a sala de aula precisa ser compreendida como um espaço de discussão, onde professor e aluno interagem de maneira ativa e produzem saberes constantemente relevantes para compreender e mudar a história, a sociedade e a si mesmos.

Referências

FARIAS, Isabel Maria Sabino de *et al*. *Didática e docência*: aprendendo a profissão. 2. ed. Brasília: Liber Livro, 2009.

FREIRE, Paulo. *Pedagogia do oprimido*. 17. ed. Rio de Janeiro: Paz e Terra, 1994.

LIBÂNEO, José Carlos. *Democratização da escola pública*: a pedagogia crítico-social dos conteúdos. São Paulo: Loyola, 1994a.

LIBÂNEO, José Carlos. *Didática*. São Paulo: Cortez Editora, 1994b.

LIBÂNEO, José Carlos. Didática e epistemologia: para além do embate entre a didática e as didáticas específicas. *In*: VEIGA, Ilma Passos Alencastro; D'ÁVILA, Cristina Maria (org.). *Profissão docente*: novos sentidos, novas perspectivas. 2. ed. Campinas: Papirus, 2008. p. 59-88.

LUCKESI, Cipriano Carlos. *Filosofia da educação*. 3. ed. São Paulo: Cortez Editora, 2011.

MARQUES, Wagner. Tendências pedagógicas e formação da identidade: breves reflexões inserindo sujeitos. *Revista Digital Simonsen*, Rio de Janeiro, n. 4, jun. 2016. Disponível em: www.simonsen.br/revistasimonsen. Acesso em: 3 jul. 2020.

MINAYO, Maria Cecília de Sousa (org.). *Pesquisa social*: teoria, método e criatividade. 32. ed. Petrópolis: Vozes, 2012.

PIMENTA, Selma Garrido. Para uma re-significação da didática. *In*: PIMENTA, Selma Garrido (org.). *Didática e formação de professores*: percursos e perspectivas no Brasil e em Portugal. São Paulo: Cortez Editora, 1997. p. 19-76.

SAVIANI, Dermeval. Democracia, educação e emancipação humana: desafios do atual momento brasileiro. *Psicologia Escolar e Educacional*, São Paulo, v. 21, n. 3, set./dez. 2017.

SILVA, Aracéli Girardi. Tendências pedagógicas: perspectivas históricas e reflexões para a educação brasileira. *Unoesc & Ciência* — ACHS, Joaçaba, v. 9, n. 1, p. 97-106, jan./jun. 2018.

VEIGA, Ilma Passos Alencastro. Docência como atividade profissional. *In*: VEIGA, Ilma Passos Alencastro; D'AVILA, Cristina (org.). *Profissão docente*: novos sentidos, novas perspectivas. 2. ed. São Paulo: Papirus, 2008.

8
Docência:
entre saberes e construção de identidade[1]

Deise Becker Kirsch
Maria da Graça Nicoletti Mizukami

Palavras iniciais

Este texto advém da pesquisa de doutorado realizada no campo da formação de professores e concentra ideias basilares acerca dos saberes e da construção de identidade docente, considerando alguns autores clássicos da literatura na área, bem como traz contribuições de estudos realizados no Brasil e em outros países.

O texto está organizado em duas seções, sendo a primeira "Saberes da docência", que busca desvelar os diferentes saberes que compõem a profissão; e a segunda, "Dimensões na formação da identidade docente", que caracteriza o processo de construção do ser professor e abrange vivências pessoais, profissionais e institucionais.

---

1. O texto aqui apresentado compõe a tese de doutorado *Processos de ensinar e de aprender: os instrutores militares e os cadetes da Aeronáutica* (KIRSCH, 2013).

Saberes da docência

Quando tratamos de professores e de sua formação, existem, nesse campo, inúmeras áreas de atuação: professores de Matemática, de História, de Biologia, de Sociologia, entre outros e, além disso, podem exercer a profissão nos níveis de ensino: básico e/ou superior. Entretanto, o que existe em comum nesse aspecto é que todos possuem uma atividade profissional, a docência, e, como toda profissão, exige que os sujeitos dominem certo tipo de conhecimento.

Esse conhecimento em questão não é aquele específico da área de atuação, como os das disciplinas supracitadas. Mas, sim, é todo aquele ligado à aprendizagem da docência e à consolidação dessa prática pelo profissional. Para ser professor, nem sempre os sujeitos possuem uma formação pedagógica, porém, de alguma maneira, eles aprendem a ensinar.

No processo formativo para o trabalho docente, este implica pensarmos na aprendizagem do adulto e nos aspectos que estão diretamente a ela relacionados que, segundo Santos (2008), são: a aprendizagem autônoma, a Andragogia e a experiência adulta.

Em sua tese, a autora remete à aprendizagem autônoma, primeiramente, no sentido de que se caracteriza por ser independente, voltada ao autoensino, que requer aprender com a própria experiência e pode se dar individualmente e também no grupo, de modo que todos colaborem uns com os outros nesse percurso.

Podemos considerar que a aprendizagem autônoma é um dos aspectos relevantes no processo de aprendizagem docente, isso porque, após a formação inicial, é o próprio sujeito quem vai guiar o seu desenvolvimento profissional, e vai depender muito do seu interesse e da sua capacidade de buscar novos conhecimentos, não só através de cursos formalmente instituídos, mas também de aprender a buscar nos referenciais respostas para seus problemas, aprender, no dia a dia da profissão, a ampliar seus saberes e, igualmente, aprender a trabalhar em equipe.

Com relação à Andragogia, Santos (2008) coloca como sendo a teoria da aprendizagem do adulto. Isso vem ao encontro da aprendizagem autônoma, no momento em que considera a variedade de experiências que um adulto possui e como isso contribui em seu processo formativo. Diferentemente da Pedagogia, na Andragogia os fatores motivacionais internos são muito mais decisivos na aprendizagem do sujeito do que os fatores externos. Isso ocorre porque o adulto está em outro patamar em relação à criança, sendo que carrega consigo muito mais experiências, tanto positivas quanto negativas. Além das vivências pessoais e profissionais, seu percurso de formação vem desde a Educação Infantil, passando pela formação inicial, chegando à atuação profissional, e, ainda, muitos docentes dão continuidade aos seus estudos, ou seja, o adulto tem uma trajetória escolar muito mais vasta e marcante, o que repercute na sua prática docente.

A experiência adulta, portanto, como terceiro e último aspecto levantado por Santos (2008), é exposta como fonte rica de aprendizagem, pois o adulto pode absorver conhecimentos a partir das múltiplas facetas: quando memoriza, interioriza e armazena informações; a própria prática reflexiva ensina, quando pensa sobre o que fez, no momento em que ele precisa resolver problemas do cotidiano; e, por fim, o próprio ambiente permite que experiencie/vivencie novas situações.

No trabalho docente, portanto, faz-se mister considerar esses três aspectos — aprendizagem autônoma, Andragogia e a experiência adulta —, visto que são elementos que caracterizam o profissional e que não podem ser desvinculados da atividade de ensino que ele exerce.

Essa questão da experiência está diretamente relacionada às características de profissão expostas por Shulman (2004), quando ele aborda a importância da aprendizagem profissional também pela experiência. O autor revela que o conhecimento acadêmico é uma base necessária na formação, entretanto, não é suficiente. É preciso, segundo Shulman (2004), aprender com sua própria prática para o desenvolvimento/ampliação do seu conhecimento.

Nessa perspectiva, podemos afirmar que:

> [...] os professores são também atores que investem em seu local de trabalho, que pensam, dão sentido e significado aos seus atos, e vivenciam sua função como uma experiência pessoal, construindo conhecimentos e uma cultura própria da profissão [...] o trabalho docente não consiste apenas em cumprir ou executar, mas é também atividade de pessoas que não podem trabalhar sem dar um sentido ao que fazem, é uma interação com outras pessoas: os alunos, os colegas, os pais, os dirigentes da escola, etc. (TARDIF; LESSARD, 2009, p. 38).

No foco desta discussão de saberes inerentes à atuação do professor, é possível nos referir à profissionalização do ensino. Tardif (2002, p. 247) ratifica esta ideia quando escreve:

> A questão da epistemologia da prática profissional se encontra, evidentemente, no cerne desse movimento de profissionalização. De fato, no mundo do trabalho, o que distingue as profissões de outras ocupações é, em grande parte, a natureza dos conhecimentos que estão em jogo.

Desvelar o conhecimento que o professor tem para exercer seu ofício é um desafio, na medida em que existem tantos saberes envolvidos nessa atividade. A epistemologia da prática profissional vem ao encontro de todos esses saberes, que são, de fato, aqueles mobilizados e utilizados no trabalho cotidiano do professor (TARDIF, 2002).

Segundo Feldmann *et al.* (2004, p. 148-149): "É preciso, ainda, adotar um conceito de formação que contemple o desenvolvimento de habilidades, como organizar, fundamentar e revisar a teoria, articulando esquemas práticos predominantes e os esquemas teóricos que os sustentam". Ou seja, aliar conhecimentos advindos da teoria e da prática, a fim de constantemente estruturar e reestruturar saberes e fazeres.

Mas antes de detalhar acerca dos saberes docentes, é preciso que compreendamos como o professor adquire/absorve os conhecimentos/saberes. Segundo Santos (2008, p. 61), "[...] a compreensão se dá pelo equilíbrio dos processos de interação e interiorização". É através da interação que o indivíduo entra em contato com o meio exterior, estabelece relações com sujeitos e objetos e adquire o novo conhecimento. Entretanto, é pelo processo de interiorização que ele vai absorver de fato as experiências que teve e os experimentos que fez, a partir do momento em que reelabora as percepções que obteve do meio.

A partir disso, nos estudos de Tardif (2002) é proposto um modelo tipológico acerca dos saberes dos professores, descrevendo de onde eles provêm. Essa ideia vem corroborar nosso trabalho e ilustrar didaticamente o pluralismo do saber docente, bem como "[...] coloca em evidência as fontes de aquisição desse saber e seus modos de integração no trabalho docente" (TARDIF, 2002, p. 63), através dos processos de interação e interiorização. Abaixo são descritos:

- **Saberes pessoais dos professores:** as fontes sociais de aquisição desse saber são a família, o ambiente de vida e a educação de modo geral, sendo que a integração no trabalho docente ocorre pela história de vida e socialização primária. Esses se referem em especial à formação do sujeito como pessoa, adquirindo características e hábitos próprios (TARDIF, 2002).

- **Saberes provenientes da formação escolar:** as fontes sociais de aquisição são a escola primária e secundária, os estudos pós--secundários não especializados, sendo que a integração no trabalho docente se dá pela formação e pela socialização pré--profissionais. Consideramos esse saber modelo, visão inicial, no que diz respeito à futura atuação docente, pois essas são as primeiras experiências escolares, sendo fortemente absorvidas pelo sujeito, e podem marcar positiva ou negativamente sua trajetória educativa (TARDIF, 2002).

- **Saberes provenientes da formação profissional para o magistério:** as fontes sociais de aquisição são os próprios estabelecimentos de formação de professores, os estágios e os cursos de capacitação, sendo que a integração no trabalho docente ocorre pela formação e socialização dos profissionais nas instituições de formação de professores (TARDIF, 2002).

- **Saberes provenientes dos programas e livros didáticos usados no trabalho:** a fonte social de aquisição é a utilização das ferramentas dos professores — programas, livros didáticos, cadernos de exercícios e fichas —, sendo que a integração no trabalho docente ocorre pelo uso de tais ferramentas e sua adaptação às tarefas. Vários professores, por falta de experiência e manhas profissionais, acabam se prendendo muito a essas ferramentas, o que nem sempre é positivo (TARDIF, 2002).

- **Saberes provenientes de sua própria experiência na profissão, na sala de aula e na escola:** a fonte social de aquisição é a prática do ofício na escola e na sala de aula e a experiência entre pares, sendo que a integração no trabalho docente se dá pela prática do trabalho e pela socialização profissional. Segundo Carneiro (2010, p. 105), "[...] esses saberes experienciais, construídos no cotidiano, normalmente não são valorizados [...]", ou, às vezes, são colocados como indispensáveis. Contudo, nenhum desses extremos pode ser considerado. Todos os saberes são importantes e incorporados à formação docente de algum modo.

Seguindo este pensamento do autor, precisamos entender que esses saberes devem ser postos em movimento e que a finalidade de uma epistemologia da prática profissional, além de identificar os saberes, também é buscar compreender como eles produzem e lidam com esses saberes no exercício diário de suas funções docentes. Para tanto, analisamos seis proposições apontadas por Tardif (2002) sobre as quais é indispensável refletirmos quando buscamos realizar uma discussão sobre a docência.

A primeira delas implica considerar que os saberes profissionais são saberes em ação, no sentido de que eles são "[...] saberes trabalhados, saberes laborados, incorporados no processo de trabalho docente" (TARDIF, 2002, p. 256), ou seja, eles precisam, necessariamente, estar associados à situação concreta do ensino, à prática de um professor, pois é nela que os saberes são mobilizados e/ou construídos.

A partir disso, podemos compreender que os saberes profissionais são distintos daqueles transmitidos na universidade. Esta segunda proposição significa que a prática docente não é mera aplicação de conhecimentos aprendidos na graduação, isso porque, quando o professor ingressa nas salas de aula, precisa reestruturar, adaptar e/ou selecionar seus saberes a fim de exercer seu ofício, sendo que, muitas vezes, chega até a descartar certos conhecimentos universitários, visto que inconvenientes para determinada realidade.

Por isso é tão clara a afirmação de Feldmann *et al.* (2004, p. 156) quando dizem: "[...] o professor não pode ser visto como um técnico que executa ou implementa inovações estabelecidas". A faculdade, assim como qualquer curso de formação e pós-formação, dá o respaldo teórico-prático, entretanto jamais ensina receitas para que o profissional as aplique tal qual demonstradas.

A terceira proposição diz respeito à necessidade de considerarmos, ao pesquisar sobre as práticas de ensino, o que realmente os profissionais pensam e falam, além do como eles trabalham na instituição escolar, buscando evitar ficarmos apenas no plano do discurso teórico, simplesmente vago e distante da realidade educacional.

Apesar de sabermos que o comportamento de alguns professores é influenciado (de forma consciente ou não) pela cultura dominante, a quarta proposição requer que os vejamos como atores que provam, no seu cotidiano, que possuem competência significativa diante de seu trabalho (TARDIF, 2002). As pesquisas universitárias, portanto, precisam considerar os conhecimentos oriundos das práticas dos profissionais do ensino.

A quinta proposição revela o cuidado que devemos ter em relação às investigações científicas, para que estas não venham "[...] abordar o estudo do ensino de um ponto de vista normativo" (TARDIF, 2002, p. 259). Isso vem ao encontro da terceira proposição, quando buscamos compreender o ensino a partir do que os profissionais são, fazem e sabem, aproximando-se desses atores e dos fenômenos educativos que das instituições escolares emergem.

Como última proposição, temos a necessidade de ampliar a análise dos processos educacionais, ultrapassando as duas portas de entrada tradicionais, conceituais: a didática e a pedagogia. Isso não quer dizer desconsiderá-las, mas sim abranger também as construções dos saberes dos professores a partir do que emerge do seu trabalho cotidiano (TARDIF, 2002).

Esses apontamentos feitos por Tardif (2002) podem até desestabilizar algumas concepções que possuímos quando tratamos da pesquisa sobre a formação e o desenvolvimento profissional dos professores. Porém, indicam-nos novas formas de pensar/enxergar os profissionais do ensino, numa perspectiva um tanto mais realista e comprometida com o lócus das investigações: os professores "nas" instituições escolares.

Essa nova maneira de ver os professores reflete também no rompimento com o velho paradigma acerca da própria produção de conhecimento, a qual se dissociava em duas partes: o conhecimento gerado pelas investigações, utilizando princípios e métodos da ciência experimental, e o conhecimento sobre o ensino que os próprios professores adquiriam nas suas funções, na prática docente. Existia uma forte separação da teoria e da prática, porém hoje percebemos claramente a necessidade de não colocar uma na frente da outra (MARCELO, 1999).

Nesse sentido, o professor precisa ser visto como um colaborador no processo da investigação educativa, já que, além de continuar a exercer suas atividades práticas, pode também participar do desenvolvimento de pesquisas na escola. Participar aqui tem o sentido de permitir que o sujeito se expresse sobre a investigação, de fato seja um sujeito ativo, comprometido com os resultados da pesquisa, o que inclui expor parte do seu próprio trabalho como docente.

São esses motivos que nos levam a pensar que:

> [...] não é possível compreender as atividades de formação sem que se considerem as experiências cotidianas e os problemas enfrentados pelos professores. Mostram, também, como é importante reconhecer que as

experiências geram conhecimento prático que pode ser confrontado e ampliado, porém, levando-se em conta a história, as motivações, as preocupações e os procedimentos de aprendizagem da pessoa adulta (SANTOS, 2008, p. 57).

Nesse contexto do conhecimento docente, que o aprender a ser professor relaciona-se diretamente ao desenvolvimento profissional (MIZUKAMI, 2005-2006), há que considerarmos como fato relevante que "[...] o lócus da formação a ser privilegiado é a própria escola [...] [pois] todo processo de formação tem de ter como referência fundamental o saber docente, o reconhecimento e a valorização do saber docente [...]" (CANDAU, 1996, p. 143).

Dessa forma, esse saber do professor relaciona-se às dimensões sociais da aprendizagem da docência, em que se faz mister a colaboração entre os sujeitos que atuam na escola visando a essa constante formação profissional. Segundo Mizukami (2002, p. 166): "[...] a escola [...] seria um espaço sócio-participativo ampliado e a comunidade educativa passaria a ser considerada o marco situacional e qualitativo da formação, a partir da análise dos processos mentais dos participantes".

Portanto, é no exercício profissional, se considerarmos todo e qualquer conhecimento como inacabado e passível de transformações, que muitos saberes são redimensionados, como também apreendidos; além disso, é na realidade escolar que emergem novas compreensões acerca da própria docência, como expresso por Alarcão (2001, p. 70):

> [...] constrói-se a reflexão sobre a prática na escola, com a consequente construção de conhecimentos sobre ela própria. A essa forma de construção em que não se separam dos atores sociais (dos produtores) suas concepções, suas atividades, suas ideias e suas criações [...].

Alarcão (2001), bem como os trabalhos de Santos (2008), Shulman (2004), Tardif (2002), Mizukami (2002; 2005-2006), Candau (1996) e Feldmann *et al.* (2004), quer nos mostrar que é na própria instituição de ensino e na atuação docente diária que muitas aprendizagens acontecem, considerando que quem produz o conhecimento é também quem está atuando nas salas de aula: os professores.

Dimensões na formação da identidade docente

De acordo com Veiga (2010, p. 29), "A construção da identidade docente é uma das condições para sua profissionalização [...]", ou seja, no conceito de profissionalização do ensino, a formação da identidade é fundamental e podemos pensar em três grandes dimensões, essenciais, como parte dessa construção da identidade docente, bem como no desenvolvimento profissional. São elas: pessoal, profissional e institucional.

Essas dimensões possuem movimento dentro de si mesmas e entre elas, e adéquam-se ao tempo e ao espaço em que o sujeito está inserido. Segundo Gatti (2011, p. 167), o professor "[...] é uma pessoa de um certo tempo e lugar. Datado e situado, fruto de relações vividas, de uma dada ambiência que o expõe ou não a saberes, que podem ou não ser importantes para sua ação profissional".

Não descartamos que essas dimensões pessoal, profissional e institucional estejam interligadas fortemente, mas pensando de maneira didática, podemos conceituá-las de modo individual. A pessoal está diretamente relacionada à vida do professor, à sua trajetória, aos caminhos/motivos que o levaram à docência, ou seja, todas as vivências que a pessoa professor tem fora do espaço de trabalho e antes mesmo do ingresso nesse meio, através da família, igreja, entre outros ambientes. Tal percurso forma, transforma e amplia as ideias dos sujeitos, tornando-os únicos na sua forma de pensamento, ao mesmo tempo que plural, pois o indivíduo apropria-se e vive de diferentes maneiras o ser e o estar no mundo.

A dimensão profissional refere-se a sua formação e atuação na área docente, conhecimentos e experiências na profissão. Depende, inicialmente, do curso que realizou, dos profissionais formadores que direcionaram para sua atual crença, das ideias que defende a partir de leituras e estudos que realizou. Além disso, as diferentes experiências educacionais, e também as práticas escolares que vivenciou, vão moldando e fazendo parte da constituição profissional do ser professor. Como afirma Flores (2009, p. 88): "A tensão entre crenças e ideias sobre o ensino e sobre o que significa ser professor e sua prática constitui um aspecto central na formação da identidade profissional"[2].

A dimensão institucional relaciona-se diretamente ao meio de trabalho, ao ambiente educativo que influencia no desenvolvimento do professor. Podemos citar como exemplo a instituição que adota claramente, além de estampar em documentos, a tendência pedagógica tecnicista como forma de educação escolar. Um professor iniciante que ingressa nessa escola e desenvolve seu trabalho, automaticamente está absorvendo uma maneira de educar e de aprender a ser professor a partir de determinada concepção educacional, e é influenciado diretamente pelas regras da instituição. Isso não significa que ele não possa mudar de ideia, ou querer se afastar dessa instituição por não concordar com tal tendência, mas é certo que podemos verificar que o docente foi, de alguma forma, afetado pela instituição e através dela foi construindo-se como profissional.

Essa ideia vai ao encontro do que foi evidenciado no estudo de Flores (2009). Sua afirmação revela: "Em segundo lugar, os professores 'se socializam' no *ethos* do ensino e começam a fazer e a construir como vêm fazendo seus colegas e administração da escola, deixando de lado [muitas vezes] seus próprios ideais e crenças"[3] (FLORES, 2009, p. 83).

De acordo com a investigação da autora, o fato de os relatos mostrarem que os professores incorporam os valores do meio no qual se inserem, muitas vezes, evidencia que não realizam aquilo

---

2. Tradução livre de: "La tensión entre creencias e ideas sobre la enseñanza y sobre lo que significa ser profesor y su práctica constituye un aspecto central en la formación de la identidad profesional".

3. Tradução livre de: "En segundo lugar, los profesores se socializan en el ethos de la enseñanza y comienzan a hacer y a obrar como vienen haciendo sus colegas y la administración de la escuela, dejando de lado sus propios ideales y creencias".

que acreditam. Isso nos remete à ideia da identidade docente, que comprova que essa identidade é realmente uma construção e depende também dessa dimensão institucional.

Outro aspecto apresentado por Flores (2009) é a forte influência legal na prática docente: "[...] os professores destacam que foram 'forçados' a construir de determinada maneira devido ao controle externo (Ministério da Educação) e interno (regras e normas da escola) exercido sobre seu trabalho [...]"[4] (FLORES, 2009, p. 83).

Desse modo, os "[...] fatores de natureza biográfica e contextual convergem para criar uma dinâmica de construção de identidade"[5] (FLORES, 2009, p. 60). Essas dimensões confirmam, portanto, que a identidade docente é criada, que existe um percurso por parte do sujeito que o tornou o que atualmente é e que pode ir transformando-se ao longo do tempo, de acordo com suas diferentes vivências e experiências. Assim, a identidade "[...] é respaldada pela memória, quer individual, quer social" (GATTI, 2011, p. 167).

Por conta desses fatores é que podemos dizer também que a construção da identidade é única, individual, não há como ocorrer de forma prescrita e autoritária, pois cada sujeito tem sua percepção de mundo, de profissão e está imerso numa realidade institucional, podendo ter passado por tantas outras que serviram de modelo/experiência para o que é hoje.

Além disso, discutirmos a identidade docente implica desvelar alguns pontos. O primeiro é que precisamos "[...] da clareza e compreensão do eu-professor existente em cada um de nós" (PIMENTA; ANASTASIOU, 2011, p. 115), visto que só a partir disso é que podemos pensar na prática pedagógica/formação docente de ontem, hoje e o que queremos para amanhã. Sem saber o eu-professor, não

---

4. Tradução livre de: "[...] los profesores destacan que fueron forzados a obrar de determinada manera debido al control externo (Ministerio de Educación) e interno (reglas y normas de la escuela) ejercido sobre su trabajo [...]".

5. Tradução livre de: "Factores de natureza biográfica y contextual convergen para crear una dinámica de construcción identitaria".

temos como dar o primeiro passo na transformação e qualificação do ensinar e do aprender.

O segundo ponto diz respeito ao conhecimento de quem é o profissional da educação, qual a origem de suas crenças e atitudes como docente, e é buscando da identidade dele (dos elementos que a compõem: características pessoais, profissionais, institucionais) que poderemos compreender seu comportamento e seu modo de agir como professor.

Na construção da identidade docente, interligada aos saberes docentes, é possível emergir o aspecto da experiência na pessoa do professor, sendo uma delas a experiência como aluno. Digamos que um dos primeiros pensamentos quando o sujeito passa de estudante a professor é buscar relembrar as vivências que teve em sala de aula. O que o professor ensinava, se o conteúdo era "chato", como ministrava suas aulas, se ele deixava a turma trabalhar em grupo, conversar, ou cada um tinha que ficar isolado na sua cadeira, enfim, como era o relacionamento professor-aluno: de diálogo ou de autoritarismo? E, ainda, se de fato os estudantes aprendiam algo nessas aulas.

Conforme Flores (2009, p. 61):

> Os professores que participaram no estudo longitudinal que realizamos (FLORES, 2002) atribuíam muita importância a suas experiências como alunos e recordavam os episódios (positivos e negativos) que marcaram sua trajetória escolar, por exemplo, a transição pelo meio escolar e por um sistema de ensino diferente (como participantes frequentaram escolas de outro país por um determinado período de tempo); o ambiente escolar (a relação entre alunos, professores e administrativo) e o sistema de avaliação dos alunos[6].

---

6. Tradução livre de: "Los profesores que participaron en el estudio longitudinal que realizamos (FLORES, 2002) atribuían mucha importancia a sus experiencias como alumnos y recordaban los episodios (positivos y negativos) que marcaron su trayectoria escolar, por ejemplo, la transición por el medio escolar y por un sistema de enseñanza diferentes (dos de los participantes frecuentaron escuelas de otro país por un determinado período de tiempo); el ambiente escolar (la relación entre alumnos, profesores y administrativos) y el sistema de evaluación de los alumnos".

Ou seja, o profissional iniciante busca na memória de quando aluno juntar elementos que justifiquem a concepção que formou do ser professor, se este era "bom" ou "mau", e como ele, diante do ato de ensinar, irá agir, com o modelo do "bom" ou do "mau" docente.

Portanto, a construção do ser professor apoia-se em vários pilares: formação inicial (ensino fundamental e médio, formação específica), modelos docentes (modelo de atuação de professor), experiência profissional (que não docente) e, inclusive, atividades administrativas/burocráticas que, muitas vezes, servem de exemplos/ilustrações na sala de aula. Por isso, a construção da identidade docente está diretamente relacionada a sua formação/atuação, e precisa ser vista como processo, como *continuum*, ao longo da carreira (MARCELO, 1999).

Considerações finais

Dada a importância desta discussão teórica, ela não se esgota aqui. Faz-se necessário pensar sob quais outros olhares podemos contemplar a formação docente hoje, e esta literatura tem como propósito ser um guia, principalmente na elaboração de novos estudos.

Dessa forma, ratificamos que no texto "Saberes da docência" foram considerados os distintos conhecimentos pertinentes à prática pedagógica, o enfoque da aprendizagem do adulto na compreensão dos processos do tornar-se professor e a questão da experiência como agregadora de saberes à atividade profissional.

Em "Dimensões na formação da identidade docente", apontamos como relevante sua construção, o caminho percorrido, o qual se inicia durante a escolaridade, com as experiências como aluno, perpassando pela formação inicial, continuada e a prática profissional nas instituições educativas.

Assim, que este texto não seja de palavras finais, mas que possa inquietar muitas mentes a concordar, discordar ou enxergar por outro ângulo a formação e a atuação dos professores.

Referências

ALARCÃO, Isabel (org.). *Escola reflexiva e a nova racionalidade*. Porto Alegre: Artmed, 2001.

CANDAU, Vera Maria Ferrão. Formação continuada de professores: tendências atuais. *In:* REALI, Aline Maria de Medeiros Rodrigues; MIZUKAMI, Maria da Graça Nicoletti (org.). *Formação de professores:* tendências atuais. São Carlos: EdUFSCar, 1996.

CARNEIRO, Maria Helena da Silva. Trabalho docente e saberes experienciais. *In:* VEIGA, Ilma Passos Alencastro; VIANA, Cleide Maria Quevedo Quixadá (org.). *Docentes para a educação superior:* processos formativos. Campinas: Papirus, 2010.

FELDMANN, Marina Graziela *et al.* Formação docente e as mudanças na sala de aula: um diálogo complexo. *Olhar de Professor*, Ponta Grossa, v. 7, n. 2, p. 143-158, 2004.

FLORES, Maria Assunção. La investigación sobre los primeros años de enseñanza: lecturas e implicaciones. *In*: GARCÍA, Carlos Marcelo (coord.). *El profesorado principiante:* inserción a la docencia. Barcelona: Octaedro, 2009.

GATTI, Bernardete. *Educadora e pesquisadora*. Belo Horizonte: Autêntica, 2011. (Coleção Perfis de educação).

KIRSCH, Deise Becker. *Processos de ensinar e de aprender:* os instrutores militares e os cadetes da Aeronáutica. 2013. 186 f. Tese (Doutorado em Educação) — Universidade Federal de São Carlos, São Carlos, 2013.

MARCELO, Carlos. *Introducción a la formación del profesorado*: teoría e métodos. Sevilla: Universidad de Sevilla, 1989.

MARCELO, Carlos. *Formação de professores:* para uma mudança educativa. Porto: Porto Editora, 1999.

MIZUKAMI, Maria da Graça Nicoletti *et al. Escola e aprendizagem da docência:* processos de investigação e formação. São Carlos: EdUFSCar, 2002.

MIZUKAMI, Maria da Graça Nicoletti. Aprendizagem da docência: professores formadores. *Revista E-Curriculum*, São Paulo, v. 1, n. 1, dez./jul. 2005-2006.

PIMENTA, Selma Garrido; ANASTASIOU, Léa das Graças Camargos. *Docência no ensino superior*. 5. ed. São Paulo: Cortez Editora, 2011. (Coleção Docência em formação).

SANTOS, Sydione. *Processos formativos e reflexivos:* contribuições para o desenvolvimento profissional de professores. 2008. Tese (Doutorado) — Universidade Federal de São Carlos, São Carlos, 2008.

SHULMAN, Lee. *Teaching as community property:* essays on higher education. San Francisco: Jossey Bass, 2004.

TARDIF, Maurice. *Saberes docentes e formação profissional*. 3. ed. Petrópolis: Vozes, 2002.

TARDIF, Maurice; LESSARD, Claude. *O trabalho docente:* elementos para uma teoria da docência como profissão de interações humanas. Petrópolis: Vozes, 2009.

VEIGA, Ilma Passos Alencastro. *A aventura de formar professores*. 2. ed. Campinas: Papirus, 2010. (Coleção Magistério: formação e trabalho pedagógico).

9
Tessituras formativas:
o estágio como prática pedagógica de formação

Maria Amélia Santoro Franco
Rosângela Rodrigues dos Santos

Introdução

Partimos do pressuposto de que nem sempre a lógica que preside as práticas docentes é a mesma lógica que preside a formação de docentes. O descompasso entre essas lógicas pode ser o elo para a compreensão das dificuldades que os processos formativos têm em produzir mudanças na prática docente cotidiana. Nossa pesquisa investigou as diferentes concepções que sustentam a lógica que preside as práticas docentes e aquela que organiza os processos formativos, buscando elementos para analisar as possibilidades críticas dos estágios curriculares para a construção de princípios norteadores da formação inicial docente.

Utilizamos dados coletados em duas pesquisas-ações[1] que acompanharam a realização de estágios na formação de futuros docentes,

---

1. Uma pesquisa realizada no Cariri Cearense e outra em São Paulo capital. Vide: Santos (2020) e Franco (2015).

realizadas na perspectiva formativa e pedagógica com suporte em Franco (2005; 2008a; 2008b; 2016). Além disso, organizamos um processo paralelo de síntese e organização dos dados, dentro da perspectiva da *grounded theory* (TOROZZI, 2011), cuja finalidade foi a de utilizar os dados obtidos nos processos de pesquisas-ações, transformando-os em sínteses de conhecimentos que nos permitiram uma compreensão mais clara da dinâmica formativa entre teoria pedagógica e prática escolar, o que nos levou a identificar os mecanismos de um necessário e prudente circuito formativo.

Em trabalhos e pesquisas junto à formação inicial e continuada de docentes, quer nos cursos de Pedagogia, quer nas diferentes licenciaturas, ou ainda em programas e projetos de formação continuada de professores, pudemos constatar, entre outras coisas, que a prática pode ser tanto uma circunstância para transformar a própria prática e os sujeitos que dela participam, como, paradoxalmente, a prática pode ser, também, a circunstância para reificar a própria prática e, assim, blindar o sujeito, impedindo-o de receber da prática seus ingredientes formativos.

Historicamente, compreende-se que a prática de formação docente esteve quase sempre atrelada a pressupostos tecnicistas, com caráter mais de cumprimento de realização de tarefas do que de perguntas e reflexões à dinâmica da prática. A prática pedagógica assim concebida foi se estruturando de forma tecnicista e burocrática, por certo no pressuposto de que a aprendizagem da docência se faça por cópias de modelos de práticas e não pelo pensamento crítico do futuro docente interpelando e ressignificando a prática.

O sentido de formação prática que, historicamente, permeou os percursos formativos no Brasil, não teve como pressuposto libertar o sujeito para que este se aproprie de suas circunstâncias e perceba as possibilidades de criar seu fazer em sintonia com os sentidos de sua existência histórica. A formação não foi considerada uma vivência crítica, pautada em reflexão, pesquisa e diálogo (FRANCO, 2012). Ao contrário, a perspectiva de reprodução de comportamentos pontuais de prática impregnou os procedimentos utilizados no processo

ENSINO, PRÁTICAS PEDAGÓGICAS E DIVERSIDADE

formativo e a prática, sob forma de estágio supervisionado, foi sendo utilizada para que o sujeito, reificado em sua condição de não diálogo com suas circunstâncias, permanecesse não estabelecendo relações de sentido entre ser e fazer, mas apenas aprendendo a reproduzir procedimentos considerados *a priori* como certos e necessários. Esse processo de caráter tecnicista e cartorial foi tomando como pressuposto que o aprendizado da docência é algo simples, em que basta copiar alguns comportamentos, muitas vezes denominados de competências e outras vezes de fazeres docentes, ou até mesmo de saberes docentes visualizados e compreendidos como mero *fazer igual.*

Neste texto, trazemos os dados dessas duas pesquisas-ações formativas com alunos do curso de Pedagogia em realização de estágios de docência e fomos conduzidas pela questão de pesquisa: Que práticas formativas vivenciadas no estágio podem produzir no futuro professor um olhar crítico, criterioso e criativo sobre a prática docente? Que práticas de formação utilizadas durante o estágio podem produzir reflexões e criar comportamentos crítico-reflexivos sobre a prática escolar?

Práticas pedagógicas de estágio: espaço-tempo de formação

O estágio supervisionado, como componente curricular obrigatório nos cursos de formação inicial de docentes, configura-se como espaço-tempo de construção da identidade docente e de necessária articulação entre a teoria e a prática, constituindo momento de aproximação da realidade social e proporcionando possíveis reflexões, por meio de práticas pedagógicas que permitam um olhar crítico e reflexivo sobre o saber e o fazer pedagógico.

Para tanto, é preciso que se desvincule a concepção do estágio como hora da prática e se passe a concebê-lo com um novo pressuposto epistemológico que o ampare como campo de conhecimento que se produz a partir da problematização e reflexão do contexto escolar. Assim, frente à complexidade da aprendizagem da docência, consideramos o estágio como elemento imprescindível para o processo formativo, não somente pela sua obrigatoriedade, mas essencialmente por colocar o professor em formação em contato com os meandros da prática escolar e, ao mesmo tempo, propiciar aos formandos um espaço-tempo de construir conhecimentos, a partir das contradições que são inerentes à realidade escolar.

A história brasileira com a formação de docentes utilizou-se sempre dos estágios para complementar o currículo de formação de professores, mas tais estágios foram sempre vistos na dimensão instrumental: pressupunha-se que primeiro se aprende a teoria e depois se aplica na prática. Essa fórmula já está teoricamente desgastada, no entanto, na prática, ainda continua a fundamentar a formação de nossos docentes. Vale ressaltar que o estágio no processo formativo do professor é um objeto de estudo que ainda requer interlocuções, por ter sido historicamente conduzido por práticas pedagógicas tecnicistas e burocraticamente organizado.

Cabe realçar nossa preocupação com o estágio como momento crítico da formação, que deve ser construído de forma dialética e problematizadora da realidade, permitindo a alternância entre a escola-formação e a escola-campo, articulando os dois polos no processo reflexivo dos futuros professores. Consideramos que será preciso construir um *circuito formativo* que articula teoria e prática docente.

Franco (2012) afirma que as práticas pedagógicas são sistematizadas e organizadas intencionalmente para atender a uma demanda social. E no estágio, espaço da formação inicial do estudante, o contato com a escola-campo pode conduzir ao questionamento da prática e sua articulação teórica, fomentando um olhar crítico para o contexto escolar. Para ressignificar o estágio como campo de conhecimento teórico-prático, é preciso compreender as diferentes contribuições dos campos formativos; onde a escola-formação precisa preparar o olhar do estudante e discutir antecipadamente as ações que serão vivenciadas; e na escola-campo, durante a interação realizada nos espaços escolares, o futuro professor poderá perceber as contradições, utilizando-se da teoria para discutir e compreender essas contradições, para assim, de forma dinâmica, criar e desenvolver saberes referentes à prática docente.

Temos constatado que práticas organizadas estruturalmente num pensamento crítico frente à realidade podem promover aprendizados significativos sobre a docência. Ou como pode se expressar a futura professora de uma universidade do Cariri Cearense:

> A gente teve um olhar crítico com relação ao que fazer com determinadas crianças e que plano seguir para que a aprendizagem seja satisfatória, refletindo sobre aquilo que um dia quero estar exercendo, que é a profissão de professor [*sic*] (ENCANTADORA).

É interessante notar, pela fala da professora, que ela compreende que o olhar crítico possa produzir uma certa segurança frente à complexidade da prática docente. O que seria esse olhar crítico? Seria talvez a parada para a reflexão; aquele momento em que se toma consciência do seu lugar no mundo; aquele momento em que as respostas prontas cedem lugar para ponderações, novas perguntas e outras possibilidades. Paulo Freire e Antonio Faundez (1985, p. 51) escreveram que a existência humana *é*, "[...] porque se fez perguntando, a raiz da transformação do mundo. Há uma radicalidade na existência, que é a radicalidade do ato de perguntar".

A pergunta é uma prática fundamental no processo de formação e construção da identidade docente. Por meio de perguntas também se organiza o diálogo que fomenta os questionamentos sobre a realidade escolar, podendo promover uma nova relação com a prática, pois permite uma nova compreensão dos contextos diversos e desafiadores, que estruturam a realidade, contribuindo assim para a construção da identidade profissional docente.

Bernard Charlot (2014), que tem estudado as relações com o saber, indica que é preciso uma atitude ativa do professor frente às contradições da prática, e assim, entre outras falas, realça que:

Os modos como são geridas as tensões e as formas que tomam as contradições dependem da prática da professora e, também, da organização da escola, do funcionamento da Instituição escolar, do que a sociedade espera desta e lhe pede (CHARLOT, 2014, p. 65).

Assim, é fundamental que as práticas de estágio produzam uma vivência que permita ao futuro professor olhar, perceber e ressignificar as contradições vivenciadas perante o cotidiano da escola.

Esse desenvolvimento do olhar crítico sobre a prática docente é uma postura que se contrapõe à lógica instrumental do estágio, que simplesmente coloca lado a lado o formando e a prática escolar, sem permitir o diálogo crítico, evitando o necessário confronto com as contradições que a realidade escolar inexoravelmente apresenta. Dessa forma, consideramos fundamental que o estudante não apenas olhe a realidade, mas também se confronte com ela, dialogue e reflita a partir dela, tendo a teoria como fundamento pedagógico, o que permitirá ao futuro professor tecer e elaborar novos saberes docentes.

Práticas do estágio numa perspectiva crítica

Estudos sobre o estágio nos cursos de formação inicial no Brasil têm apontado as dissonâncias entre uma formação que reproduz modelos e as propostas pedagógicas que buscam ressignificar a formação, inserindo-a no contexto mais amplo da sociedade contemporânea, cuja complexidade se reflete na escola e, consequentemente, na sala de aula. Os estudos de Pimenta (1996; 1999), Ghedin, Oliveira e Almeida (2015), Pimenta e Lima (2017) assinalam a importância de se valorizar o estágio na formação do futuro profissional, tendo em vista que a concepção de estágio ainda é fortemente marcada por uma cultura centrada na prática como treinamento do fazer. Impregnados pela concepção dicotômica entre teoria e prática, os professores iniciantes, ao vivenciarem a complexidade da sala de aula, encontram dificuldades na apropriação da realidade escolar, e sentem-se frustrados e incapacitados para realizar seu trabalho.

Transformar as práticas do estágio numa perspectiva crítica requer a criação de vivências pedagógicas para além de práticas *bancárias*[2] de formação. Utilizamo-nos do conceito de *educação bancária* de Paulo Freire para significar práticas tecnicistas, apenas protocolares, burocráticas e sem diálogo. Consideramos que para a formação promover uma vivência formativa é preciso, ao contrário, práticas problematizadoras e críticas. Podemos realçar que essas vivências problematizadoras trazem uma nova tessitura à formação, ou seja, o estudante não só se aproxima da realidade, mas também ele interfere e dialoga com ela.

A vivência pedagógica exige uma relação homem-mundo também ligada ao sentimento que toca e mobiliza para novas ações suscitadas pelas experiências e desafios que encontramos no trajeto. Então, a vivência é uma prática crítica de formação que produz condições para que o futuro professor dialogue e interaja com a realidade, como princípio formativo.

Ao observar nossas pesquisas com o estágio, pudemos identificar que, para que a vivência formativa ocorra, é preciso que aconteça um *circuito formativo* que desencadeie ações e pensamentos críticos que estruturam o processo formativo.

O que seria esse circuito formativo? Circuito formativo seria o movimento dialético entre o empírico da prática, o pensamento da prática por meio da teoria e um conhecimento sobre a prática expresso sob a forma de um novo pensamento elaborado. Seria o próprio conceito de práxis, expresso por Kosik na proposta da dialética do concreto: "[...] na práxis do homem advém algo essencial, que contém em si mesmo a própria verdade [...]" (KOSIK, 2002, p. 222).

---

2. Em referência a Paulo Freire quando enfatiza a educação "bancária" decorrente de uma relação vertical entre o educador e educando. O educador seria o sujeito que detém o conhecimento, pensa e prescreve, enquanto o educando seria o objeto que recebe o conhecimento. O educador "bancário" faz "depósitos" nos educandos e estes, passivamente, os recebe. Tal concepção de educação tem por pressuposto a formação de pessoas acomodadas, não questionadoras e que se submetem à estrutura de poder vigente.

Assim, podemos reafirmar que o circuito formativo é composto por três momentos interligados: a) preparo cognitivo para olhar a prática; b) acompanhamento de teorias criticizando a prática observada, gerando diferentes leituras da prática; c) análise dos dados da prática, coletivamente organizados.

Neste trajeto do circuito, há uma necessidade de pelo menos três momentos complementares:

a) Preparar o aluno para o que ele vai ver: preparando posturas investigativas; ter questões da pesquisa à prática; antes de ir à escola-campo, o orientador dos estágios deve preparar leituras de textos que organizem o pensamento sobre o cotidiano a ser observado; colocar questões que indiquem reflexões para serem observadas na prática; oferecer elementos para que o aluno possa estranhar a prática que vivenciará; será preciso o preparo cognitivo para leituras da prática, seguido de leituras teóricas, internalizando algumas reflexões sobre o conhecimento das teorias pedagógicas.

b) A presença na escola-campo: a pesquisa na prática. Chegar à escola requer todo um preparo para filtrar as observações; para registrar os fenômenos da prática; para interagir com as circunstâncias do espaço escolar; ações necessárias para o estranhamento e familiarização com o espaço escolar; observar o quê? Para quê? Momento de elaborar relatos críticos e investigativos; valorização do diário de bordo!

c) Elaborar questões sobre o vivido nas observações: problematizar a escuta da prática. Em retorno ao espaço de formação, o futuro professor, em coletivo com colegas e professores, irá fazer as perguntas à prática; irá compatibilizar teorias aprendidas, teorias vividas e entrelaçadas com a prática; irá elaborar questionamento e buscar caminhos de compreensão. A partir daí, haverá a discussão e proposição de sínteses compreensivas sobre os confrontos com a prática, sínteses estas que podem se transformar em saberes pedagógicos.

Sugere-se o registro desses três momentos como forma de elaboração e construção de sínteses entre a teoria e a prática: como prática

ENSINO, PRÁTICAS PEDAGÓGICAS E DIVERSIDADE

investigativa, os registros darão substância às observações e poderão ser socializados, tanto entre os docentes em formação quanto com os docentes da prática.

Quando esses momentos ocorrem, percebe-se que a prática se faz de modo impregnante, como forma de vivência e toma o sujeito para que ele se coloque criticamente frente à realidade, mobilizando e construindo saberes diante de desafios e contradições encontrados nos campos formativos.

Conversando e dialogando com os sujeitos da prática destas pesquisas, fomos nos apercebendo de que a construção de conhecimentos pedagógicos se estrutura bem melhor quando os alunos, futuros professores, tomam para si o protagonismo do estágio. Isso referenda os estudos de Lima (2004) destacando que a prática pedagógica do professor de estágio deve encorajar os futuros professores a:

a) participar das diversas discussões que envolvem a profissionalização;

b) elaborar suas conclusões sobre a prática;

c) buscar soluções criativas e originais para os desafios da prática;

d) desenvolver o pensamento crítico diante da complexidade da realidade;

e) aprimorar a dimensão crítica e transformadora da ação pedagógica;

f) construir conhecimentos pedagógicos sobre/na prática, fundamentados pelas teorias e que permitam compreender o compromisso social do professor.

Na prática curricular de estágio, pretende-se que haja uma articulação dialética entre a escola-formação e a escola-campo. O elo entre as unidades formativas do futuro professor está em destaque na lei que dispõe sobre o estágio dos estudantes, quando expressa em seu Art. 1º da Lei n. 11.788, em seu parágrafo 1º, que "[...] o estágio faz parte do projeto pedagógico do curso, além de integrar o itinerário formativo do educando" (BRASIL, 2008). A escola-formação é responsável por organizar em seus projetos de curso o estágio e viabilizar o processo formativo dos futuros professores, no entanto, como se trata de uma profissão extremamente complexa, é preciso que ela se realize junto às escolas-campo, que são aquelas que concretizam a prática da Educação Básica. Então, fica em realce que essa articulação seja estabelecida por meio do circuito formativo supracitado, havendo nesse pensamento e ação uma verdadeira práxis entre os dois polos de formação.

A escola-formação tem papel fundamental na preparação dos estudantes para adentrar na cultura escolar e compreender suas lógicas, possibilidades e limites, para a transformação social, estando atentos às contradições que se apresentam para que se promovam reflexão e análise do processo educativo. Nas escolas-campo, encontram-se as reais teorias que fundamentam a prática e que estas também e igualmente preparam o futuro professor para a prática docente, entretanto, é preciso que o diálogo permeie esses dois espaços formativos.

Pimenta e Lima (2017, p. 104) salientam que "[...] ao transitar da universidade para a escola e desta para universidade, os estagiários podem tecer uma rede de relações, conhecimentos e aprendizagens, não com o objetivo de copiar, de criticar apenas os modelos, mas no sentido de compreender a realidade para ultrapassá-la". Logo, consideramos que durante o curso de formação as atividades desenvolvidas podem proporcionar este elo para ampliar as concepções educativas do estudante, na perspectiva de mediar os conhecimentos pedagógicos constituídos entre universidade e escola.

Do instrumental ao crítico

O estágio pode se caracterizar como espaço-tempo de boas-vindas do futuro professor ao seu campo de atuação, mas este encontro não é composto apenas de bons momentos, ele apresenta ao estagiário um cenário de adversidades e dilemas que são vivenciados pelos docentes no cotidiano escolar. Para compreender e analisar a realidade, faz-se necessário durante a formação inicial preparar o olhar para a prática, concebendo essa prática como campo fértil de agregar saberes para a profissão docente. Alguns estudantes no processo de estágio, assim se expressaram sobre essa questão:

> [...] o estágio trouxe conhecimentos, pode me proporcionar oportunidade de colocar em prática os conhecimentos que eu já tinha adquirido dentro da sala de aula da universidade, colocar em prática através dos pesquisadores e dos estudantes, e assim, eu pude me deter às questões pessoais de cada aluno, verificando suas necessidade e aí fazendo uma relação e um estudo mais profundo para que pudesse atuar sobre a sala de aula, a partir do meu conhecimento teórico e do meu conhecimento vivencial, enquanto aluna atuante dentro do espaço escolar. [*sic*] (CRIATIVA).

> [...] a questão da experiência, não somente ficar na parte da teoria, nós tivemos acesso a muita teoria, mas também a questão da prática. Vamos sair daqui tendo um direcionamento do que é a prática do professor, a vivência diária do professor. [*sic*] (ENCANTADORA).

> É bom pra você fazer essa ligação da teoria com a prática. E para você conhecer também como é estar em sala de aula e ter essa experiência em sala. [*sic*] (DEDICADA).

> Aprendemos a ensinar, de certa forma, a gente não aprendeu completamente, mas a gente teve uma base de como seria a gente ensinando numa sala de aula, os deveres, os direitos, as nossas prioridades, o que a gente tem que priorizar e de organizar o tempo [...]. [*sic*] (ENTUSIASTA).

Durante as observações realizadas na pesquisa de Santos (2020), foi possível perceber que o futuro professor tende a acreditar numa perspectiva aplicacionista da teoria. No entanto, é preciso um trabalho contínuo para que ele perceba que a teoria está na prática e a prática está na teoria, formando a unidade teoria e prática, como realça Pimenta (2012), uma unidade de sentido (*teoriapráticateoria*).

Desconstruir o paradigma instrumental do estágio e adentrar no paradigma crítico são grandes desafios das práticas de formação que integram o estágio curricular, o que implica superar a concepção de estágio na perspectiva burocrática e resgatar a perspectiva crítica que tem por base o diálogo, promovendo espaços criativos, dinâmicos em oposição a espaços burocratizados para fazer leitura crítica da realidade. Freire (1989) aponta que a leitura de mundo é incorporada por uma leitura mais crítica, possibilitando diferentes olhares sobre a realidade, num processo de compreensão de suas diferentes intencionalidades se associando à prática para transformação.

O enfrentamento dessa tarefa pedagógica complexa visa superar não somente a lógica instrumental, mas também concepções e mitos dos estudantes sobre a prática. Para Freire (1996, p. 22), "A prática docente crítica, implicante do pensar certo, envolve o movimento dinâmico, dialético, entre o fazer e o pensar sobre o fazer". Frente aos desafios do estágio, não basta impor a realidade escolar, urge neste trabalho pedagógico preparar o olhar do estagiário para analisar o contexto escolar, além do que se apresenta, de modo a não ler só o observável, mas também ler o mundo que expressa esse observável. Neste movimento formativo, é preciso que o diálogo seja mecanismo para compreender a realidade em consonância com sua visão de mundo e conhecimentos teóricos.

Nesse ínterim, encontramos fortes elementos que podem proporcionar o desvelar deste olhar, por meio do estudo teórico-prático do estágio. O diálogo crítico da teoria articulado com a prática permite entender o contexto escolar e sua cultura, refletindo e superando suas dificuldades para a construção de um novo caminhar que favoreça o aprendizado da docência.

Os espaços formativos quando compostos em forma de práxis, de circuito formativo e vivências possibilitam a reflexão sobre a relação universidade-escola em suas diversas contradições. Com este trabalho pedagógico é possível, durante o estágio, promover ao futuro professor uma superação da ideia do componente curricular como atividade meramente prática que apenas mobiliza conhecimentos técnicos, para assim encaminhar para compreensão do componente em sua dimensão crítica que ressignifica o fazer docente, assumindo uma postura de análise, problematização e integração dos conhecimentos pedagógicos necessários para se constituir professor.

Compreender e questionar o que se apresentar no contexto escolar podem transformar a ação pedagógica, repensar o seu saber-fazer docente, e como nos propõe Pimenta e Lima (2017), realimentariam a teoria para que ilumine a prática, constituindo um processo formativo contínuo que fomentaria a emancipação do profissional.

Portanto, promover espaços de diálogo, questionamentos e estudos teóricos no componente curricular pode proporcionar o preparo do estudante para compreender a escola em movimento e reorganizar a condição pedagógica para promover vivências formativas. Dessa forma, possibilitar o circuito formativo entre universidade-escola-universidade amplia o diálogo e as discussões sobre as várias contradições encontradas na escola-campo, a aproximação da realidade de forma ativa, não somente para olhar, mas também em constante processo de análise, mobiliza os conhecimentos vivenciados no processo formativo e desencadeia a construção de saberes sobre a prática em unidade com a teoria.

Análise coletiva da prática

A organização dos estágios para possibilitar a análise da realidade pautada em circuito formativo, com a intencionalidade de desencadear o olhar crítico da realidade, desvelando os estranhamentos dos futuros professores, é condição pedagógica para reflexão realizada a partir de vivências com o contexto escolar. Franco (2008a, p. 111) aponta que:

> Esse estranhamento, essa perplexidade é um espaço da possibilidade pedagógica: o estranhamento, a angústia, as dissonâncias demonstram que há ainda um espaço para a construção de um fazer significativo. Há um espaço para que as práticas comecem a falar, a informar, a formar. Há um espaço para transformação das práticas em instrumentos pedagógicos de formação.

Pudemos observar que o espaço-cognitivo mobilizado pela análise coletiva da prática desencadeou nos estudantes uma reflexão crítica sobre a prática. O movimento acontecia numa perspectiva de circuito formativo: em primeiro momento no olhar a prática a partir dos conhecimentos teóricos, encontrar os estranhamentos que o contato com a escola despertou, em seguida semanalmente encontros coletivos para discutir os pontos de contradições e construir novas compreensões e novos significados. A seguir é fundamental a escrita crítica das aprendizagens ocorridas. O texto que se escreve sobre a vivência; a socialização de diversos textos; o retorno à prática; a conversa com os professores da escola-campo, essas atividades e em conjunto criavam a condição pedagógica necessária capaz de possibilitar a articulação entre a teoria e a prática, construindo novas convicções sobre a profissão docente.

Os futuros professores, desenvolvendo suas atividades no estágio, encontraram no percurso dissonâncias que produziram muitos questionamentos sobre a prática, tais como:

> Planejamos uma coisa achando que ia dar certo, como não conhecíamos a rotina das crianças, nem conhecer elas, não sabíamos o que encontrar. [*sic*] (ENTUSIASTA).

> A realidade é diferente né, a gente planeja uma coisa e quando chega aqui precisa modificar para aplicar com as crianças. [*sic*] (DEDICADA).

> Você tem que pensar o plano, em seguida pensar o plano e depois pensar em um plano B. Se isso não der certo, como é que você faz? Vou ficar sem plano? Vou fazer qualquer coisa? Não pode fazer qualquer coisa. [*sic*] (ENTUSIASTA).

Pimenta e Lima (2017, p. 55) indagam que "[...] o estágio, ao promover a presença do aluno estagiário no cotidiano da escola, abre espaço para a realidade e para a vida e o trabalho do professor na sociedade". Para que esse contato não se torne insípido, é preciso confrontar a realidade e colocar o estagiário em ação, haja vista a importância de compreender as diferentes racionalidades que se apresentam nos campos formativos e realizar intervenções que podem proporcionar ao estudante aprendizados da docência.

As vivências formativas se efetivaram pela problematização, pensar, repensar e analisar a realidade, intervindo sobre ela, e pelo entendimento da relevância dos dois campos formativos para olhar a prática, promovendo uma interformação, como nos propõe Garcia (1995). Para tanto, Abdalla e Franco (2003, p. 87, grifos das autoras) discutindo a dimensão pedagógica e os espaços de reflexão propostos na formação docente, destacam as trocas de experiências entre estudantes e professores, indicando dois princípios norteadores:

> O primeiro — *esforço de um bom relato* — indicamos a importância de compreender/estranhar o que se segue: a) as concepções do relator; b) a contextualização; c) a descrição (atores/ações); d) identificação dos elementos positivos e negativos; e) avaliação da experiência. O segundo — *processo inicial de sistematização* — apontamos para a necessidade de: a) produzir uma síntese, ainda que precária; b) prestar atenção para o pessimismo ou idealização ingênua de quem faz o relato; c) impedir a cristalização da experiência; d) prestar atenção e compreender a metodologia *ação-reflexão-ação refletida* (ABDALLA; FRANCO, 2003, p. 87).

Nesse percurso, as autoras sintetizam a análise coletiva da realidade observada e compõem um trajeto para a construção de uma aprendizagem coletiva, num movimento dialético em que aprofundam a interação entre a escola-formação e a escola-campo, produzindo reflexões sobre o saber-fazer e saber-pensar a prática docente. Fica em realce que somente inserir o futuro professor no contexto escolar é insuficiente, o diálogo precisa mediar e articular suas indagações sobre a prática para construir sínteses formativas que irão compor sua prática docente. Assim, Franco (2012) infere que a prática está sempre além daquilo que aparenta e menos compreensível do que poderia se considerar. Portanto, a análise coletiva da prática é espaço de ação-reflexiva para compreender as ações pedagógicas como práticas transformadoras da sociedade em sua conjuntura política.

Rebatimentos para formação docente

A formação profissional docente não se configura somente num espaço-tempo de adquirir conhecimentos científicos, técnicos e pedagógicos, mas num momento de enriquecimento das relações humanas, reconhecendo as diferenças e as complexidades do processo de profissionalização (SANTOS, 2020). Pensar a formação no contexto social requer uma mudança de paradigma, como nos propõe Nóvoa (1992, p. 25): "[...] a formação deve estimular uma perspectiva crítico-reflexiva, que forneça as dinâmicas de autoformação participada". Todo processo formativo precisa possibilitar olhar e interrogar a prática, assumindo uma postura ativa e consciente diante da formação e construindo espaços que permitam a leitura crítica da realidade, para assim constituir o seu saber do saber-fazer. Franco (2008b, p. 143) realça que "[...] um saber do saber-fazer implica um sujeito que fala, observa, critica o uso de procedimentos da prática". Pelo realce da autora, o saber do saber-fazer exige do sujeito ação e interação com a escola-formação e a escola-campo e um enfrentamento de suas contradições, para ressignificar suas percepções sobre o fazer docente e se reconhecer na profissão.

Durante a formação, o estágio se configura como espaço-tempo de aprendizados da docência que permite uma interação com a prática, na perspectiva de produzir saberes que dialoguem com a realidade e que possibilitem em suas circunstâncias intermediar os conhecimentos teóricos com a prática, desvinculando-se de uma prática meramente instrumental e acrítica, para adentrar num processo que promova o diálogo e a compreensão das contradições que se apresentam no cotidiano. Franco (2008b, p. 134) aponta que "[...] o saber pedagógico só pode se constituir a partir do próprio sujeito, que deverá ser formado como alguém capaz de construção e mobilização de saberes". Ou seja, com capacidade para articular um aparato de conhecimentos teórico-práticos e organizar a partir da análise da prática novos saberes que se constituem numa práxis social.

Ao analisar as possibilidades do circuito formativo realizado no estágio e seu potencial para proporcionar a aquisição de saberes pedagógicos que contribuam para profissionalização dos futuros professores, encontramos elementos fertilizadores para uma formação crítico-reflexiva que pode acontecer por meio de espaços formativos dinâmicos e dialógicos, de modo a colocar o estagiário em confronto com a prática e promover uma reflexão sobre o ser e estar professor, em processos de autoformação e interformação.

Portanto, este trajeto ao ser ressignificado constitui uma unidade de sentido que articula teoria/prática, ação/reflexão, e essas vivências problematizadoras colocam o aluno em ação e possibilitam não somente a aproximação da realidade, mas também proporcionam interferir e dialogar com ela. A vivência formativa numa perspectiva crítica integra o sujeito com a prática e promove espaços que possibilitam a aquisição de saberes pedagógicos para prática docente.

Considerações finais

Conforme tem realçado Nóvoa (1992), a formação é um processo interativo, dinâmico e contínuo, que se caracteriza por sua complexidade e que se desenvolve por meio de um trabalho intermitente de olhar, avaliar, retomar e reconfigurar as próprias práticas. Por isso, a formação requer, como imperativo profissional, fazer-se sobre as próprias práticas. Nesta perspectiva, o conceito de formação identifica-se com a ideia de continuidade, de percurso, de trajetória de vida pessoal e profissional.

Assim, é fundamental que os processos formativos desencadeiem, nos próprios professores, um desejo e um compromisso de auto--formação continuada. As instituições formadoras precisam oferecer condições para a prática desta formação e os professores precisam aprender a se colocar como aprendizes das próprias práticas.

Aqui, faz-se o realce da grande importância de os estágios formativos revestirem-se de práticas investigativas que desacomodam certezas, ideias preconcebidas; mitos, preconceitos, possibilitando movimentos que promovam a construção, a reinterpretação de novos conhecimentos sobre a realidade, no caso, a realidade escolar.

Reafirmamos, ao analisar as pesquisas de que participamos, a importância da mediação entre observar a prática e produzir reflexões sobre essa prática. O futuro profissional precisa de espaço cognitivo para rever e colocar em diálogo as convicções sobre docência que construiu no decorrer de sua história. Para construir um novo saber, como elaboração teórica, o futuro professor precisa colocar suas antigas concepções de docência em dissonância com a realidade. Isso requer confrontos com a teoria, pesquisa da/na prática; espaço de diálogo coletivo conduzido pelos fundamentos teóricos; práticas de registro e socialização das novas compreensões que vão se estruturando.

Será preciso o desenvolvimento de um trabalho colaborativo entre o pesquisador/professor acadêmico, os futuros professores e os professores da escola-campo, numa triangulação sob forma de pesquisa-ação pedagógica (FRANCO, 2016) na perspectiva de dinamizar movimentos na direção de compreender/transformar e criar saberes com e sobre a prática.

Neste texto colocamos em evidência a importância de circuitos formativos e de vivências pedagógicas. Os circuitos formativos nos alertam para a relevância de processos contínuos de observar e estranhar a realidade. Atos isolados e pontuais não conseguem solidificar a construção de novas concepções sobre a prática; é preciso o mergulho contínuo nas indagações que a realidade nos faz e que nos instigam.

As vivências nos alertam para a presença do sujeito no processo: o sujeito que interroga, que dialoga, que interpreta e que produz novas compreensões. O sentido de vivência nos alerta para a superação de práticas apenas burocráticas e formais de realização de estágios. É preciso mergulhar na realidade; reinterpretar e tentar novas compreensões.

Consideramos eticamente relevante a articulação entre pesquisador e sujeitos pesquisados, num processo com intencionalidade emancipatória, conferindo à atividade formativa um compromisso com a compreensão de teorias e ações que subsidiem a práxis dos professores, no sentido da transformação das persistentes condições de ensino e aprendizagem seletivas e excludentes, por meio da transformação de sentido que os professores passarão a conferir à sua prática.

Quando se incorporam à concepção de estágio curricular os sentidos de vivência; de circuitos formativos; da correflexividade, supera-se a representação de uma prática que se faz de modo rotineiro, linear, mecânico e passa-se a considerá-la fruto da contextualidade do homem que, na interação com sua existência, pode elaborar os significados de sua ação, dialogando com as contradições e lutando por compreender e superar as opressões impostas à sua existência. Ou como escreve Habermas (1982, p. 232): "Um ato de autorreflexão, que altera a vida, é um movimento de emancipação".

Incorporar a reflexão coletiva e crítica como inerência à prática do estágio é muito mais que adicionar um novo componente à prática instrumental. É uma nova forma de conceber o mundo, as relações sociais, o processo de aprender e de compreender a realidade sócio-histórica. É uma postura política, epistemológica e existencial.

Referências

ABDALLA, Maria de Fátima Barbosa; FRANCO, Maria Amélia Santoro. Formando para uma nova epistemologia da prática. *Revista de Educação CEAP*, Salvador, v. 43, n. 11, p. 79-87, 2003.

BRASIL. *Lei n. 11.788, de 25 de setembro de 2008*. Dispõe sobre o estágio de estudantes e dá outras providências. Brasília, 2008. Disponível em: http://www.planalto. gov.br/ccivil_03/_ato2007-2010/2008/lei/l11788.htm. Acesso em: 3 de jul. 2020.

CHARLOT, Bernard. *Da relação com o saber às práticas educativas*. São Paulo: Cortez Editora, 2014.

FRANCO, Maria Amélia Santoro. A Pedagogia da pesquisa-Ação. *Educação e Pesquisa*, São Paulo, v. 31, f. 3. p. 483- 502, dez. 2005.

FRANCO, Maria Amélia Santoro. *Pedagogia e prática docente*. São Paulo: Cortez Editora, 2012.

FRANCO, Maria Amélia Santoro. Práticas pedagógicas de ensinar-aprender: por entre resistências e resignações. *Educação e Pesquisa*, São Paulo, v. 41, n. 3, p. 601-614, jul./set. 2015. Disponível em: https://www.scielo.br/j/ep/a/gd7J-5ZhhMMcbJf9FtKDyCTB/abstract/?lang=pt. Acesso em: 15 maio 2024.

FRANCO, Maria Amélia Santoro. Pesquisa-ação pedagógica: práticas de empoderamento e de participação. *ETD — Educação Temática Digital*, Campinas, v. 18, n. 2, abr./jun. 2016. ISSN 1676-2592.

FRANCO, Maria Amélia Santoro. Entre a lógica da formação e a lógica das práticas: a mediação dos saberes pedagógicos. *Educação e Pesquisa* (USP), São Paulo, v. 34, n. 1, p. 109-126, 2008a.

FRANCO, Maria Amélia Santoro. *Pedagogia como ciência da educação*. 2. ed. rev. amp. São Paulo: Cortez Editora, 2008b.

FREIRE, Paulo. *Pedagogia da autonomia*: os saberes necessários à prática educativa. Rio de Janeiro: Paz e Terra, 1996.

FREIRE, Paulo. *A importância do ato de ler:* em três artigos que se completam. 23. ed. São Paulo: Cortez Editora, 1989.

FREIRE, Paulo. *Pedagogia do oprimido*. 17. ed. Rio de Janeiro: Paz e Terra, 1987.

FREIRE, Paulo; FAUNDEZ, Antonio. *Por uma pedagogia da pergunta*. Rio de Janeiro: Paz e Terra, 1985.

GARCIA, Carlos Marcelo. *Formação de professores:* para uma mudança educativa. Porto: Porto Editora, 1995.

GHEDIN, Evandro; OLIVEIRA, Elisângela S. de; ALMEIDA, Whasgthon A. de. *Estágio com pesquisa*. São Paulo: Cortez Editora, 2015.

HABERMAS, Jürgen. *Connaissance et intérêt*. Paris: Gallimard, 1982.

KOSIK, Karel. *Dialética do concreto*. 7. ed. Rio de Janeiro: Paz e Terra, 2002.

LIMA, Maria Socorro Lucena. *A hora da prática:* reflexões sobre o estágio supervisionado e a ação docente. 4. ed. Fortaleza: Ed. Demócrito Rocha, 2004.

NÓVOA, António. Formação de professores e profissão docente. *In*: NÓVOA, António (org.). *Os professores e sua formação*. Lisboa: Publicações Dom Quixote, 1992. p. 13-33.

PIMENTA, Selma Garrido. *O estágio na formação de professores*: unidade teoria prática? São Paulo: Cortez, 1996.

PIMENTA, Selma Garrido. Formação de professores: identidade e saberes da docência. *In*: PIMENTA, Selma Garrido (org). *Saberes pedagógicos e atividade docente*. São Paulo: Cortez Editora, 1999.

PIMENTA, Selma Garrido. *O estágio na formação de professores:* unidade, teoria e prática? 11. ed. São Paulo: Cortez Editora, 2012.

PIMENTA, Selma Garrido; LIMA, Maria Socorro Lucena. *Estágio e docência*. 8. ed. São Paulo: Cortez Editora, 2017.

SANTOS, Rosângela Rodrigues. *O estágio supervisionado como vivência formativa no curso de Pedagogia*. 2020. 178 f. Dissertação (Mestrado em Educação: Formação e Profissionalização Docente) — Universidade Católica de Santos, Santos, 2020.

TOROZZI, Massimiliano. *O que é grounded Theory*: metodologia de pesquisa e de teoria fundamentada em dados. Petrópolis: Vozes, 2011.

10
O estágio supervisionado e a formação de professores:
diálogos, cenários e possibilidades[1]

Lúcia Gracia Ferreira

Para início de conversa...

O Estágio Supervisionado pode ser entendido como um conjunto de atividades relacionadas ao processo de ensino-aprendizagem que abarca ações formativas que se relacionam ao meio social, profissional, cultural e didático-pedagógico, proporcionadas ao aluno pela participação em situações reais de vida e trabalho. Estágio supervisionado é vivência, é atividade teórico-prática. É mais que cumprimento de carga-horária, pois envolve ações individuais e coletivas; ações relacionais (professor-orientador, professor-supervisor, aluno-estagiário e aluno); reflexão, entre outras.

---

1. Este texto é fruto da palestra, com mesmo título, proferida no encerramento do 1º Ciclo de debates sobre Estágio Supervisionado no Centro de Formação de Professores da Universidade Federal do Recôncavo da Bahia, 3 dez. 2020. Disponível em: https://www.youtube.com/watch?v=Mvgl8wMtIgs&t=1039s. Acesso em: 10 abr. 2024.

Vários autores (PIMENTA; LIMA, 2011; RIBEIRO; ARAÚJO, 2017; SARMENTO; ROCHA; PANIAGO, 2018; DRUMOND, 2019; ARAÚJO, 2019, 2020; ARAÚJO; MARTINS, 2020; FERRAZ, 2020; SOUZA; FERREIRA, 2020; MEDEIROS; FORTUNATO; ARAÚJO, 2020; FERREIRA; CLARK; RIBEIRO, 2020; FERRAZ; FERREIRA, 2021; FERREIRA; FERRAZ, 2021; SOUZA, 2021; FERREIRA; CLARK, 2023; CORDEIRO; ABREU; TEIXEIRA, 2021) ratificam a importância do estágio supervisionado nos cursos de licenciaturas e atribuem a ele uma condição de essencialidade como componente curricular na formação de professores.

Este diálogo sobre estágio torna-se ainda mais instigante quando olhamos para a história de Álex, quando ainda era aluno do curso de Licenciatura em Física da Universidade Estadual do Sudoeste da Bahia (Itapetinga). Ele entrou no curso de licenciatura sem perspectiva em ser professor, não sabia o que era curso de Física, mas viu nesse ingresso a oportunidade de fazer parte do grupo de brasileiros que conseguiram ingressar numa universidade pública. Foi no campo do estágio supervisionado que esse aluno se encantou com educação, foi nesse estágio supervisionado que ele "se encontrou como professor". Fico refletindo sobre isso, pois a universidade é esse lugar de formação que se integra com a escola de Educação Básica, mas que a transcende, para tal, a formação de professores acaba por incluir outros espaços/lugares. Foi em um desses outros espaços, ligados ao estágio, que este aluno foi interrogado, foi questionado sobre o que ele queria ser. Foi na rua, quando estava andando, que um estudante da escola da Educação Básica onde Álex fazia uma atividade de estágio de regência o viu, gritou: "Professor, professor". Ele parou assustado se questionando: "sou eu?". Era ele mesmo. Ele foi chamado de professor e achou aquilo um privilégio muito grande, porque havia alguém que tinha delegado a ele um lugar e o reconheceu nele. Isso que o fez se encantar com a profissão. Ele estava neste estágio para aprender a ser professor, a tornar-se professor, e foi delegado a ele esse lugar, ele conquistou esse lugar e foi conquistado por esse lugar da docência, no/pelo estágio supervisionado. Foi no estágio que percebeu que ele de fato queria ser professor. Ele se formou em Licenciatura em

ENSINO, PRÁTICAS PEDAGÓGICAS E DIVERSIDADE

Física, fez mestrado em Educação e cursa, em 2024, o doutorado em Ensino de Ciências e Educação Matemática, e quer seguir carreira na docência. Então, quando a gente fala que o estágio é esse lugar privilegiado, é nessa perspectiva, porque ele é esse estágio, é esse lugar, que proporciona aprendizagens, proporciona experiências formativas que são únicas e singulares de cada sujeito.

Como professora concursada para estágio supervisionado em duas Instituições de Ensino Superior, atuando no curso de Pedagogia na Universidade Federal do Recôncavo da Bahia (UFRB) e na Universidade Estadual do Sudoeste da Bahia (UESB), posso confirmar que neste lugar (de professora de estágio) aprendi e passei a conhecer a partir da concretude do real os desafios do estágio supervisionado (organização, suas dificuldades, atendimento por localidade, calendário, locomoção, especificidades, perfil discente, reconfigurações, campos de estágio etc.) que possibilitaram me construir (constituir) professora deste componente curricular.

A partir da minha atuação profissional como professora de componentes curriculares de estágio (em Educação Infantil, Anos Iniciais do Ensino Fundamental, Gestão do Trabalho Pedagógico em Ambientes Escolares e Populações Diferenciadas), posso afirmar que me identifico com esse lugar porque nele posso contribuir para formar professores com referenciais que são peculiares (da formação, da práxis) e proporcionar diferentes experiências formativas. Assim, este texto tem como objetivo refletir sobre os diálogos, os cenários e as possibilidades referentes ao estágio supervisionado e à formação de professores.

Diálogos...

Pensando sobre qual profissional formar nos cursos de licenciaturas, e apostando na formação de um profissional reflexivo, crítico e politicamente comprometido com a transformação social, questiono: Como nos referimos ao estágio supervisionado para formar tal profissional? O estágio é muita coisa ao mesmo tempo, sem deixar de ser o estágio; ele é estágio exatamente porque inerente a ele está a capacidade de ser muitas coisas. Como:

1. Lugar de construção e fortalecimento da identidade docente

A identidade profissional é aquela que anuncia o pertencimento a uma profissão; é carregada de historicidade, aspectos sociais, políticos, culturais, pessoais, coletivos, entre outros. A identidade é construída em meio a diversas características, por exemplo: dialética, dialógica, contraditória, relacional, inacabada, heterogênea, simbólica, discursiva, individual, coletiva, instável, fluida, híbrida, móvel. É tida como um processo complexo, ligada às estruturas sociais, composta e carregada de subjetividades e de relações sociais de interação; histórico-sociocultural; construída nas diferenças, a partir da aceitação, da negação e da negociação que envolve indivíduo e meio social. Nesta discussão, a profissão docente é referenciada como aquela que pressupõe uma identidade profissional docente, para tanto, também depreende outros aspectos referentes a essa como profissionalização, profissionalidade e profissionalismo.

Assim, Pimenta e Lima (2011, p. 62) apontam que o estágio é, "[...] por excelência, um lugar de reflexão sobre a construção e o fortalecimento da identidade" docente, com isso assinalam a importância do estágio como campo de profissionalização. Conforme Ferreira e Ferraz (2021), o estágio supervisionado é campo de referência dessa construção identitária, pois consideram as vivências nele e a experiência do estágio supervisionado como uma fase essencial na trajetória formativa da identidade docente.

As aprendizagens da profissão docente passam a ser mais bem visualizadas no estágio, principalmente por serem supervisionadas, o que permite que este "tornar-se" professor sobressaia. Os estagiários se veem imersos num processo formativo, mas este, por ser materializado no campo de estágio, é também supervisionado, tanto pelo professor-orientador quanto pelo professor-supervisor, e estas nuances identitárias são visualizadas, como se estes sujeitos se revestissem de outras lentes, aquelas de aumento, com a capacidade de mostrá-las.

Como me sinto, como me construo, como o outro me vê são questionamentos que envolvem um processo biográfico (mais íntimo, pessoal, através das representações e percepções individuais sobre a trajetória pessoal-profissional e formativa) e um processo relacional (construção nas relações, na socialização, abarca a visão social sobre a formação e o reconhecimento da identidade a ser construída/ou em construção) dessa construção identitária. Essa perspectiva, baseada em Carrolo (1997), nos auxilia a compreender o estágio como um campo de investimento profissional. Portanto, a construção da identidade profissional docente envolve a história individual e coletiva do sujeito que toma referenciais da vida para tal.

O texto de Ferreira e Ferraz (2021), a partir da análise da escrita do diário de uma estagiária, desvela características que colaboram para construção e fortalecimento de uma identidade docente, que foram se revelando no campo do estágio e foram descritas pela aluna. Suas narrativas demonstravam o estabelecimento de uma relação de confiança com a professora-supervisora, a apropriação do sentimento de confiança passado pela professora-supervisora, construção de uma percepção docente (sobre as necessidades da sala de aula), percepção dos desafios postos na sala de aula da regência, percepção sobre a prática da regente e emissão de um ponto de vista, representação de si na profissão, construção de saberes, externalização de sentimentos contraditórios e positivos em relação à docência, reconhecimento de limites e potencialidades do seu fazer docente, sensibilidade do modo de olhar e escutar, sentimento de valorização em relação ao trabalho desenvolvido, aprendizagens da docência e externalização do sentimento de gratidão em relação a elas. Dessa forma, muitas ações nos campos de estágio significam a afirmação e o fortalecimento da identidade que está sendo construída.

2. Campo de profissionalização

Nessa perspectiva, o estágio supervisionado é um componente dos cursos de licenciatura que compõe o campo da profissionalização docente (SOUZA; FERREIRA, 2019, 2020; OLIVEIRA, 2021), ou seja, ele se concretiza na relação de atividades teórico-práticas desenvolvidas na Instituição de Ensino Superior e na Escola da Educação Básica. A inserção do estudante neste campo lhe permite conhecer questões do fazer docente, no ambiente natural do exercício profissional, o que proporciona a ele o contato direto com as questões inerentes à profissão e às ações do ser professor.

Profissionalizar-se significa estar imerso num contexto profissional, ou seja, de uma profissão, e dela vivenciar os processos que a compõem, que a qualifiquem e a sustentam como tal. O estágio é este campo, pois possibilita a vivência de situações reais de trabalho que colabora na promoção de aprendizagens da profissão. A imersão nesse processo pode iniciar-se neste campo pela formação. Segundo Weber (2003, p. 1127), profissionalização pode ser entendida como "[...] processo que transforma uma atividade desenvolvida no mundo do trabalho mediante a circunscrição de um domínio de conhecimentos e competências específicos, como processo que, calcado nas características de profissões estabelecidas (as profissões liberais), nomeia, classifica uma ocupação como profissão".

Assim, atividades como planejar, executar, avaliar, elaborar material didático, entre outras são do campo da profissionalização e se fazem presentes no estágio. A escola da Educação Básica, por proporcionar estas atividades, se constitui como instituição de profissionalização, enquanto a universidade como instituição formadora, como aquela que carrega em si uma amplitude. Com isso, entendemos que é na escola que os estagiários vivenciam as exigências da profissão, conhecem os desafios e dificuldades presentes no trabalho docente, as responsabilidades nela existentes e se deparam com aspectos referentes à realização pessoal-profissional. Esses espaços citados devem

ENSINO, PRÁTICAS PEDAGÓGICAS E DIVERSIDADE

voltar-se para o desenvolvimento de ações vivenciadas, reflexivas e críticas, por isso devem ser planejadas. O trabalho a ser desenvolvido pelo professor é dotado de intencionalidades que delineiam o ponto de vista da profissão, portanto, também deve ser conhecido, nesta perspectiva, o estágio como campo de produção de conhecimento, ganha mais sentido.

3. Potencializador de aprendizagens

As aprendizagens da docência são intensificadas no estágio supervisionado, exatamente pelo seu caráter prático. O estagiário não lida com hipóteses ou simulações, mas com condições reais do exercício docente. Como potencializador de aprendizagens da profissão, da formação, da unidade teoria-prática, da construção/apropriação de saberes, o estágio acaba ultrapassando o objetivo de ser apenas componente curricular, portanto tem uma carga horária a cumprir. Ainda que estes alunos-estagiários se evadam da licenciatura, após os estágios, as aprendizagens construídas permanecem.

A consolidação dessas aprendizagens pode se dar em diversos âmbitos, pois o estágio é esse espaço em que as pessoas, por estarem vivenciando situações reais, também podem descobrir que não querem exercer essa profissão para a qual estão sendo formadas. Como potencializador de aprendizagem, o estágio é também um lugar de encontro, um encontro do sujeito consigo mesmo e com a profissão.

Há uma profissionalidade posta em construção também no estágio. Essa ação específica de ser professor, como assinala Sacristán (1995), pode igualmente ser percebida no desenvolvimento dessa atividade curricular. Roldão (2005) aponta quatro características dessa profissionalidade: reconhecimento social da função, saber específico, poder de decisão sobre a ação desenvolvida e pertencimento a um grupo coletivo. Nesses moldes, aspectos dessas características podem ser identificados nas ações ou nos registros escritos dos estagiários.

A construção de uma profissionalidade é visualizada nas aprendizagens da docência. Os saberes construídos são específicos, mas também são plurais e interdisciplinares, porque são inerentes da profissão essas construções. Tudo isso se configura como aprendizagens, e o estágio é potencializador delas.

4. Espaço de referências

Como espaço de referências, situa-se não somente para referir-se à construção da identidade profissional, mas também da formação, de aprendizagens, de construção de saberes, de construção de conhecimento, entre outros. É referência para socializações, e o momento/espaço do estágio potencializa essa socialização. Tudo isso se configura interfaces que compõem esse se tornar e ser professor.

Os campos situados para tais referências são a universidade (instituição formadora) e a escola da Educação Básica (instituição de profissionalização). É na condição de serem espaços de formação e atuação profissional docente que eles se consolidam como espaços de referências, ambos são espaços de ocorrências do estágio. Na história de Álex, aluno de Física, ele encontrou no estágio essa referência de território, foi onde ele encontrou esse lugar de pertencimento da profissão, e aproveitou as aprendizagens no estágio também para formar o seu repertório de saberes e dar continuidade aos seus estudos na área de Educação.

Ferreira e Ferraz (2021; 2022) partilham da ideia desse espaço de referência para construção identitária, mas também para formação e aprendizagens. Carvalho (2008) denomina-o como território de formação pelas suas potencialidades de ser referência. Nesta perspectiva, entendo que, sendo território, demarca e deixa marcas por quem por ele passa ou a ele pertence; com isso, também o consolida como espaço de referências, em que este espaço passa a ser aludido em projetos e investimentos profissionais, na socialização, na atuação docente e na vida acadêmico-profissional.

5. Iniciação à docência[2]/prática e atuação profissional

O começo de um futuro profissional? Para muitos, sim. O estágio se configura como este lugar da prática, da técnica, do diferencial, da intervenção, dos saberes em ação, da decisão, da imersão em um contexto que é social, político, cultural, pedagógico, didático e formativo que o compõe e ao mesmo tempo interfere na formação. Estamos falando do estágio supervisionado como esse momento/movimento de iniciação à docência.

O estudante se torna apto para realizar o estágio supervisionado quando cumpre os pré-requisitos curriculares para tal, inicia então outro tipo de carga horária/creditação e de prática curricular, que é a interventiva. Assim como na história de Álex, muitos estudantes se "descobrem" professores no estágio supervisionado, pois esta iniciação possibilita ao sujeito, no processo formativo, aproximar-se dos desafios do processo ensino-aprendizagem, refletir e problematizar as dimensões da prática pedagógica em um contexto dinâmico e complexo que é a escola. O estágio é este lugar de "encontros".

Nesse processo, as memórias e as marcas das nossas vivências aparecem e vão nos delineando, compondo-nos, fazendo-nos professores a partir dos vários contextos, memórias e histórias; dos professores que tivemos e dos alunos que fomos; a partir do que somos — pai, mãe, filho, tio, padrinho, madrinha. O estágio pode até ser a iniciação à docência, mas ela é plural, é iniciação porque se configura como este momento oficial da prática da atuação profissional, mas muitas de nossas memórias e histórias a antecedem, ao mesmo tempo que a projetam.

Essa iniciação é um deslocamento, pois é necessário percebemos o estágio como um outro lugar da formação, esse da aproximação

---

2. A iniciação à docência é referenciada como aquela que aproxima o estagiário do campo de atuação profissional, principalmente a partir da intervenção. Não nos referimos ao PIBID, pois antes da existência deste programa o estágio supervisionado já desempenhava este papel.

com o campo de atuação e prática profissional. Desta maneira, "[...] o estágio supervisionado, como uma iniciação à docência, possibilita vivências únicas e intransferíveis" (FERREIRA; FERRAZ, 2021, p. 304).

6. Unidade teoria-prática

O estágio supervisionado é visto como o representante desse diálogo formacional — teoria-prática —, este de difícil entendimento para muitos. Recorremos a Diniz-Pereira (1999), quando remete que na racionalidade técnica consolidou-se um modelo de formação de professores baseado na técnica instrumental e na reprodução que se mostravam inadequadas à realidade da prática profissional docente. Desse modo, buscamos superar modelos de formação docente que provocavam o empobrecimento das experiências de formação, e para isso, torna-se perceptível a essencialidade da unidade teoria-prática para tal.

Para Veiga (2008, p. 17), a prática pedagógica é atividade teórico--prática que abarca um lado ideal (teoria) que se apresenta como "[...] um conjunto de ideias constituído pelas teorias pedagógicas, sistema-tizado a partir da prática realizada dentro das condições concretas de vida e de trabalho", e transformam idealmente a prática. E um lado real (prática), "[...] constituído pelo conjunto de meios, modos pelos quais as teorias pedagógicas são colocadas em ação pelo professor" (VEIGA, 2008, p. 17). Nesse âmbito, priorização da teoria pode levar a uma posição idealista e priorizar a prática pode levar ao praticismo, pois uma prática sem teoria não sabe o que pratica (VEIGA, 2008). Por isso, entendemos teoria-prática como indissociável (em unidade absoluta), elas se influenciam mutuamente.

A partir desse entendimento, para formar o professor que almejamos, já citado no início desta seção, a unidade teoria-prática faz-se imprescindível, pois, conforme Pimenta (2012), a atividade teórico-prática constitui eixo articulador do currículo. O estágio, nesta perspectiva, é uma prática (social, não pragmatismo, utilitarismo ou aplicacionismo) que precisa ser intencional, pois é dessa forma que é possível a indissolúvel unidade teoria-prática. Precisa também ser fundamentada, pois o "[...] reconhecimento do estágio como uma atividade teórica e prática está intimamente relacionado à organização teórico-pedagógica presente nos projetos dos cursos de formação de professores" (FERRAZ; FERREIRA, 2021, p. 5). Para construção de conhecimento no estágio, é preciso mais que olhar para teoria ou para prática, é necessário superar o discurso do estágio como "a parte prática do curso", isto porque sem uma teoria que o fundamente a prática não se sustenta, pois ele não é de caráter aplicativo.

O estágio, portanto, deve ser este espaço/momento de possibilidades de futuros professores conhecerem, entenderem e vivenciarem a realidade da Educação Básica. Ainda, de reflexões sobre a prática de exercer a docência (RIBEIRO; ARAÚJO, 2017). Para tanto, ele deve ser mediado, em sua estrutura, por esta composição indissociável entre teoria-prática, somente assim a práxis se configura como possibilidade.

7. Práxis

Concordamos que "[...] a atividade docente é práxis" (PIMENTA, 2012, p. 95). Não há como entendê-la desse modo, sem considerar também o item anteriormente discutido. Então, insistimos no dizer de Saviani (2008, p. 141-142):

> É nesse sentido que procurei elaborar o significado de práxis a partir da contribuição de Sánchez Vázquez (1968), entendendo-a como um conceito sintético que articula a teoria e a prática. Em outros termos, vejo a práxis como uma prática fundamentada teoricamente. Se a teoria desvinculada da prática se configura como contemplação, a prática desvinculada da teoria é puro espontaneísmo. É o fazer pelo fazer. Se o idealismo é aquela concepção que estabelece o primado da teoria sobre a prática, de tal modo que ela se dissolve na teoria, o pragmatismo fará o contrário, estabelecendo o primado da prática. Já a filosofia da práxis,

tal como Gramsci chamava o marxismo, é justamente a teoria que está empenhada em articular a teoria e a prática, unificando-as na práxis. É um movimento prioritariamente prático, mas que se fundamenta teoricamente, alimenta-se da teoria para esclarecer o sentido, para dar direção à prática. Então, a prática tem primado sobre a teoria, na medida em que é originante. A teoria é derivada. Isso significa que a prática é, ao mesmo tempo, fundamento, critério de verdade e finalidade da teoria. A prática, para desenvolver-se e produzir suas consequências, necessita da teoria e precisa ser por ela iluminada.

A partir da fala do autor, entendemos a práxis como teoria-prática refletida na ação; a práxis pressupõe uma relação de interdependência entre os elementos que a compõem, ou melhor, da unidade entre teoria e prática. Por isso, na perspectiva da nossa discussão, o estágio não pode ser burocratizado, com priorizações de preenchimento de fichas que mais regulam do que formam, mas deve ser promotor de experiências formadoras. A ideia é de superamos um estágio "míope"[3], para vivenciarmos a práxis como atividade docente. Conforme Pimenta (2012), o estágio é atividade teórica, que é instrumentalizadora da práxis. Sendo somente teórica, não pode chegar a práxis, pois não é válido uma práxis teórica; mas sendo teórica, cumpre uma função prática, que a afirma teoricamente. Assim, "[...] a atividade teórica é que possibilita de modo indissociável o conhecimento da realidade e o estabelecimento de finalidades para sua transformação. Mas para produzir tal transformação não suficiente a atividade teórica, é preciso atuar praticamente (PIMENTA, 2012, p. 105).

É sendo atividade teórica que o estágio possibilita tal atuação e se faz práxis. O estágio é de natureza da práxis (PIMENTA, 2012; LIMA, 2012; PIMENTA; LIMA, 2011; ARAÚJO, 2020; ARAÚJO; MARTINS, 2020). Para Pimenta (2012, p. 99), referindo-se a Marx, a "[...] práxis é a atitude (teórico-prática) humana de transformação da natureza e da sociedade, por isso não basta conhecer e interpretar o mundo

---

3. Termo utilizado por Pimenta (2012) para referir-se ao estágio burocratizado, que se consolida mais pelo cumprimento de normas prescritivas do que de aspectos formativos.

ENSINO, PRÁTICAS PEDAGÓGICAS E DIVERSIDADE

(teórico), é preciso transformá-lo (práxis)". Sobre isso, Freire (1997, p. 38) afirma que "[...] a práxis, porém, é reflexão e ação dos homens sobre o mundo para transformá-lo".

A partir da compreensão de práxis, entendemos que a produção da transformação demanda mais que apenas a atividade teórica, é preciso a atuação prática. A teoria remete a uma prática que não fala por si mesma, mas tem a exigência de uma relação teórica com ela. Desse modo, o estágio deve promover vivências dessa natureza da práxis como um caminho para preparação para a inserção profissional. Assim, o estágio curricular é uma atividade teórica e prática, deve ser práxis. Como práxis, constitui instrumento de intervenção e reflexão.

Estabelecemos aqui diálogos possíveis sobre o que o estágio supervisionado representa, o que não esgota sua representação, ele é mais do que os itens aqui apresentados. O estágio não é só componente do currículo, é o lugar, por excelência, mais adequado para a formação e produz-se nos cursos de formação em interação com o campo social, onde estão presentes as atividades educativas e pedagógicas.

Cenários...

Estamos falando aqui do estágio supervisionado, cujas ações de natureza da prática profissional se realizam na escola da Educação Básica, ou seja, nos Ambientes Escolares. Estamos falando então da formação de professores, que se faz nos cursos de licenciaturas. Portanto, o estágio é eixo importante desse processo de formação, pois nesse se tornar professor, na formação inicial, configura-se como esse espaço de reconhecimento do território da atuação prática.

Como cenários dessa formação docente e do estágio supervisionado, apresentamos o que se dá a partir do ensino presencial e o outro a partir do Ensino Remoto Emergencial (ERE). O estágio presencial é aquele realizado nos espaços físicos das escolas, que usufrui e se concretiza na arquitetura material. Estes espaços se configuram como importantes aspectos a serem observados, portanto, são objetos de estudos, pois também influenciam para determinação (modificação) de rotinas e disposições materiais e humanas.

O estágio presencial é uma configuração já consolidada, sendo o tradicional modo de estar em campo e vivenciar o cotidiano escolar. Também apresenta especificidades e variações diversas, pois o campo de atuação se modifica conforme nível de ensino, turno e faixa etária, e se concretiza a partir do contato direto com os sujeitos participantes daquele meio. A socialização e a presença são pontos fortes das aprendizagens da docência neste cenário, pois consolidam como lugar de vida e movimento, este último que permite muitas coisas acontecerem nele e promover mudanças.

O ERE foi implementado a partir de uma emergência de saúde pública que tinha como principal forma de contenção do vírus o distanciamento social, provocando o fechamento físico das instituições escolares[4]. Desse modo, este "espaço" não presencial foi tomado pelas instituições a partir, principalmente, do ambiente virtual (não só ele) como possibilidade de ensino, pesquisa e extensão. Na Instituições de Ensino Superior (IES), os estágios curriculares permitidos[5] ocorreram a partir das atividades do tripé acadêmico.

Nas IES, o ambiente virtual foi utilizado para implementação das atividades, e pela natureza dos estágios, estes apresentaram muitas limitações para concretização. Com a necessidade de reinvenção do estágio, este foi realizado como pesquisa ou extensão, de modo virtual. Como ensino, inicialmente, tornou-se em muitos lugares inviável, porque as escolas da Educação Básica continuavam sem funcionar, e não funcionava nem mesmo não presencial. Posteriormente, no ano de 2021,

---

4. Ver mais sobre isso em: Souza e Ferreira (2020; 2021); Leite, Torres e Cunha (2020); Ferreira, Ferreira e Zen (2020); Oliveira e Santos (2020); Pereira, Santos e Manenti (2020); Ferraz, Ferreira e Ferraz (2021); Cruz, Coelho e Ferreira (2021); Ferreira, Ferraz e Ferraz (2021); Teles, Gomes e Valentim (2021); Barreto, Santos e Machado (2021).

5. Alguns estágios, em âmbito nacional, não foram permitidos, como os da área de saúde.

ENSINO, PRÁTICAS PEDAGÓGICAS E DIVERSIDADE

iniciou-se de modo não presencial, o que possibilitou, não em todos os estabelecimentos, receber estagiários. Este cenário, para concretização, exigiu dos participantes desse processo: novas aprendizagens, como utilização das ferramentas tecnológicas e plataformas digitais; novos hábitos, como de estar logado para atividades escolares; e adaptações, como a do ambiente doméstico, do tempo de estudo-trabalho, dos modos de realizar as atividades; entre outros. Tudo isso também desvelou desigualdades e provocou desconfortos e problemas de diversas ordens.

Com as limitações postas pelo ERE, muitas IES optaram por não ofertar o estágio supervisionado nos cursos de licenciatura logo na implementação do ERE, pois se tratava de um novo modo de conceber o ensino, e pelas especificidades do estágio ainda era algo a se entender, pois demandava novas configurações. Desse modo, a partir de novos desenhos didáticos, houve a inserção de estagiários nos contextos escolares virtuais, utilizando as várias plataformas digitais e adaptando os modos de aprender a e sobre a docência. A rotina, a socialização, o aprender junto, o aprender de perto, entre outros aspectos inerentes ao estágio, foram prejudicados com o ERE, e percebemos rupturas. Conforme Ferreira (2020), não estávamos preparados para isso, e muitas de nossas limitações formativas foram expostas.

É certo que ambos os cenários revelam desafios, principalmente nos modos de organizá-los. São rotinas diferentes (sentar na cadeira e olhar as pessoas/sentar na cadeira e olhar para a tela), modos de olhar-escutar (diretamente/não diretamente) diferentes, de conceber (presencialidade/virtualidade), de acessar (indo/logando), entre outros, que interferem nos nossos modos de ensinar-aprender, e provocam diferentes sentimentos e sensações em relação aos modos como se formam o professor. Dentre outros, está também a forma de estabelecer essa parceria entre universidade-escola, trabalhar com a diversidade e outras demandas variadas e tão pertinentes (às vezes bem específicas) como estas.

Com o ERE, aprendemos a lidar com toda essa mudança necessária, pois "[...] tempos difíceis demandam outra formação" (FERREIRA, 2020, p. 415). Mas como orientar nesta perspectiva? Ressaltamos que os cenários de formação sempre exigirão mudanças, pois o perfil biográfico dos sujeitos e o contexto social, político, educacional e cultural as demandam. Isso quer dizer que mudar é um *continuum*.

Imbernón (2000), desde antes, já chamava nossa atenção para a necessidade de educar para o século XXI, pois seriam tempos de revolução formativa. Para Jarauta e Imbernón (2015), o futuro da escola seria desvelado neste século, com muitas perspectivas de mudanças (e teve mesmo), algumas, inclusive, com forte possibilidade de nos fazer reinventar. Imbernón (2011) ainda nos tensiona que deveríamos formar para mudança e incerteza. Compreendemos que é dessa maneira, compondo a formação, que a imprevisibilidade tem condições de deixar de ser apenas um termo que indica o desconhecimento sobre alguma coisa, e passar a atravessar as discussões presentes nos cursos de formação de professores, com elaboração de ideias sobre enfrentamentos futuros.

A partir dos cenários existentes[6] (não só estes apresentados), cabe pensarmos nas possibilidades de fazer os estágios acontecerem e promoverem mudanças nos contextos e sujeitos, e entendemos que para isso precisamos conhecer as possibilidades de realização destes estágios e como esgotá-las.

Possibilidades...

Vários são os desafios, mas temos também possibilidades. Quais são as possibilidades? Eu gostaria de dialogar um pouco sobre esses vários desafios que se configuram e a gente vai se reinventando nessa docência, realizando outros modos de fazer, de dar aula. Percebemos o quanto nos reinventamos na docência neste contexto de pandemia, porque a docência que vínhamos exercendo não teria como dar conta

---

6. Entendemos, por exemplo, que outros cenários já vêm sendo desenhados a partir de políticas como a Resolução 02/2019, que preza por uma formação por competências, provocando o esvaziamento da formação na perspectiva de ser reflexiva e crítica.

desta perspectiva, deste novo cenário que se instalou. Então, estamos em fase de aprendizagens, e as possibilidades que se desenham estão em torno exatamente dessas modalidades em que o estágio pode acontecer.

O estágio supervisionado é um campo complexo, problematizador, que abarca as dimensões formativa, investigativa, colaborativa, interativa, envolvendo diferentes sujeitos e proporciona estudos enriquecedores para o campo da formação de professores. É necessário, nesta perspectiva, a superação da errônea concepção do estágio apenas como ensino. Ele é ensino-pesquisa-extensão, dimensões que se constituem em modalidades, através das quais o estágio pode se concretizar e materializar-se como unidade teoria-prática e práxis.

Como ensino, ele marca um lugar de destaque no projeto político-pedagógico dos cursos, nos planos de ensino das disciplinas, principalmente voltadas para as práticas de ensino, e se faz pela observação, coparticipação e regência como modos tradicionais de desenvolvê-lo. Também, ele marca o lugar da docência nesse processo de formação, pois há outros estágios nas licenciaturas que não se configuram pela sua natureza como ensino, não são realizados como ensino pela sua natureza de ser, como o estágio em gestão; se for gestão escolar, é realizado na instituição de ensino escola, mas não tomando a prática docente como objeto de análise e formação; há outros ainda, como o estágio em coordenação pedagógica ou o estágio em ambientes não escolares. Como ensino, ele tem a sua maneira de ser, de se configurar, ele vem se configurando nessa estrutura, nesse modo de ser observação, coparticipação e regência, e esse estágio como ensino ele pode sim ser ressignificado pela pesquisa e a extensão[7], estes dois últimos, inclusive, bastante explorados no contexto do ERE.

Como (com) extensão, o estágio se constrói a partir da exploração de ambientes e espaços de referências para a construção de um modo de ser professor; articulação com outros modos de fazer, de formar.

---

7. Destacamos alguns dossiês dobre estágio supervisionado publicados em 2021: na *Revista Hipótese*; na *Revista Práxis Educacional* e na *Revista de Estudos em Educação e Diversidade*.

Em algumas instituições, ele acontece a partir de atividades integradoras, como seminários, congressos, simpósios, mostras de estágio onde são realizadas ações de proximidade com o campo de atuação do professor, indicando que no estágio também há lugar para extensão. A extensão ainda demarca encontros, pois no estágio, como espaço de socialização, podem ser realizadas nele a produção e a manipulação de materiais (produção de vídeos, de guias, trilhas de aprendizagem, de cartilhas etc.), e com o ensino e a pesquisa e extensão.

Como pesquisa se faz dessa forma do início ao fim, estimulando a formação intelectual, do professor-pesquisador, professor-questionador, professor-investigador que mobiliza saberes para/sobre o ensino, pelo processo da pesquisa como estágio, como um conjunto de atividades. Desse modo, podem-se realizar mapeamentos, estudos de casos, exploração de casos de ensino, de situações-problemas (e outros), e as reflexões e problematizações da/sobre a docência e as aprendizagens referentes ao processo ensinar-aprender advirem deste contexto de problematização, possibilitando as aprendizagens da docência pela pesquisa. A tendência de atividades de estágio organizadas como pesquisa é de suscitar reflexões sobre a docência, e o sujeito participante ser transformado pelos desdobramentos em torno delas.

Com pesquisa, ele se faz a partir da articulação com o ensino e a extensão. Vem sendo muito explorado no âmbito dele a realização de observações em que a sistematização e registros promovem reflexões sobre a docência. A pesquisa no estágio como estratégia didática é um exemplo ressaltado por Marques (2018) e Ferreira e Ferraz (2022).

A pesquisa como estratégia didática é aquela empregada nas situações didáticas como atividade de aprendizagem. Visualizando as etapas do estágio em docência (observação, coparticipação e regência), percebemos que este se configura como ideal para tal, pois oportuniza não somente a promoção de aprendizagens através do ensino, mas também através da pesquisa. As observações ao serem vivenciadas possibilitam reflexões, problematizações, questionamentos e, consequentemente, uma formação voltada para a pesquisa, de um professor ou futuro professor que toma a prática como possibilidade de investigação e objeto de análise. Assim, a partir dos resultados, busca mudanças na docência, pensa em mudanças na prática e para a prática. É a ressignificação da docência pensada a partir da pesquisa.

Outro modo de aprender no estágio que vale ser destacado aqui se refere aos Focos de Aprendizagem Docente (FAD) como instrumentos de análise que fornecem indícios de aprendizagem nos campos da docência, ou seja, trata-se de um instrumento que pode ser utilizado para analisar o aprendizado da docência em diversas configurações, tanto na formação inicial como na formação em serviço ou em situações de educação informal. Os FAD são adaptados dos Focos de Aprendizagem Científica (FAC), cuja esfera investigação (ARRUDA *et al.*, 2013). Desse modo, a pesquisa de Arruda, Passos e Fregolente (2012) propõe outra forma de utilização, sendo então reconstruído dentro de cinco focos na investigação da formação docente — FAD, sendo: Interesse pela docência; Conhecimento prático da docência; Reflexão sobre a docência; Comunidade docente; Identidade docente. Entendemos então que os FAD no campo do estágio supervisionado se concretizam com os acontecimentos desse processo de formação e podem contribuir para a construção da identidade profissional de futuros professores. Neste contexto, alguns FAD podem emergir e se configurar como elementos fundantes dessa construção.

Vale ressaltar que a inserção no campo do estágio contribui, muitas vezes, para que vários acadêmicos dos cursos de licenciatura definam as ações/vivências deste lócus como seus objetos de pesquisa a serem desenvolvidos no Trabalho de Conclusão de Curso (TCC). Pela inserção no ambiente escolar possibilitado pelo estágio, abarcando ensino, pesquisa e extensão, os estudantes podem optar por um recorte para estudos, já que o estágio é campo de produção de conhecimento.

Diante das possibilidades aqui ressaltadas, entendemos que o estágio se configura como eixo articulador do ensino, pesquisa e extensão. Assim,

A formação docente, [...] proporciona uma transformação qualitativa da práxis docente, da educação e do contexto social, a qual certamente requer uma postura crítica e investigativa que só pode ocorrer numa interação **relacional entre ensino, pesquisa e extensão**, [...] cujo eixo central é o estágio supervisionado (SILVA FILHO; LOPES; CAVALCANTE, 2011, p. 149).

O estágio como atividade curricular e formativa se vincula intimamente ao tripé acadêmico. Pimenta e Lima (2011) apontam que a finalidade do estágio é propiciar ao aluno uma aproximação à realidade na qual atuará e consideramos, nessa perspectiva, que o tripé contribui para a produção de conhecimento.

Finalizando...

Gostaria de finalizar a discussão posta neste texto, mas não esgotar o tema, dizendo que pode parecer cumprimento de carga horária e preenchimento de documentos importantes atividades enquanto organização institucional, mas vale ressaltar que é inviável discutir a educação e formação docente sem olhar para a concretude real da nossa sociedade e construir um diálogo pautado teoricamente. O estágio é mais que burocratização, é formação.

É fundamental repensarmos, por estabelecer um momento interdisciplinar que propicia preparação/planejamento, observação, análise, estudo, diálogo, intervenção, reflexão do agir/pensar/sentir a prática/atividades desenvolvidas em uma determinada realidade educativa em prol de um efetivo trabalho qualitativo na escola, pois a proposta é formar professores críticos, reflexivos e comprometidos com a profissão.

O estágio supervisionado é esse espaço de vários territórios, onde muitos demarcam seu pertencimento. Ele não se faz isolado de outros componentes curriculares ou somente no espaço da IES; é componente essencial da formação de professores e se consolida como lugar de construção e fortalecimento da identidade, campo de profissionalização, potencializador de aprendizagens, espaço de referências, iniciação à docência, unidade teoria-prática e práxis (além de outros). É campo de conhecimento, componente curricular, concretiza-se com e como pesquisa, como ensino e como extensão. Como espaço de aprendizagens, o estágio nos ensina que estas aprendizagens não terminam nele, são constantes, nos permite buscar sempre novos modos de fazer a docência.

Referências

ARAÚJO, Osmar Hélio Alves. "Nova" Política Nacional de Formação de Professores com residência pedagógica: para onde caminha o estágio supervisionado? *Série-Estudos*, Campo Grande, v. 24, n. 52, p. 253-273, set./dez. 2019.

ARAÚJO, Osmar Hélio Alves. O estágio como práxis, a pedagogia e a didática: que relação é essa? *Revista Eletrônica de Educação*, v. 14, p. 1-15, e3096048, jan./dez. 2020.

ARAÚJO, Osmar Hélio Alves; MARTINS, Elcimar Simão. Estágio curricular supervisionado como práxis: algumas perguntas e possíveis respostas. *Reflexão e Ação*, Santa Cruz do Sul, v. 28, n. 1, jan. 2020.

ARRUDA, Sergio de Mello; PASSOS, Marinez Meneghello; FREGOLENTE, Alexandre. Focos da aprendizagem docente. *Alexandria*, v. 5, n. 3, p. 25-48, 2012.

ARRUDA, Sergio de Mello *et al*. O aprendizado científico no cotidiano. *Ciência & Educação*, v. 19, n. 2, p. 481-498, 2013.

BARRETO, Andreia Cristina Freitas; SANTOS, Jaciara de Oliveira Sant'Anna; MACHADO, Maira Souza. O trabalho docente em tempos de covid-19: das políticas às práticas. *In*: COLARES, Getuliana Sousa; ANDRADE, Wendel Melo; COSTA, Gilmar Pereira. *Entre a academia e a escola*: reflexões sobre políticas, teorias e práticas educacionais. Curitiba: CRV, 2021. p. 127-137.

CARROLO, Carlos. Formação e identidade profissional de professores. *In*: ESTRELA, Maria Teresa (org.). *Viver e construir a profissão docente*. Lisboa: Porto Editora, 1997. p. 21-50.

CARVALHO, Ana Jovina Oliveira Vieira de. *Estágio supervisionado e narrativas (auto)biográficas*: experiências de formação docente. 2008. Dissertação (Mestrado em Educação e Contemporaneidade) — Universidade do Estado da Bahia, Salvador, 2008.

CORDEIRO, Karina de Oliveira Santos; ABREU, Roberta Melo de Andrade; TEIXEIRA, Sirlândia Reis de Oliveira. A educação infantil e o brincar: reflexões a partir do estágio curricular. *Revista Hipótese*, v. 7, n. único. p. 134-156, 2021.

CRUZ, Lilian Moreira; COELHO, Livia Andrade; FERREIRA, Lúcia Gracia. Docência em tempos de pandemia: saberes e ensino remoto. *Debates em Educação*, v. 13, n. 31, p. 992-1016, jan./abr. 2021.

DINIZ-PEREIRA, Júlio Emílio. As licenciaturas e as novas políticas educacionais para a formação docente. *Educação & Sociedade*, ano XX, n. 68, p. 109-125, 1999.

DRUMOND, Viviane. Estágio e docência na educação infantil: questões teóricas e práticas. *Olhar de professor*, Ponta Grossa, v. 22, p. 1-13, 2019.

FERRAZ, Rita de Cássia Souza Nascimento; FERREIRA, Lúcia Gracia; FERRAZ, Roselane Duarte. Educação em tempos de pandemia: consequências do enfrentamento e (re)aprendizagem do ato de ensinar. *Revista Cocar*, edição especial, n. 9, p. 1-19, 2021. Disponível em: https://periodicos.uepa.br/index.php/cocar/article/view/4126. Acesso em: 20 mar. 2021.

FERRAZ, Roselane Duarte. Estágio supervisionado na formação do pedagogo: contribuições e desafios. *Revista Encantar* — Educação, Cultura e Sociedade, Bom Jesus da Lapa, v. 2, p. 1-12, jan./dez. 2020.

FERRAZ, Roselane Duarte; FERREIRA, Lúcia Gracia. Estágio supervisionado no contexto do ensino remoto emergencial: entre a expectativa e a ressignificação. *Revista de Estudos em Educação e Diversidade*, v. 2, n. 4, p. 1-28, 2021.

FERREIRA, Lúcia Gracia; CLARK, Georgia Nellie. Estágio supervisionado em gestão escolar e possibilidades formativas. *In*: MEIRELES, Mariana Martins de; SILVA, Erica Bastos da; SANTOS, Fernando Henrique Tisque dos. *Pedagogias no plural*: inflexões na formação de professores. Cruz das Almas: Editora da UFRB, 2023, p. 41-52.

FERREIRA, Lúcia Gracia; CLARK, Georgia Nellie; RIBEIRO, Djeissom Silva. Formação do pedagogo para gestão escolar: experiência curricular em interface com extensão. *Revista Brasileira de Educação de Jovens e Adultos*, v. 7, p. 1-19, 2020.

FERRAZ, Roselane Duarte; FERREIRA, Lúcia Gracia. Estágio supervisionado no contexto do ensino remoto emergencial: entre a expectativa e a ressignificação. *Revista de Estudos em Educação e Diversidade*, v. 2, n. 4, p. 1-28, 2021.

FERREIRA, Lúcia Gracia. Formação de professores e ludicidade: reflexões contemporâneas num contexto de mudanças. *Revista de Estudos em Educação e Diversidade*, v. 1, n. 2, p. 410-431, 2020.

FERREIRA, Lúcia Gracia; FERRAZ, Roselane Duarte. O estágio supervisionado nas licenciaturas: a pesquisa como estratégia na ressignificação das práticas de ensino e aprendizagem. *In*: OLIVEIRA, Célia Zeri de; ROQUE-FARIA, Helenice Joviano; SILVA, Kleber Aparecido da. *Atitudes investigativas sobre as práticas de estágio supervisionado*. Campinas: Mercado das Letras, 2022. p. 99-113.

FERREIRA, Lúcia Gracia; FERRAZ, Roselane Duarte. Por trás das lentes: o estágio como campo de formação e construção da identidade profissional docente. *Revista Hipótese*, v. 7, n. único, p. 301-320, 2021.

FERREIRA, Lúcia Gracia; FERRAZ, Roselane Duarte; FERRAZ, Rita de Cássia Souza Nascimento. Trabalho docente na pandemia: discursos de professores sobre o ofício. *Fólio* — Revista de Letras, v. 13, n. 1, p. 323-344, 2021.

FERREIRA, Lucimar Gracia; FERREIRA, Lúcia Gracia; ZEN, Giovana Cristina. Alfabetização em tempos de pandemia: perspectivas para o ensino da língua materna. *Fólio* — Revista de Letras, v. 12, n. 2, p. 283-299, 2020.

FREIRE, Paulo. *Pedagogia do oprimido*. 24. ed. Rio de Janeiro: Paz e Terra, 1997.

IMBERNÓN, Francisco (org.). *A educação no século XXI*: os desafios do futuro imediato. Tradução: Ernani Rosa. 2. ed. Porto Alegre: Artmed, 2000.

IMBERNÓN, Francisco. *Formação permanente do professorado*: novas tendências. 1. ed. São Paulo: Cortez Editora, 2009.

IMBERNÓN, Francisco. *Formação docente e profissional*: formar-se para a mudança e a incerteza. 9. ed. São Paulo: Cortez Editora, 2011.

JARAUTA, Beatriz; IMBERNÓN, Francisco (org.). *Pensando no futuro da educação*: uma nova escola para o século XXI. Tradução: Juliana dos Santos Padilha. Porto Alegre: Penso, 2015.

LEITE, Maria Laís dos Santos; TORRES, Geovane Gesteira Sales; CUNHA, Rocelly Dayane Teotonio da. Entre sonhos e crises: esquadrinhando os impactos acadêmicos da pandemia por covid-19 na vida de pós-graduandas(os) brasileiras(os). *Revista de Estudos em Educação e Diversidade*, v. 1, n. 2, p. 7-30, 2020.

LIMA, Maria Socorro Lucena. *Estágio e aprendizagem da profissão docente*. Brasília: Liber Livro, 2012.

MARQUES, Amanda Cristina Teagno Lopes. Didática e estágio na licenciatura: por que pensar o ensino com (o) pesquisa? *In*: AROEIRA, Kalline Pereira; PIMENTA, Selma Garrido (org.). *Didática e estágio*. Curitiba: Aprris, 2018. p. 103-128.

MEDEIROS, Emerson Augusto de; FORTUNATO, Ivan; ARAÚJO, Osmar Hélio Alves. Professores orientadores dos estágios supervisionados das licenciaturas do Brasil: análise de teses nacionais 2014-2018. *Práxis Educacional*, v. 16, n. 43, p. 29-50, 2020.

OLIVEIRA, Célia Zeri de. O estágio supervisionado na licenciatura como construção da base profissional docente para a formação de leitores literários. *Revista Hipótese*, v. 7, n. único. p. 280-300, 2021.

OLIVEIRA, Tiago Melo de; SANTOS, Fábio Viana. "Caminhando contra o vento, sem lenço e sem documento": educação básica em tempos de pandemia. *Boletim de Conjuntura (BOCA)*, Boa Vista, v. 4, n. 11, p. 99-106, 2020.

PEREIRA, Hortência Pessoa; SANTOS, Fábio Viana; MANENTI, Mariana Aguiar. Saúde mental de docentes em tempos de pandemia: os impactos das atividades remotas. *Boletim de Conjuntura (BOCA)*, v. 3, n. 9, p. 26-32, 2020.

PIMENTA, Selma Garrido. *O estágio na formação de professores:* unidade, teoria e prática? 11. ed. São Paulo: Cortez Editora, 2012.

PIMENTA, Selma Garrido; LIMA, Maria Socorro Lucena. *Estágio e docência*. 6. ed. São Paulo: Cortez Editora, 2011.

RIBEIRO, Luís Tavora Furtado; ARAÚJO, Osmar Hélio Alves. O estágio su-pervisionado: fios, desafios, movimentos e possibilidades de formação. *Revista Ibero-Americana de Estudos em Educação*, Araraquara, v. 12, n. 3, p. 1721-1735, 2017.

ROLDÃO, Maria do Céu Neves. Profissionalidade docente em análise: especifi-cidades dos ensinos superior e não superior. *Nuances*: Estudos sobre Educação, ano XI, v. 12, n. 13, p. 105-126, jan./dez. 2005.

SACRISTÁN, J. Gimeno. Consciência e acção sobre a prática como libertação profissional dos professores. *In*: NÓVOA, António (org.). *Profissão professor*. Porto: Porto Editora, 1995. p. 63-92.

SARMENTO, Teresa; ROCHA, Simone Albuquerque da; PANIAGO Rosenilde Nogueira. Estágio curricular: o movimento de construção identitária docente em narrativas de formação. *Práxis Educacional*, Vitória da Conquista, v. 14, n. 30, p. 152-177, out./dez. 2018.

SAVIANI, Dermeval. *Pedagogia histórico-crítica*: primeiras aproximações. Campi-nas: Autores Associados, 2008.

SILVA FILHO, Adauto Lopes da; LOPES, Fátima Maria Nobre; CAVALCANTE, Maria Marina Dias. A dimensão ontológica da trilogia ensino, pesquisa e extensão no estágio supervisionado. *In*: GOMES, Marineide de Oliveira (org.). *Estágios na formação de professores:* possibilidades formativas entre ensino, pesquisa e extensão. São Paulo: Loyola, 2011. p. 135-164.

SOUZA, Ester Maria de Figueiredo. Estágio Remoto Emergencial: refrações de um conceito para o ensino. *Revista de Estudos em Educação e Diversidade*, v. 2, n. 4, p. 1-15. 2021.

SOUZA, Ester Maria de Figueiredo Souza; FERREIRA, Lúcia Gracia. A prática como componente curricular: (re)indagações para a formação docente. *Práxis Educacional*, Vitória da Conquista, v. 15, n. 34, p. 195-210, 2019.

SOUZA, Ester Maria de Figueiredo; FERREIRA, Lúcia Gracia. Ensino remoto emergencial e o estágio supervisionado nos cursos de licenciatura no cenário da pandemia de covid-19. *Revista Tempos e Espaços em Educação*, v. 13, n. 32, p. 1-19, 4 out. 2020.

SOUZA, Ester Maria de Figueiredo; FERREIRA, Lúcia Gracia. A matrícula como direito do estudante na pandemia da covid-19. *Práxis Educacional*, Vitória da Conquista, v. 17, n. 44, p. 1-21, jan./mar. 2021.

TELES, Nayana; GOMES, Tiago Pereira; VALENTIM, Fabrício. Universidade multicampi em tempos de pandemia e os desafios do ensino remoto. *Revista de Estudos em Educação e Diversidade*, v. 2, n. 4, p. 1-24, abr./jun. 2021.

VEIGA, Ilma Passos Alencastro. *A prática pedagógica do professor de didática*. 10. ed. Campinas: Papirus, 2008.

WEBER, S. Profissionalização docente e políticas públicas no Brasil. *Educação & Sociedade*, Campinas, v. 24, n. 85, p. 1125-1154, dez. 2003.

11
Política de formação de professores no estado da Bahia:
ações pontuais para demandas urgentes

Roselane Duarte Ferraz

Introdução

Analisar as políticas públicas direcionadas para a educação, e particularmente para a formação de professores, requisita situar esses estudos num contexto sociopolítico e econômico marcado pelo processo de reestruturação do sistema capitalista, em que as políticas de formação docente passam a assumir uma posição central. O Brasil, assim como diversos países da América Latina, tem consolidado as políticas neoliberais, materializando as reformas educacionais, em que são estabelecidas diretrizes sob a influência dos organismos internacionais, trazendo, para alguns estudos, sérias consequências para a qualidade no ensino (LIBÂNEO, 2015).

A política de formação docente no estado da Bahia, objeto de estudo deste trabalho, não se distancia da trajetória expressa pelo Brasil, ao imprimir ações financiadas por organismos internacionais, fundamentadas nos princípios neoliberais. Situando o profissional do magistério nesse contexto, vemos que a Bahia tem se configurado como um dos estados com expressivo percentual de funções docentes exercidas por professores não licenciados (MORORÓ, 2012). Os dados do Censo Escolar de 2007, período anterior à implantação do Plano Nacional de Formação de Professores (Parfor), constata que, em média, o estado possuía 66,7% de profissionais do magistério sem formação em nível superior.

Assim, buscando solucionar as demandas quanto à qualificação dos profissionais da educação e atendendo às exigências legais, o governo da Bahia tem, nas últimas décadas, implantado, em parceria com a União e as universidades públicas, programas e cursos especiais de formação docente (MORORÓ, 2009; 2012).

Entretanto, considerando essas mobilizações para atender às diretrizes que versam sobre a formação de professores na legislação do país, observa-se o quanto os avanços demonstravam lacunas em relação às necessidades apresentadas pelos profissionais da educação do estado da Bahia. No Relatório Final de Gestão 2009-2013, publicado pela Coordenação de Aperfeiçoamento de Pessoal de Nível Superior (Capes), a Bahia ainda era um dos estados com a maior demanda de formação de professores do Brasil. O relatório apontava que, do total de 174.059 professores em exercício na Bahia, 74.760 não eram habilitados em nível superior (BRASIL, 2013).

Considerando esses dados e a política nacional de formação docente, questionamos: como o estado da Bahia, ao longo dos anos 2000, tem estruturado e organizado suas propostas de formação de professores, sobretudo após a instituição do Plano Nacional de Formação de Professores (Parfor)? Quais os principais desafios que o Estado tem enfrentado com a implantação das turmas de formação inicial de professores para atender à política nacional de formação de professores?

Para responder aos questionamentos, faremos um recorte temporal sobre política de formação de professores no estado da Bahia, focalizando as principais ações da gestão pública no processo de qualificação dos profissionais da educação, destacando o Parfor e as medidas tomadas para embasar as propostas de formação de professores em exercício. Assim, buscamos compreender o processo de implantação das políticas de formação docente no estado da Bahia nos anos 2000, evidenciado as mudanças mais significativas e os desafios, a partir da implantação do Parfor.

Este texto trata de um recorte dos resultados da pesquisa de doutorado[1], realizada no Programa de Pós-Graduação em Educação, da Universidade Federal de Pernambuco — UFPE. Para realizar, metodologicamente, essa investigação, adotamos a abordagem qualitativa, vinculada à pesquisa bibliográfica e documental. Os documentos analisados foram os relatórios de gestão da Capes (2013; 2014), o Manual Operacional do Parfor Presencial (2014) e as atas do Fórum Estadual Permanente de Apoio à Formação Docente, do estado da Bahia.

O histórico descaso na urgência em formar professores no estado da Bahia

Partilhando das influências dos organismos internacionais sobre as reformas educacionais do Brasil, o estado da Bahia traça semelhante trajetória vivenciada pelo país, nesses últimos anos, quando se trata das políticas educacionais, especialmente aquelas direcionadas para a formação dos profissionais de educação. Essas políticas ajustam-se às exigências para formação de um perfil de profissional que corresponda ao modelo de reestruturação econômica e social do país (MACEDO, 2006). Assim, as ações do governo da Bahia "[...] têm-se restringido à mera adaptação do sistema estadual às diretrizes estabelecidas pelo governo federal" (MACEDO, 2008, p. 25).

Contudo, a Bahia não correspondeu, com o mesmo vigor, às políticas de formação de professores após as consideráveis mudanças que

---

1. FERRAZ, Roselane Duarte. *Proximidades e distanciamentos de uma formação reflexiva*: um estudo de práticas docentes desenvolvidas por formadores de professores em exercício, 2016.

ocorreram, sobretudo com a implantação da LDBEN/1996. Macedo (2008) já nos apontava a delicada situação em que se encontrava a formação de professores, visto o índice precário de qualificação dos profissionais da educação.

Em se tratando, especificamente, dos professores em exercício, Macedo (2008) reafirma a condição indesejável em que o estado da Bahia se encontra, por apresentar um elevado índice de profissionais sem qualificação mínima para exercerem o magistério. Para a autora, "[...] a LDB não se tem constituído como instrumento suficiente para a promoção, pelo governo do estado, de programas oficiais de formação e de incentivo à continuidade dos estudos com a finalidade de proporcionar aos docentes o alcance do grau de escolaridade mais elevado" (MACEDO, 2008, p. 125).

Em seus estudos, Almeida (2010) constata que, no período de 1996-2000, não foram identificadas ações de qualificação ou formação de profissionais do sistema estadual baiano de ensino. Seus estudos retratam o quanto essa "[...] situação demonstra ineficiência no atendimento da demanda apresentada no estado para a formação de professores, e ainda descaso com o trabalho do grupo ocupacional do magistério e com a melhoria do processo educacional" (ALMEIDA, 2010, p. 110).

De acordo com Almeida (2010), o início dos anos 2000 continua com um quadro pouco favorável frente às ações governamentais para corresponder às demandas apresentadas pelo estado, quanto à formação dos seus professores. Uma das raras medidas foi a abertura de edital para licenciar os profissionais que lecionavam disciplinas específicas, com o intuito de retificar práticas governamentais, que até então viabilizavam concursos públicos em que permitiam a inserção de profissionais não licenciados para o exercício do magistério no estado da Bahia.

Esse tipo de formação era destinado para uma população específica, ou seja, atender aos professores efetivos, atuantes nas áreas mais críticas, como as exatas e ciências biológicas. Esses profissionais, não sendo licenciados, estavam em situação inadequada quanto à formação. Contudo, posteriormente, permitiu-se a participação dos

ENSINO, PRÁTICAS PEDAGÓGICAS E DIVERSIDADE

chamados docentes temporários, admitidos por seleção e contratados em Regime Especial de Direito Administrativo[2] (REDA), por meio de edital de retificação (ALMEIDA, 2010).

Esse é um tipo de formação de caráter compensatório e regulatório. Por um lado, tem como finalidade atender às áreas pedagógicas, provavelmente por entender que a formação teórica e científica já fora vivenciada no curso de bacharelado. E, por outro lado, tem o propósito de regularizar a permanência do profissional no exercício da docência, revelando, entre outras questões, o descompasso no processo de construção da identidade docente, fomentando a lacuna teórico-prática no desenvolvimento formativo deste profissional (ALMEIDA, 2010; GATTI; BARRETO; ANDRÉ, 2011).

Ainda, observando a perspectiva de alinhamento às políticas neoliberais, o governo baiano criou o Projeto de Educação da Bahia, resultado de um acordo com o Banco Internacional para Reconstrução e Desenvolvimento (Bird). Nesta proposta, organizaram-se ações que, entre seus objetivos, visavam promover a melhoria da qualidade do ensino, através do apoio financeiro do Fundo de Manutenção e Desenvolvimento do Ensino Fundamental e de Valorização do Magistério (Fundef). Além disso, objetivava-se municipalizar as escolas fundamentais estaduais e fortalecer a gestão educacional (LEITÃO, 2009).

O projeto apresentava-se complexo, pois era estruturado por fases. Uma delas focalizava a criação do Programa Educar para Vencer[3] (PEV), composto por seis subprojetos, com proposições diferenciadas de trabalho. Entre esses subprojetos, destacavam-se a proposta de certificação dos diretores escolares, o Plano de Desenvolvimento da Escola, o Programa de Enriquecimento Instrumental (PEI) e o projeto

---

2. Segundo a Lei n. 6.677, de 26 de setembro de 1994, que dispõe sobre o Estatuto dos Servidores Públicos Civis do Estado da Bahia, das Autarquias e das Fundações Públicas Estaduais, foi criada para atender às necessidades temporárias de excepcional interesse público, permitindo haver contratação de pessoal por tempo determinado e sob regime de direito administrativo.

3. O Programa Educar para Vencer foi implantado sob responsabilidade do deputado Eraldo Tinoco, secretário da Educação no governo César Borges, e vigorou entre os anos de 2000 e 2006.

que promovia o desenvolvimento de professores, por meio do sistema de educação a distância (LEITÃO, 2009).

No que se refere à valorização do profissional da docência, as contribuições de Almeida (2010) e Leitão (2009) evidenciam as modestas ações e, consequentemente, investimentos em prol da formação docente. Seus estudos apontam propostas emergenciais, direcionadas para superar as lacunas mais urgentes. Entre estas ações, destacam-se o sistema de consórcio de universidades, com vista a promover a formação universitária em licenciatura plena e a certificação ocupacional de profissionais de educação.

> A capacitação do corpo docente deu-se, inicialmente, com um processo de educação a distância, através de um consórcio de universidades e com tecnologia da Universidade Federal de Santa Catarina para garantir aos professores regentes de classe a escolaridade universitária de licenciatura plena, tanto na modalidade a distância quanto presencial. Outra ação implantada no item valorização do magistério é o Sistema de Certificação Ocupacional ou Profissional, desenvolvido em parceria com a Fundação Luís Eduardo Magalhães — FLEM, que certifica dirigentes escolares e professores alfabetizadores (LEITÃO, 2009, p. 95).

Sobre a certificação do profissional da educação, Schneider (2009) nos esclarece que, como mais uma política recomendada pelo Banco Mundial (BM) ao governo brasileiro, era reconhecida como uma ferramenta na promoção do docente, fundamentada pelo ideal de competência. Ainda segundo a pesquisadora, representantes da Anfope e da Confederação Nacional dos Trabalhadores da Educação manifestaram-se contrários a essa proposta, considerando-a desestimuladora e punitiva.

Superficialmente, essa política poderia ser interpretada como um importante instrumento para atestar a capacidade do profissional no domínio de conhecimentos, habilidades, atitudes e competências. Contudo, a autora nos alerta a respeito do quanto essa política condiciona o profissional da docência à segregação.

A política de certificação traz em seu bojo a inevitabilidade da classificação, da separação, da diferenciação, da seleção, da exclusão, da meritocracia entre os que se submetem a ela. São aspectos inerentes à sua lógica interna. Eles definem a sua razão de ser. Que sentido faria uma política de certificação que objetivasse certificar a todos, sem distinção? Ainda mais quando a essa certificação corresponderia um aumento salarial de 21%? (SCHNEIDER, 2009, p. 184).

Para a pesquisadora, a certificação atendeu a uma política inversa de valorização docente, ao afirmar que a finalidade dessa ação era "[...] dificultar o acesso dos professores a melhores salários e mudança de classe" (SCHNEIDER, 2009, p. 184).

A afirmação de Schneider (2009) fundamenta-se na análise que faz sobre o processo de implantação da certificação, visto que o primeiro exame só ocorre em 2004, após a publicação do Decreto n. 8.451 (BAHIA, 2003), que regulamenta a promoção na carreira, via certificação, para professores e coordenadores pedagógicos. Havia, portanto, uma determinação legal que atrelava a promoção na carreira à certificação profissional, e o próprio governo protelava esse processo ao não oportunizar o exame de certificação para esses profissionais.

Em 2001, através do Decreto n. 7.898/2001, instituiu-se o Programa de Formação Continuada para Professores, tendo a modalidade de educação a distância como roupagem formativa. Nesse documento, ficou criado o Comitê Gestor, composto por diversas instituições, como o Instituto Anísio Teixeira, as universidades estaduais de ensino, entre outras, vinculado à Secretaria da Educação, que possuíam, entre outras atribuições, a responsabilidade de elaboração e estruturação dos projetos formativos (ALMEIDA, 2010).

Essas ações constituíram irrisórias tentativas em superar os índices precários apresentados pelo estado em relação à qualificação dos docentes. Estávamos diante de dados preocupantes, indicando 68,6% dos professores do Ensino Fundamental com formação em magistério de nível médio, e somente 15% com formação em licenciatura plena de nível superior, conforme previsto pela Lei n. 9.394/1996 (BAHIA, 2001).

Paralelamente a essas ações, o governo da Bahia, visando à qualificação dos profissionais que não tinham a formação mínima exigida por lei para exercer o magistério, aderiu a uma série de iniciativas implantadas pelo MEC, materializadas em formas de programas de formação de professores, tais como o Proformação, criado no ano 2000; o Programa de Formação de Professores Alfabetizadores e o Projeto Gestar, instituídos em 2002 (MACEDO, 2006; ALMEIDA, 2010).

Posteriormente a estas estratégias, o governo do estado da Bahia, pelo Decreto n. 8.523, de 14 de maio de 2003, instituiu o Programa de Formação para Professores, com o objetivo de aprimorar a formação profissional dos docentes da rede pública estadual, visando à melhoria do ensino nas escolas do estado. Esse programa buscava oferecer cursos de licenciatura plena na modalidade de ensino presencial nas diferentes áreas do ensino a professores em exercício na rede pública estadual (BAHIA, 2003; ALMEIDA, 2010).

A elaboração do programa, segundo o Decreto n. 8.523/2003, ficou a cargo do Instituto Anísio Teixeira (IAT), com o apoio da Secretaria da Educação do Estado da Bahia (SEC), e sua operacionalização coube às instituições de ensino superior. Para tanto, foram estabelecidas parcerias entre o estado da Bahia com as seguintes instituições: Universidade Federal da Bahia (UFBA), Universidade do Estado da Bahia (UNEB), Universidade Estadual de Feira de Santana (UEFS), Universidade Estadual do Sudoeste da Bahia (UESB) e Universidade Estadual de Santa Cruz (UESC) (CHAPANI, 2008; ALMEIDA, 2010).

O programa destinava-se aos professores com formação em nível médio e, também, àqueles com licenciatura curta. Esta proposta buscou atender aos cursos de licenciatura plena nas diversas áreas de conhecimento, com uma carga horária total de 2.800 horas. A perspectiva era atingir a 150 municípios, distribuídos em 30 polos formativos, cabendo à SEC acompanhar as ações dos programas, segundo cronograma estabelecido (BAHIA, 2003).

O Programa de Formação para Professores, além de promover a qualificação dos professores em exercício, pretende, ainda, contribuir para a

ENSINO, PRÁTICAS PEDAGÓGICAS E DIVERSIDADE

melhoria da qualidade da educação básica em todo o Estado. A equipe planejadora do Programa compreende que desta forma será possível garantir a formação de professores capazes de interferir nas desigualdades sociais, e ao mesmo tempo, promover a melhoria do desempenho dos alunos da rede pública estadual de ensino (MACEDO, 2006, p. 9).

Uma característica predominante nesses tipos de programas é a perspectiva de explorar a concepção de competência. Associada à ideia de desenvolvimento das competências profissionais, encontramos a defesa de proporcionar uma formação fundamentada no pressuposto da prática reflexiva, entendida como instrumento no processo de construção da identidade e do conhecimento dos sujeitos (MACEDO, 2006). Chapani (2008), fazendo uma análise do Projeto do Programa de Formação (BAHIA, 2003) e do Projeto do Curso de Licenciatura em Ciências Biológicas (UESB, 2003), também fez constatação semelhante ao identificar, nesses documentos, a base teórico-metodológica do pressuposto da formação prático-reflexiva.

Analisando um dos cursos[4] oferecidos pela UESB, instituição parceira do Programa de Formação para Professores, Macedo (2006) verificou alguns problemas apresentados pela proposta. O primeiro deles é que nem sempre o curso oferecido é aquele almejado pelos cursistas, muitos desejavam formação em outras áreas. Identificou, também, a dificuldade dos professores-cursistas de conciliar trabalho e estudo, embora o programa assegure uma jornada de estudo remunerada. Esses impasses levaram a autora a acreditar ser pouco provável que as estratégias apresentadas pelo programa ofereçam um curso de qualidade para os professores em exercício.

Esses estudos retratam que os avanços implantados pelo governo do estado da Bahia, nos primeiros anos da década de 2000, não foram suficientes para promover mudanças mais contundentes em relação à formação dos profissionais do magistério em exercício, pois as ações

---

4. Curso de Licenciatura Plena em Educação Infantil e Séries Iniciais do Ensino Fundamental, oferecido pela UESB, *campus* de Vitória da Conquista.

revelavam-se pontuais, não atingiam um percentual significativo de professores que atuavam nas séries iniciais do Ensino Fundamental. O Quadro 1 ilustra essa afirmação.

Quadro 1 — Porcentagem de professores da Educação Básica por escolaridade do estado da Bahia

Ano	Fundamental			Ensino médio Normal/ Magistério		Ensino médio		Ensino superior	
	Total	Número	%	Número	%	Número	%	Número	%
2007	145.084	2.587	1,8%	85.537	59%	8.589	5,9%	48.371	33,3%
2008	155.812	1.846	1,2%	91.244	58,6%	13.188	8,5%	49.524	31,8%
2009	152.648	1.444	0,9%	85.642	56,1%	14.031	9,2%	51.531	33,8%
2010	150.231	1.332	0,9%	71.019	47,3%	23.585	15,7%	54.295	36,1%
2011	152.316	1.211	0,8%	59.884	39,3%	27.761	18,2%	63.460	41,7%
2012	157.267	1.150	0,7%	50.881	32,4%	30.343	19,3%	74.893	47,6%
2013	155.463	845	0,5%	40.381	26,1%	30.073	19,3%	84.164	54,1%

Fonte: MEC/Inep/DEED/Censo Escolar / Preparação: Todos Pela Educação.

Em 2007, considerando o Quadro 1, verifica-se que o estado da Bahia contava com um percentual de 66,7% de professores da Educação Básica sem formação em nível superior, sendo que, desse índice, 7,7% não apresentavam a formação mínima necessária para o exercício do magistério. Nos anos posteriores, os índices de profissionais sem formação em nível superior continuaram acima dos 50%. Em 2009, ano em que se implanta o Plano Nacional de Formação de Professores (Parfor), ainda contamos com um índice de 66,2% de professores atuantes, sem formação superior.

Considerando a formulação da legislação específica do estado da Bahia para subsidiar os projetos de formação de professores em exercício, vale retornarmos ao ano de 2006, em que foi implementado o Plano Estadual de Educação (PEE), Lei n. 10.330/2006. O processo de formulação desse Plano contou com um debate amplo dos diversos segmentos da sociedade baiana sob a coordenação da Secretaria da Educação do estado da Bahia, por meio de audiências públicas municipais.

Assim como o Plano Nacional de Educação, instituído pela Lei n. 10.172/2001, o Plano Estadual de Educação estabelece, pelos próximos dez anos, as diretrizes e metas para os níveis e modalidades de ensino; para a gestão e financiamento da educação; e para a formação e valorização do profissional do magistério e dos demais profissionais da educação (BAHIA, 2006).

A formação continuada assume particular importância, como uma estratégia essencial para a melhoria da qualidade da educação, com a contribuição do avanço científico e tecnológico, prevalente na realização de cursos na modalidade de educação a distância. Já a realização da formação inicial dos profissionais da Educação Básica é de responsabilidade das instituições de ensino superior, públicas ou privadas.

Analisando a situação do Ensino Fundamental no estado, o PEE considera que o número de matrículas oferecidas pelo sistema público é suficiente para atender a todas as demandas. Contudo, verifica a existência de crianças e jovens fora da escola, cuja causa, segundo o documento, são as questões sociais, políticas e econômicas, que ocasionam a precariedade do ensino e a desvalorização do profissional de educação (BAHIA, 2006).

Diante do diagnóstico, o PEE reconhece que o processo de valorização do profissional da docência não se limita à promoção da formação e qualificação. Afirma a necessidade de criar outras políticas e, entre essas, destaca a melhoria das condições de trabalho, o salário e a carreira. Quanto ao déficit na formação do profissional de educação, estabeleceu como um dos objetivos e metas a instalação, no prazo de três anos, de cursos de graduação em Pedagogia para os professores das séries iniciais, graduação para as áreas de atuação docente e pós-graduação, com a finalidade de promover a qualificação constante dos profissionais (BAHIA, 2006).

De acordo o PEE, caberia às instituições de ensino superior, públicas ou privadas, a responsabilidade pela formação inicial dos profissionais da Educação Básica, pois estas garantiriam uma qualidade na formação política e pedagógica do educador, enquanto a formação continuada, como uma estratégia para a melhoria da qualidade da educação, contribuiria para o aperfeiçoamento técnico e profissional dos professores em exercício.

Seguindo as orientações do Plano Nacional de Educação, o PEE traça os objetivos e metas que vão fortalecendo as práticas de formação de professores em exercício. Uma das primeiras estratégias do Plano Estadual era a realização do diagnóstico do quantitativo de professores em exercício que não possuíam, no mínimo, a habilitação em nível médio para o magistério, a fim de definir a demanda por habilitação, organizar todos os sistemas de ensino e elaborar os programas de formação de professores. E uma das formas para atender à demanda seria ampliar, mediante o regime de colaboração com a União e os municípios, os programas de formação em serviço (BAHIA, 2006).

Para isso, a meta era generalizar, nas instituições de ensino superior públicas, cursos regulares no turno noturno e cursos modulares de licenciatura plena que possibilitassem, aos docentes em exercício, a formação nesse nível de ensino. Assim, por meio de um programa colaborativo entre os entes federados, o Plano Estadual objetivava garantir que, no prazo de oito anos, 70% dos professores de Educação Infantil e de Ensino Fundamental (em todas as modalidades) obtivessem formação específica em nível superior, de licenciatura plena em instituições qualificadas (BAHIA, 2006).

Para atingir essas metas, o estado da Bahia aderiu ao Plano Nacional de Formação de Professores (Parfor), assinando o protocolo de intenções, comprometendo-se em minimizar o déficit em 37% de formação docente, até 2011. Neste processo, tinha como das principais ações oferecer licenciatura nas modalidades presencial e a distância, por meio de parcerias com as instituições públicas de ensino superior e em consórcio com a UAB (MORORÓ, 2013).

Neste contexto, o governo da Bahia articula-se ao cenário nacional, por uma política de formação de professores da Educação Básica, para superar a expressiva demanda de qualificação dos profissionais do estado sem a formação inicial mínima para o exercício da profissão.

O Parfor e os desafios para a formação inicial em exercício no estado da Bahia

Lançado em 28 de maio de 2009, pela Portaria Normativa n. 9 do Ministério da Educação, o Parfor constitui-se em uma intervenção emergencial, realizada em conjunto entre o MEC, as instituições públicas de educação superior e as Secretarias de Educação dos estados e municípios, com o objetivo de promover a formação para professores em exercício. A finalidade é atender às determinações da Política Nacional de Formação de Profissionais do Magistério da Educação, instituída pelo Decreto n. 6.755/2009. As diretrizes desta política estão embasadas no inciso XII, do Plano de Metas Compromisso Todos pela Educação, criado pelo Decreto n. 6.094/2007 como programa estratégico do Plano de Desenvolvimento da Educação (BRASIL, 2013).

Sendo assim, conforme o Relatório Final de Gestão 2009-2013, um dos princípios que orientam o Parfor encontra-se na política de regime de colaboração entre a União, os Estados, o Distrito Federal e os Municípios e, consequentemente, as Instituições de Educação Superior (IES), para que, a partir das demandas apresentadas, se possa organizar um planejamento que viabilize a oferta de cursos de formação de professores nas instituições que aderiram ao Plano, mediante análise e acompanhamento dos Fóruns Estaduais Permanentes de Apoio à Formação Docente (Forprof).

Os Fóruns foram criados, justamente, para alcançar os objetivos estabelecidos pelo Parfor, mediante a instauração de um regime de colaboração no campo das políticas de formação de professores. Segundo Gatti, Barreto e André (2011, p. 54), os Fóruns são:

> Órgãos colegiados que têm como finalidade organizar, também em regime de colaboração entre os entes federados, a formação inicial e continuada dos profissionais do magistério para as redes públicas da educação básica. Suas atribuições são: elaborar e acompanhar planos estratégicos com base no diagnóstico e na identificação das necessidades

de formação do magistério das redes públicas, apoiado no censo escolar da educação básica: articular ações, otimizar recursos e potencializar esforços em interação com os sistemas de ensino e instituições formadoras sediadas no estado.

Para o cumprimento dessas ações, o Fórum seria constituído por representatividades de diversos segmentos ligados à educação, tais como secretário de Educação do Estado, representantes do MEC, das Secretarias Municipais de Educação, das instituições públicas de ensino, entre outros. E, por apresentar composição plural, concordamos com Brzezinski (2014, p. 14), que considera os Fóruns "espaços mediadores do regime de colaboração" e, assim sendo, podem se configurar como contextos "democráticos", na busca de qualidade no processo de formação e de "valorização dos profissionais da educação".

Um outro ponto que também merece destaque nesta política refere-se à participação da Capes, por meio da Lei n. 11.502/2007, que modifica os termos da Lei n. 8.405/1992, em que são ampliadas as competências e a estrutura organizacional da agência. Portanto, além do suporte ao Sistema Nacional de Pós-Graduação (SNPG) e ao desenvolvimento científico e tecnológico do país, foram conferidas à Capes as atribuições de induzir e fomentar as ações de formação inicial e continuada e valorização dos profissionais do magistério da educação básica pública (BRASIL, 2009; GATTI; BARRETO; ANDRÉ, 2011).

Assim, segundo o Art. 2º, a Capes subsidiará o Ministério da Educação, na formulação de políticas e no desenvolvimento de atividades que forneçam suporte à formação de profissionais de magistério para a Educação Básica. Neste âmbito, a Capes terá como finalidade fomentar, em regime de colaboração com estados e municípios, mediante convênios com instituições de ensino superior, a formação inicial e continuada de profissionais do magistério (BRASIL, 2007; SCHEIBE, 2011).

Cabe, portanto, a este órgão adotar ações que promovam a formação dos profissionais da educação básica, de forma a atender às reais demandas das instituições educativas, considerando a diversidade regional e as peculiaridades da educação (SCHEIBE, 2011).

Dada essa configuração, 26 estados e o Distrito Federal firmaram Acordos de Cooperação Técnica, aderindo ao Parfor. Porém, nem todos concretizaram a oferta de cursos nos primeiros anos. Como a urgência era a implantação de cursos de formação inicial, alguns estados com índices mais favoráveis em relação percentual nessa modalidade optaram por participar da segunda fase, destinada à implementação de uma segunda licenciatura (BRASIL, 2009).

Considerando a adesão dos estados, o Parfor tinha por previsão organizar e ofertar, até o ano de 2014, cursos de formação inicial e continuada para uma média de 600 mil professores das redes públicas. O Plano contou com a participação de 76 instituições de ensino superior, nos 21 estados brasileiros que adotaram a primeira fase da formação (SCHEIBE, 2010; MORORÓ, 2012).

Contudo, no Relatório Final de Gestão 2009-2014 apresentado pela Capes, entre 2009 e 2014, um total de 79.060 professores da rede pública efetuou matrícula nas turmas especiais do Parfor. A região Norte lidera o número de matrículas efetuadas, com o percentual de 47,62%, seguida da Nordeste, com 37,64%, o Sul com 8,77%, o Sudeste com 3,75% e o Centro-Oeste com 2,22% (BRASIL, 2014b).

Como podemos observar, o total de matrículas realizadas corresponde a 27,45% do total de vagas ofertadas. Um índice bem preocupante para um país que almeja alcançar números mais satisfatórios em relação à política de formação de professores. Desse montante, os estados do Pará (30,29%), Bahia (15,97%), Amazonas (10,79%), Piauí (9,98%) e Maranhão (5,08%) contemplam 67,03% das matrículas no Parfor (BRASIL, 2014b).

Para a Capes, os índices de evasão estão diretamente associados à ausência de apoio aos docentes em formação. Os relatos apresentados nas reuniões dos Fóruns constatam esse fato. A grande maioria faz uso do seu tempo livre para cursar e para cumprir as atividades solicitadas pelo curso. Muitos, sobretudo os que residem ou trabalham na zona rural, necessitam se deslocar para as localidades onde as atividades acadêmicas são desenvolvidas. E, para isso, salvo alguns casos em que as secretarias municipais fornecem o transporte, arcam com os gastos do deslocamento e alimentação (BRASIL, 2014b; SILVA, 2015).

Em nível nacional, observamos que esses dados dão sinal de que a proposta do governo não tem apresentado fôlego suficiente para alcançar as metas estabelecidas. E no estado da Bahia, como tem ocorrido esse processo? O que os índices têm nos revelado?

Se tomarmos como exemplo o caso da Bahia, vamos observar que, no período de 2009-2014, das 74.760 funções docentes sem formação superior, apenas 12.623 foram matriculadas no Parfor, correspondendo a 16,88%. Esse percentual está distribuído entre as 337 turmas, dos 111 municípios nos quais foram implantadas as turmas. Nesse período, a Bahia formou, apenas, 1.918 professores (BRASIL, 2014b).

Esse preocupante quantitativo retrata uma série de problemas que a Bahia tem enfrentado para promover a formação inicial de professores em exercício. As reuniões ocorridas ao longo do período de 2010 a 2014, no Fórum Estadual Permanente de Apoio à Formação Docente da Bahia (FORPROF-BA), apresentam os principais desafios vivenciados pelas instituições superiores de ensino, Secretarias de Educação e, consequentemente, os docentes da Educação Básica, ao assumirem a responsabilidade de promover a qualificação do profissional de ensino.

Criado em 21 de janeiro de 2010, o Forprof-BA tem sido um dos Fóruns mais estabilizados e atuantes entre os estados. Como espaço de diálogo entre as representatividades das instituições que se dedicam ao desenvolvimento do Programa de Formação de Professores, o Fórum vem relatando diversos enfrentamentos para imprimir e garantir uma política de formação docente. Entre esses obstáculos, gostaríamos de evidenciar aqueles que tratam da viabilidade de se manter um regime de colaboração entre os entes federados e, em particular, entre as instituições superiores de ensino e os municípios; os problemas de ordem pedagógica e epistemológica, dos cursos oferecidos pelas instituições formadoras; e, por fim, aqueles referentes à infraestrutura para a organização dos cursos de formação de professores (BRZEZINSKI, 2014).

Quanto ao regime de colaboração, observamos que ele representa uma mudança significava na política de formação docente, pois implica um "federalismo cooperativo", havendo, ao mesmo tempo, a descentralização das atribuições e a necessidade de compartilhamento e articulação das funções entre os entes federativos (CURY, 2011, p. 795).

O regime de colaboração entre os entes federativos sinaliza para corresponsabilidade nas decisões que forem tomadas para garantir a melhoria educacional. No entanto, o que se observa nos documentos que tratam das políticas de formação de professores é que, nessa colaboração, predominam práticas impositivas pela União, neste caso, o ente federado que assume uma posição mais elevada. Assim, os demais governos, sobretudo os municipais, que dependem dos recursos financeiros do governo federal, perdem forças quando se trata da autonomia nas decisões das ações a serem implantadas, agindo como executores das prescrições estabelecidas (BRASIL, 2009; 2014a; SILVA, 2015).

Segundo o *Manual Operacional*[5] (BRASIL, 2014a), os municípios interessados em participar do Parfor presencial poderiam promover ações para implantar, juntamente às universidades, polos em suas sedes. No entanto, promover essas ações representou um dos primeiros desafios para os municípios baianos, pois ao tomarem ciência do investimento a ser feito, a grande maioria se recusou a materializar a ideia de polo, preferindo encaminhar seus profissionais para as sedes. Essa decisão representava menos gastos para as prefeituras, uma vez que não teriam que arcar com a instalação de biblioteca, laboratório de informática, transporte, hospedagem e alimentação dos formadores de professores e manutenção do espaço físico do curso. Por outro

---

5. Documento que orienta os procedimentos de cooperação técnica entre a Capes e os estados, define as atribuições dos fóruns estaduais de apoio à formação docente, dos municípios e das instituições de ensino superior.

lado, inviabilizava a efetivação dessa política em diversos municípios baianos (SILVA, 2015).

As atas do Forprof-BA (2010b; 2011b; 2011c) relatam problemas sérios de evasão e a preocupação em identificar as possíveis causas desses problemas. Segundo alguns representantes das instituições superiores de ensino, as Diretorias Regionais de Educação (DIRECs), e, principalmente, as secretarias municipais relutavam na contratação de professores substitutos para os docentes, quando estes precisavam frequentar as aulas presenciais.

Para o professor-cursista, esse problema gera dificuldades na conciliação entre o horário de trabalho e o horário das aulas nos cursos de graduação, além do possível deslocamento do professor do local de trabalho ao *campus* universitário mais próximo (MORORÓ; COUTO, 2015). Geralmente, os professores-cursistas são oriundos da zona rural e, para estarem nas aulas, precisam utilizar outros tipos de transportes (animal, bicicleta, moto). E, para isso, salvo alguns casos em que as secretarias municipais fornecem o transporte, arcam com os gastos do deslocamento e alimentação.

> Quando entramos na sala dos professores, a coordenadora administrativa do curso informou que não iria assinar nenhum atestado de realização da aula no campo, pois no semestre anterior o curso teve problemas com as escolas, pois os alunos estavam se ausentando por uma semana ou mais para realizar as aulas práticas. Segundo a coordenadora, ela recebeu o ofício da Secretaria Municipal de Itapetinga, solicitando uma organização do curso no que se refere a estas liberações, pois a secretaria não entendia o fato dos alunos estarem no quarto semestre e já estarem no período de estágio (Nota de Campo 16/10/2014. Instrumentação para Educação Musical).

O trecho transcrito não reflete apenas uma questão de dificuldade econômica dos municípios para manter os alunos no programa, mas indica, também, certo distanciamento e desconhecimento de cunho pedagógico, por parte das secretarias municipais, da proposta curricular do projeto do curso. Para entender esse processo, voltamos ao Decreto n. 6.755/2009 e ao *Manual Operacional*, nestes documentos a participação dos municípios fica restrita aos procedimentos mais técnicos e operacionais, sendo responsabilizados por garantir as condições necessárias para a participação dos professores-cursistas, não exercendo nenhuma interferência nas questões de ordem pedagógica.

Relacionados a este impasse, também registramos os casos da inexistência de apoio das secretarias municipais e instituições nas quais os professores-cursistas trabalham. Estes profissionais estão sendo cobrados com jornada extra de trabalho ou estão custeando substitutos, muitos sem qualificação, para compensar a ausência nos dias em que estão participando do curso (FORPROF-BA, 2011a; 2011b; 2013).

Partindo, ainda, do princípio do regime de colaboração, gostaríamos de fazer referência a uma das orientações presentes nas Diretrizes Curriculares Nacionais para a Formação Inicial e Continuada dos Professores da Educação Básica (Resolução n. 2/2015), quando trata da elaboração dos projetos de formação de professores. Segundo o documento, é fundamental promover a articulação entre a instituição de educação superior e o sistema de educação básica, destacando os elementos articuladores que devem ser observados na elaboração do projeto de formação: formação teórica e interdisciplinar dos profissionais de educação, garantindo a inserção destes nas instituições de Educação Básica da rede pública de ensino, por serem consideradas espaços privilegiados da prática pedagógica (BRASIL, 2015).

Esta orientação nos remete aos problemas de ordem pedagógica e epistemológica, relatados nas reuniões do Forprof-BA, a partir das discussões sobre os cursos oferecidos pelas instituições formadoras. Observamos nas reuniões problemas quanto ao alto índice de evasão, principalmente dos cursos de ciências naturais, por causa das dificuldades em corresponderem ao nível dos cursos. Neste sentido, proposições eram feitas às instituições superiores de ensino, de reavaliação das suas propostas pedagógicas, com o objetivo de estabelecer maior proximidade com a realidade educacional do professor-cursista (FORPROF, 2011c; 2013).

Esse aspecto tem intrigado os pesquisadores quando analisam a estrutura dos cursos sob a égide do Parfor. Segundo Gatti (2012), esses cursos apresentam características mais próximas do bacharelado do que da licenciatura e negligenciam em relação à carga horária mínima relativa o conjunto das disciplinas pedagógicas, cujos "[...] estágios não se mostram suficientemente orientados e os projetos pedagógicos, propostos em alguns casos, se distanciam da concepção formativa presente nos documentos do PARFOR" (p. 25).

Um ponto também interessante foi a carência do professor-formador qualificado para atender ao perfil dos cursos e encontrar quantitativo suficiente de professores para lecionar. Isso acarreta no processo de rotatividade de disciplinas para um mesmo professor, comprometendo o nível de ensino, pois nem todos têm familiaridade e experiências com as disciplinas que são convidados a ministrar (FORPROF-BA, 2011b).

E, por fim, é preciso considerar os problemas relacionados à infraestrutura básica para a realização dos cursos. Essa foi uma das primeiras preocupações declaradas pelos representantes das instituições de ensino superior. As dificuldades das instituições estavam relacionadas a: número insuficiente de salas para atender à demanda de alunos matriculados; acervo bibliográfico deficiente; evasão dos alunos da rede municipal, devido às dificuldades logísticas e atraso de repasse dos recursos da Capes para as instituições públicas de ensino (FORPROF-BA, 2010b; 2011b). Com os cursos ofertados fora da sede, a situação se agrava diante da dificuldade financeira das prefeituras em arcarem com as despesas de infraestrutura (MORORÓ, 2012). O fato é que a "[...] mera adesão dos órgãos estaduais ou municipais para usufruir desses programas não é suficiente para dar conta da complexa teia de medidas necessárias ao desenvolvimento bem-sucedido de ações desse tipo, na escala em que elas passaram a ser oferecidas" (GATTI; BARRETO; ANDRÉ, 2011, p. 248).

Diante deste quadro, observamos que o Fórum estava atento para a necessidade de um estudo das demandas por município, que viabilizasse uma oferta planejada, evitando trabalhar em situações de improviso, atentando-se para a capacidade das universidades na estruturação dos cursos que contemplasse a realidade dos professo-res-cursistas. Contudo, o Forprof-BA demonstrava dificuldades para superar tais problemas, em razão das grandes demandas (financeiras, estruturais e pedagógicas) e das particularidades identificadas por seu colegiado.

Percebemos, portanto, que os princípios norteadores das políticas de formação de professores apresentam-se vulneráveis, diante da complexidade e dos obstáculos que se materializam, quando se almeja qualificar o profissional da docência.

Formação docente no estado da Bahia: algumas considerações

Este estudo nos proporcionou a constatação de que as ações implantadas no campo das políticas educacionais, pelo governo do estado da Bahia, principalmente na década de 2000, objetivavam reestruturar o modelo educacional segundo o ideário neoliberal. Essa década configurou-se, acima de tudo, como um processo de descaso, personificado em ações que serviram para corrigir lacunas da formação inicial e de atualização profissional.

Proclamada como prioridade no âmbito do desenvolvimento social e econômico do Estado, a política de formação de professores, implementada em forma de leis, decretos, diretrizes, planos de ações, programas de financiamento, demonstrava características de uma estratégia compensatória, negligenciando, entre outros aspectos, a constituição da identidade do profissional de ensino. Isso pode ser exemplificado pela implantação de reformas que preconizam o aligeira-mento da formação inicial e o processo de certificação em larga escala.

No que tange à definição e ao desenvolvimento das políticas de formação superior de profissionais da educação, verificamos que essas políticas só tomaram forma em 2003, quando o governo insiste em priorizar propostas pontuais e emergenciais, apresentando planos e programas dispersos.

Com a adesão ao Parfor, percebemos que a intencionalidade em manter propostas emergenciais ainda estava muito presente no âmbito das políticas de formação de professores do estado da Bahia, gerando para as instituições públicas de ensino superior e para os entes federados, representados pelo Fórum Estadual Permanente de Apoio à Formação Docente, o conflito de, por um lado, almejar uma formação docente qualificada para o profissional de ensino, mas, por outro, engessada por demandas sociais complexas e conflituosas.

Pudemos constatar, nas leituras especializadas na temática, em documentos e diretrizes oficiais, assim como em parte dos instrumentos normativos do campo investigado, que várias são as contradições das políticas em curso. Prevalece, nesses documentos, uma política que pode assumir facetas formativas diversificadas, dependendo dos fins a que se destina e do pressuposto teórico-metodológico que a orienta. Assim, consideramos prudente, no estudo dessas propostas, observar o sentido que está sendo atribuído à educação, à formação e à prática pedagógica.

Referências

ALMEIDA, Cristiane da Conceição G. de. *Valorização da carreira docente:* um estudo sobre a contribuição das políticas para a profissionalização do magistério público da Educação Básica na Bahia (1997-2006). 2010. Dissertação (Mestrado em Educação) — Universidade Federal da Bahia, Salvador, 2010.

BAHIA (Estado). *Lei n. 8.885, de 17 de novembro de 2003.* Institui o Plano Plurianual da Administração Pública Estadual, para o período de 2004-2007, e dá outras providências. Salvador, 2003. Disponível em: http://www.seplan.ba.gov.br/wp--content/uploads/2013/01/20100301_172134_01-Lei.pdf. Acesso em: 15 jun. 2015.

BAHIA (Estado); SEI. *Anuário Estatístico da Educação.* Salvador: Secretaria de Educação/SEI, 2001. v. 3.

ENSINO, PRÁTICAS PEDAGÓGICAS E DIVERSIDADE

BAHIA (Estado). *Plano Estadual de Educação da Bahia*. Salvador: SEC, 2006. Portal da Secretaria de Educação da Bahia. Disponível em: http://www.educacao. escolas.ba.gov.br/node/59. Acesso em: 10 jun. 2015.

BRASIL. Coordenação de Aperfeiçoamento de Pessoal de Nível Superior (Capes). Parfor Presencial. *Manual Operacional*. Brasília, DF, 25 de fev. 2014a. Disponível em: http://www.capes.gov.br/educacao-basica/Parfor. Acesso em: 24 maio 2014.

BRASIL. Ministério da Educação. Coordenação de Aperfeiçoamento de Pessoal de Nível Superior. Diretoria de Formação de Professores da Educação Básica — DEB. *Relatório de Gestão 2009-2014*. Brasília, DF: Capes, 2014b.

BRASIL. Ministério da Educação. Coordenação de Aperfeiçoamento de Pessoal de Nível Superior. Diretoria de Formação de Professores da Educação Básica — DEB. *Relatório de Gestão 2009-2013*. Brasília, DF: Capes, 2013.

BRASIL. Ministério da Educação. *Lei n. 10. 172, de 9 de janeiro de 2001.* Aprova o Plano Nacional de Educação e dá outras providências. Brasília, 2001. Disponível em: http://www.planalto.gov.br/ccivil_0 3/leis/leis_2001/l10172.htm. Acesso em: 10 fev. 2013.

BRASIL. Lei n. 11.502, de 11 de julho de 2007. Modifica as competências e a estrutura organizacional da fundação Coordenação de Aperfeiçoamento de Pessoal de Nível Superior (CAPES), de que trata a Lei n. 8.405, de 9 de janeiro de 1992; e altera as Leis n. 8.405, de 9 de janeiro de 1992, e 11.273, de 6 de fevereiro de 2006, que autoriza a concessão de bolsas de estudo e de pesquisa a participantes de programas de formação inicial e continuada de professores para a educação básica. *Diário Oficial da União*, Brasília, DF, 11 jul. 2007.

BRASIL. Ministério da Educação. *Decreto n. 6.755, de 29 de janeiro de 2009*. Institui a Política Nacional de Formação de Profissionais do Magistério da Educação Básica. Brasília, DF: MEC, 2009.

BRASIL. Conselho Nacional de Educação. Conselho Pleno. *Resolução n. 2*. Define as Diretrizes Curriculares Nacionais para a formação inicial em nível superior (cursos de licenciatura, cursos de formação pedagógica para graduados e cursos de segunda licenciatura) e para a formação continuada. Brasília, 1º jul. 2015.

BRZEZINSKI, Iria. Sujeitos sociais coletivos e a política de formação inicial e continuada emergencial de professores: contradições *vs.* conciliações. *Educação & Sociedade*, Campinas, v. 35, n. 129, p. 1241-1259, out./dez. 2014.

CHAPANI, Daisi T. Formação acadêmica em serviço: avanços, resistências e contradições de um grupo de professores de ciências. *Ensaio*; Pesquisa em Educação em Ciências, Belo Horizonte: UFMG, v. 10, n. 1, 2008.

CURY, Carlos Roberto Jamil. Por um novo plano nacional de educação. *Cadernos de Pesquisa*, São Paulo, v. 41, n. 144, p. 790-811, dez. 2011.

FERRAZ, Roselane Duarte. *Proximidades e distanciamentos de uma formação reflexiva*: um estudo de práticas docentes desenvolvidas por formadores de professores em exercício. 2016. Tese (Doutorado em Educação) — Universidade Federal de Pernambuco, Recife, 2016.

FÓRUM PERMANENTE DE APOIO À FORMAÇÃO DOCENTE DO ESTADO DA BAHIA (FORPROF-BA), 1., 2010, Salvador. *Ata de Reunião* [...]. Salvador: Instituto Anísio Teixeira, 2010a. Disponível em: http://www.capes.gov.br/educacao-basica/parfor/55-educacao-basica-s/conteudo-eb/3744-bahia. Acesso em: 21 maio 2014.

FÓRUM PERMANENTE DE APOIO À FORMAÇÃO DOCENTE DO ESTADO DA BAHIA (FORPROF-BA), 6., 2010, Salvador. *Ata da Reunião* [...]. Salvador: Instituto Anísio Teixeira, 2010b. Disponível em: http://www.capes.gov.br/educacao-basica/parfor/55-educacao-basica-s/conteudo-eb/3744-bahia. Acesso em: 21 maio 2014.

FÓRUM PERMANENTE DE APOIO À FORMAÇÃO DOCENTE DO ESTADO DA BAHIA (FORPROF-BA), 8., 2011, Salvador. *Ata da Reunião* [...]. Salvador: Instituto Anísio Teixeira, 2011a. Disponível em: http://www.capes.gov.br/educacao-basica/parfor/55-educacao-basica-s/conteudo-eb/3744-bahia. Acesso em: 21 maio 2014.

FÓRUM PERMANENTE DE APOIO À FORMAÇÃO DOCENTE DO ESTADO DA BAHIA (FORPROF-BA), 9., 2011, Salvador. *Ata da Reunião* [...]. Salvador: Instituto Anísio Teixeira, 2011b. Disponível em: http://www.capes.gov.br/educacao-basica/parfor/55-educacao-basica-s/conteudo-eb/3744-bahia. Acesso em: 21 maio 2014.

FÓRUM PERMANENTE DE APOIO À FORMAÇÃO DOCENTE DO ESTADO DA BAHIA (FORPROF-BA), 10., 2011, Salvador. *Ata da Reunião* [...]. Salvador: Instituto Anísio Teixeira, 2011c. Disponível em: http://www.capes.gov.br/educacao-basica/parfor/55-educacao-basica-s/conteudo-eb/3744-bahia. Acesso em: 21 maio 2014.

FÓRUM PERMANENTE DE APOIO À FORMAÇÃO DOCENTE DO ESTADO DA BAHIA (FORPROF-BA), 30., 2013, Salvador. *Ata da Reunião* [...]. Salvador: Instituto Anísio Teixeira, 2013. Disponível em: http://www.capes.gov.br/educacao-basica/parfor/55-educacao-basica-s/conteudo-eb/3744-bahia. Acesso em: 28 maio 2014.

GATTI, Bernadete A. Políticas e práticas de formação de professores: perspectivas no Brasil. *In*: ENCONTRO NACIONAL DE DIDÁTICA E PRÁTICAS DE ENSINO (ENDIPE), 16., 2012, Campinas. *Anais* [...]. Campinas: Unicamp, 2012.

GATTI, Bernadete A.; BARRETO, Elba S. S.; ANDRÉ, Marli E. D. A. *Políticas docentes no Brasil:* um estado da arte. Brasília: Unesco, 2011.

LEITÃO, Luciana Santos. *Banco Mundial na Bahia:* o Projeto de Regularização do Fluxo Escolar. 2009. Dissertação (Mestrado em Educação) — Universidade do Estado da Bahia, Salvador, 2009.

LIBÂNEO, José Carlos. Antinomias na formação de professores e busca de integração entre o conhecimento pedagógico-didático e o conhecimento disciplinar. *In*: MARIN, A. J.; PIMENTA, S. G. (org.). *Didática*: teoria e pesquisa. Araraquara: Junqueira & Marin, 2015.

MACEDO, Jussara Marques. Políticas de formação/qualificação de professores em exercício no estado da Bahia. *In*: SEMINÁRIO DA REDESTRADO — REGULAÇÃO EDUCACIONAL E TRABALHO DOCENTE, 6., 2006, Rio de Janeiro. *Anais eletrônicos* [...]. Rio de Janeiro: UERJ, 2006. Disponível em: http://www.fae.ufmg.br/estrado/cd_viseminario/trabalhos/eixo_tematico_1/politicas_form_qualif.pdf. Acesso em: 10 ago. 2012.

MACEDO, Jussara Marques. *A formação do pedagogo em tempos neoliberais*: a experiência da UESB. Vitória da Conquista: Edições UESB, 2008.

MORORÓ, Leila Pio. A política nacional de formação de professores e os cursos de formação em serviço nas universidades baianas. *In*: COLÓQUIO DO MUSEU PEDAGÓGICO, 8., 2009, Vitória da Conquista. *Anais* [...]. Vitória da Conquista: UESB, 2009.

MORORÓ, Leila Pio. A formação de professores em serviço: o Parfor na Bahia. *In*: ENCONTRO NACIONAL DE DIDÁTICA E PRÁTICAS DE ENSINO (ENDIPE), 16., 2012, Campinas. *Anais* [...]. Campinas: Unicamp, 2012.

MORORÓ, Leila Pio. A expansão da formação em serviço de professores: contexto e dificuldades do Parfor na Bahia *In*: REUNIÃO NACIONAL DA ANPEd, 36., 2013, Goiânia. *Anais* [...]. Goiânia, 2013.

MORORÓ, Leila Pio; COUTO, Maria Elizabete Souza. As condições de formação do professor-discente do Parfor na Bahia. *Horizontes*, v. 33, n. 1, p. 29-38, jan./jun. 2015.

SCHEIBE, Leda. O Conselho Técnico-Científico da Educação Básica da Capes e a formação docente. *Cadernos de Pesquisa*, v. 41, n. 144, set./dez. 2011.

SCHEIBE, Leda. Valorização e formação dos professores para a Educação Básica: questões desafiadoras para um novo Plano Nacional de Educação. *Educação & Sociedade*, Campinas, v. 31, n. 112, p. 981-1000, jul./set. 2010.

SCHNEIDER, Mara Cristina. *Certificação de professores:* contradições de uma política. 2009. Dissertação (Mestrado em Educação) — Universidade Federal de Santa Catarina, Florianópolis, 2009.

SILVA, Renê. *Contradições na articulação dos entes federados para a implementação do Plano Nacional de Formação de Professores da Educação Básica (Parfor) no estado da Bahia.* 2015. 125 f. Dissertação (Mestrado em Educação) — Universidade Estadual do Sudoeste da Bahia, Vitória da Conquista, 2015.

UNIVERSIDADE ESTADUAL DO SUDOESTE DA BAHIA (UESB). *Projeto do curso de licenciatura em Ciências Biológicas.* Programa de formação de professores: modalidade presencial — 1ª etapa. Jequié: DCB, 2003.

Sobre os(as) autores(as)

CHARYZE DE HOLANDA VIEIRA MELO — Graduada em Direito. Especialista em Direito Civil e Processo Civil. Mestranda em Educação — Educação Social pelo Programa de Pós-Graduação em Educação — Educação Social da Universidade Federal de Mato Grosso do Sul (UFMS), Campus do Pantanal. Advogada e Professora do Curso de Direito da Faculdade Salesiana de Santa Teresa, em Corumbá, Mato Grosso do Sul.

CLÁUDIA ARAÚJO DE LIMA — Doutora em Ciências/Saúde Pública. Docente do Programa de Pós-Graduação em Educação — Educação Social. Docente do Programa de Pós-Graduação em Estudos Fronteiriços da Universidade Federal de Mato Grosso do Sul (UFMS). Coordenadora e Pesquisadora do Núcleo de Estudos e Pesquisas Interdisciplinares em Políticas Públicas, Direitos Humanos, Gênero, Vulnerabilidades e Violências — NEPI/PANTANAL.

CLAUDIA PANIZZOLO — Doutora em Educação: História, Política, Sociedade pela Pontifícia Universidade Católica de São Paulo (PUC-SP). Pós-doutorado pela Universidade de Caxias do Sul (Brasil) e pela Università degli Studi Del Molise (Itália). Professora Associado I da Universidade Federal de São Paulo (UNIFESP). Docente do Programa de Pós-Graduação em Educação e do curso de Pedagogia.

CRISTIANE BATISTA DA S. SANTOS — Doutora em Estudos Étnicos e Africanos pela Universidade Federal da Bahia (UFBA). Professora Adjunta da Universidade Estadual de Santa Cruz (UESC-DCIE). Professora do Programa de Mestrado Profissional em Educação. Integra o Grupo de Pesquisa em Política e História da Educação GRUPPHED. Coordenadora da Linha 3 — População negra na Bahia: História da Educação e Ensino de História.

DEISE BECKER KIRSCH — Pós-doutorado pelo Programa Nacional da CAPES (PNPD) no Centro Universitário Salesiano de São Paulo (UNISAL). Doutora em Educação pelo Programa de Pós-Graduação em Educação da Universidade Federal de São Carlos (UFSCar). Mestre em Educação pelo Programa de Pós-Graduação em Educação da Universidade Federal de Santa Maria (UFSM). Graduada em Pedagogia pela UFSM. Professora do Magistério Federal EBTT — Pedagogia na Academia da Força Aérea.

FRANCISCA JOSELENA RAMOS BARROSO — Especialista em Alfabetização e Letramento pela Uniasselvi. Especialista em Ciências Humanas e Sociais Aplicadas e o Mundo do Trabalho pela Universidade Federal do Piauí (UFPI). Professora efetiva nos Anos Iniciais do Ensino Fundamental na cidade de Cascavel — Ceará. Integrante do Projeto de Extensão Núcleo de Estudos de Didática, Interação e Metodologias de Pesquisa em Educação (NEDIMPE) e do Grupo de Estudo Pesquisas em Educação, Saberes e Aprendizagem da Docência (GEPESAD), ambos da Universidade Estadual do Ceará (UECE).

FRANCISCO MIRTIEL FRANKSON MOURA CASTRO — Pós-Doutor em Educação pela Universidade Federal do Ceará (UFC). Doutor em Educação pela Universidade Estadual do Ceará (UECE). Professor do curso de Licenciatura em Pedagogia e do Programa de Pós-Graduação em Educação (PPGE) na UECE. Coordenador do Projeto de Extensão Núcleo de Estudos de Didática, Interação e Metodologias de Pesquisa em Educação (NEDIMPE) e do Grupo de Estudo Pesquisas em Educação, Saberes e Aprendizagem da Docência (GEPESAD).

KARINA DE OLIVEIRA SANTOS CORDEIRO — Pós-doutorado em Educação pela Universidade Federal de Minas Gerais (UFMG). Doutora em Educação pela Universidade Federal da Bahia (UFBA). Mestre em Educação pela Universidade do Estado da Bahia (UNEB). Professora Adjunta da Universidade Federal do Recôncavo da Bahia (UFRB). Membro do Grupo de Pesquisa Infâncias, Formação de professores e Políticas Públicas (GRIFO/UFRB).

LARISSA SANDE DE OLIVEIRA — Especialista em Neuropsicopedagogia pelo Instituto Pró Saber. Graduada em Pedagogia pela Universidade Federal do Recôncavo da Bahia (UFRB). Coordenadora Pedagógica do Centro de Educação Infantil Marília Chagas Sampaio, no Município de Amargosa-Bahia. Experiência na área de Educação com ênfase em Educação Pré-Escolar.

LILIAN MOREIRA CRUZ — Doutora em Educação pela Universidade Federal da Bahia (UFBA). Docente Adjunta da Universidade Estadual de Santa Cruz (UESC). Docente do Programa de Pós-Graduação em Educação da UESC. Coordena o Grupo de Estudos e Pesquisas em Educação Infantil da UESC. Membro do Grupo de Estudos e Pesquisas em Gênero e Sexualidade da Universidade Estadual do Sudoeste da Bahia (UESB). Coordena o Programa Coletivo Paulo Freire da UESC.

LÚCIA GRACIA FERREIRA — Doutora em Educação pela Universidade Federal de São Carlos (UFSCar). Pós-doutorado pela Universidade Federal da Bahia (UFBA) e Universidade Estadual do Sudoeste da Bahia (UESB). Professora da Universidade Federal da Bahia (UFBA), Universidade Federal do Recôncavo da Bahia (UFRB) e da Universidade Estadual do Sudoeste da Bahia (UESB). Professora do Programa de Pós-Graduação em Educação da UFBA e da UESB. Membro do Grupo de Pesquisa e Estudos Pedagógicos/UESB e Docência, Currículo e Formação da Universidade Federal do Recôncavo da Bahia (UFRB).

MARIA AMÉLIA SANTORO FRANCO — Doutora em Educação pela Universidade de São Paulo (USP). Pós-doutorado pela Universidade Federal de Sergipe (UFS). Professora Titular e Pesquisadora do Programa de Pós-Graduação em Educação da Universidade Católica de Santos (UNISANTOS). Líder do grupo de pesquisa Pedagogia Crítica: Práticas e Formação, da Universidade Católica de Santos. Vice-Coordenadora da Cátedra Paulo Freire na mesma instituição.

MARIA DA GRAÇA NICOLETTI MIZUKAMI — Doutora em Ciências Humanas pela Pontifícia Universidade Católica do Rio de Janeiro (PUC-Rio). Pós-doutorado pela Santa Clara University, Califórnia, Estados Unidos. Professora aposentada da Universidade Federal de São Carlos (UFSCar). Atualmente é professora adjunta III na Universidade Presbiteriana Mackenzie (Centro de Educação, Filosofia e Teologia /CEFT — Programa de Pós-Graduação em Educação, Arte e História da Cultura).

MARIA LETICIA DE SOUSA DAVID — Mestranda em Educação pela Universidade Federal do Ceará (PPGE/UFC), na linha de pesquisa Educação, Currículo e Ensino e no eixo temático Formação Docente. Especialista em Gestão Escolar pelo Centro Universitário Leonardo da Vinci (UNIASSELVI). Especialista em Ludopedagogia pelo Centro Universitário Leonardo da Vinci (UNIASSELVI). Graduada em Pedagogia pela Universidade Estadual do Ceará (UECE).

MÔNICA DE CARVALHO MAGALHÃES KASSAR — Doutora em Educação pela Universidade Estadual de Campinas (UNICAMP). Pós-doutorado pela Universidade de Alcalá, Universidade Estadual de Campinas e Universidade de Lisboa. Professora Titular da Universidade Federal de Mato Grosso do Sul (UFMS). Pesquisadora Sênior Voluntária da mesma universidade, onde atua no Programa de Pós-Graduação em

Educação — Educação Social, no Campus do Pantanal. Presidente da Associação Brasileira de Pesquisadores em Educação Especial — ABPEE (2021-2023).

ROBERTA MELO DE ANDRADE ABREU — Doutora em Educação e Contemporaneidade pela Universidade do Estado da Bahia (UNEB). Pós-doutorado pela Universidade Federal da Bahia (UFBA), concluindo a pesquisa intitulada "Retalhos de uma história: o estado da arte dos estudos sobre ludicidade em universidades públicas na Bahia". É docente da Universidade Federal da Bahia.

ROSÂNGELA RODRIGUES DOS SANTOS — Mestre em Educação pela Universidade Católica de Santos (UNISANTOS). Especialista em Psicopedagogia e Especialista em Formação Docente para a Educação Superior pela Faculdade de Juazeiro do Norte. Professora da Educação Básica do município de Juazeiro do Norte (SEDUC). Professora da Educação Superior da Centro Universitário de Juazeiro do Norte (UNIJUAZEIRO).

ROSELANE DUARTE FERRAZ — Doutora em Educação pela Universidade Federal de Pernambuco (UFPE). Pós-Doutorado em Educação pela Universidade Federal da Bahia (UFBA). Professora Titular do Departamento de Ciências Humanas, Educação e Linguagem (DCHEL) e do Programa de Pós-Graduação em Educação da Universidade Estadual do Sudoeste da Bahia (UESB). É membro do Grupo de Pesquisas e Estudos Pedagógicos da Universidade Estadual do Sudoeste da Bahia (UESB).

SINARA BERNARDO DIAS — Mestre em Educação Básica pela Universidade Federal do Pará (UFPA). Especialista em Docência para o Ensino Superior (UFPA) e Infância, Família e Política Social na Amazônia. Pedagoga pela Universidade Estadual do Pará (UEPA) e Assistente social pela UFPA. Integrante do Núcleo de Estudos e Pesquisas sobre Formação de Professores e Relações Étnico-Raciais (GERA-UFPA).

Coordenadora Pedagógica (SEDUC-PA). Professora das séries iniciais do ensino fundamental (SEMEC) em Belém-PA.

SIRLÂNDIA REIS DE OLIVEIRA TEIXEIRA — Doutora em Educação pela Universidade de São Paulo (USP). Professora Adjunta do Centro de Formação de Professores da Universidade Federal do Recôncavo da Bahia (UFRB). Membro da Internacional Toy Library Association (ITLA e ABBri). Líder do Grupo de Pesquisa Infâncias Formação de Professores e Políticas Públicas (GRIFO/UFRB). Membro do Grupo de Pesquisa Contextos Integrados em Educação Infantil da Faculdade de Educação da USP.

WILMA DE NAZARÉ BAÍA COELHO — Doutora em Educação pela Universidade Federal do Rio Grande do Norte (UFRN). Professora da Universidade Federal do Pará (UFPA). Integra o corpo docente do Programa de Pós-Graduação em Currículo e Gestão da Escola Básica (PPEB), e do Doutorado em Rede Educação na Amazônia (EDUCA-NORTE). Líder do Núcleo de Estudos e Pesquisas sobre Formação de Professores e Relações Étnico-raciais (GERA). Bolsista de Produtividade em Pesquisa do CNPq-1D.